Martin Jurkat

Büroorganisation

AUSBILDUNGSREIHE FÜR NOTARFACHANGESTELLTE

HERAUSGEGEBEN VON DER NOTARKASSE MÜNCHEN A.D.Ö.R.

Büroorganisation

3. Auflage

(Die 1. und 2. Auflage dieses Werkes wurden von Andreas Kersten verfasst).

von

Oberamtsrat im Notardienst
Martin Jurkat
Südpfalz

DeutscherNotarVerlag

Weitere Titel der Ausbildungsreihe für Notarfachangestellte

Michael Bernauer/Hans-Joachim Vollrath/
Nora Ziegert
Familienrecht, 2. Auflage
(ISBN 978-3-95646-256-6)

Andreas Bosch/Benedikt Strauß
Berufsrecht – BNotO, BeurkG, 2. Auflage
(ISBN 978-3-95646-257-3)

Christian Esbjörnsson
Gesellschaftsrecht, 2. Auflage
(ISBN 978-3-95646-218-4)

Melanie Falkner
Grundstückskaufvertrag, 3. Auflage
(ISBN 978-3-95646-313-6)

Michael Gutfried
Grundschulden, 2. Auflage
(ISBN 978-3-95646-252-8)

Jens Haßelbeck
Wohnungs- und Teileigentum, 3. Auflage
(ISBN 978-3-95646-278-8)

Franz Heitzer
Notarkosten, 3. Auflage
(ISBN 978-3-95646-277-1)

Anja Heringer/Franz Heitzer/
Hans-Joachim Vollrath
Prüfungswissen kompakt, 2. Auflage
(ISBN 978-3-95646-306-8)

Judith Junk
Erbrecht, 2. Auflage
(ISBN 978-3-95646-253-5)

Bernadette Kell
Grundbuch – Rechte in Abt. II, 2. Auflage
(ISBN 978-3-95646-255-9)

Michael Volmer
Vollzug von Kaufverträgen, 3. Auflage
(ISBN 978-3-95646-280-1)

Jens Neie
Überlassungsvertrag, 2. Auflage
(ISBN 978-3-95646-220-7)

Sonja Karl Pelikan
Basiswissen im Notariat, 3. Auflage
(ISBN 978-3-95646-310-5)

Sonja Karl Pelikan
Grundbuch lesen und verstehen, 2. Auflage
(ISBN 978-3-95646-254-2)

Holger Sagmeister
Anmeldungen zum Registergericht, 3. Auflage
(ISBN 978-3-95646-284-9)

Markus Sikora
Vollmachten, Genehmigungen, Zustimmungen, Beglaubigungen, 3. Auflage
(ISBN 978-3-95646-279-5)

Valentin Spernath
Grundstücksrecht Spezial, 3. Auflage
(ISBN 978-3-95646-311-2)

Hinweis
Die Formulierungsbeispiele in diesem Buch wurden mit Sorgfalt und nach bestem Wissen erstellt. Sie stellen jedoch lediglich Arbeitshilfen und Anregungen für die Lösung typischer Fallgestaltungen dar. Die Eigenverantwortung für die Formulierung von Verträgen, Verfügungen und Schriftsätzen trägt der Benutzer. Autor und Verlag übernehmen keinerlei Haftung für die Richtigkeit und Vollständigkeit der in dem Buch enthaltenen Ausführungen und Formulierungsbeispiele.

Umschlaggestaltung: gentura, Holger Neumann, Bochum
Satz: PMGi – Agentur für intelligente Medien GmbH, Hamm
Druck: Hans Soldan Druck GmbH, Essen
ISBN 978-3-95646-307-5

Bibliografische Information der Deutschen Bibliothek
Die Deutsche Bibliothek verzeichnet diese Publikation in der Deutschen Nationalbibliografie; detaillierte bibliografische Daten sind im Internet über
http://dnb.d-nb.de abrufbar.

Geleitwort

Hinter jedem guten Notar stehen seine Mitarbeiter, die den reibungslosen Ablauf im Notariat sicherstellen.

Der Beruf der Notarfachangestellten ist ein spannender und vielfältiger Beruf, der in Anforderung und Verantwortung weit über einen „gewöhnlichen" Bürojob hinausgeht. Immobilienkäufe, Testamente, Unternehmensgründungen, Eheverträge, Scheidungsvereinbarungen und einiges mehr – über die ganze Bandbreite notarieller Tätigkeiten müssen auch Sie als Mitarbeiter im Notariat tiefgehende Kenntnisse haben. Nur mit Ihrer Unterstützung kann der Notar sein Büro erfolgreich führen.

Wie kann man Sie möglichst gezielt und effizient unterstützen, um eine bestmögliche Ausbildung zum Notarfachangestellten zu absolvieren? Diese Frage haben wir uns als Notarkasse gemeinsam mit Autoren aus der Praxis, nämlich Notarinnen und Notaren, Notarassessoren und Büroleitern gestellt. Zusammen mit dem Deutschen Notarverlag wurde die *„Ausbildungsreihe für Notarfachangestellte"* ins Leben gerufen. Wir haben uns zum Ziel gesetzt, Auszubildende während ihrer anspruchsvollen Ausbildungszeit und Berufsanfänger bei ihrem Einstieg in den komplexen Büroalltag zu unterstützen. Auch für Quereinsteiger zur Vermittlung von Grundlagen und für den erfahrenen Notarfachangestellten als Nachschlagewerk ist die Reihe gut geeignet.

Pro Band vermitteln die Autoren dieser Reihe anschaulich die komplette Bandbreite eines notariellen Fachgebiets von den Grundlagen bis hin zu komplexeren Fallgestaltungen. Um Ihnen die Anwendung des Erlernten zu erleichtern, enthält jedes Buch ein Kapitel zur Wissensüberprüfung. Die Lösungsvorschläge verbinden bereits einzelne Fachgebiete miteinander und geben so Gelegenheit zur Vertiefung der gewonnenen Fähigkeiten.

Als Oberamtsrat im Notardienst ist *Martin Jurkat* bestens mit den täglichen Abläufen im Notariat vertraut: Sein Handbuch zur *„Büroorganisation"* wird Ihnen noch weit über die Ausbildungszeit und die ersten Berufsjahre hinaus nützlich sein.

Dr. Helene Ludewig

Präsidentin der Notarkasse A.d.ö.R., München

Vorwort zur 3. Auflage

Im Notariat arbeiten Sie als Ansprechpartner und Dienstleister für die rechtsuchende Bevölkerung, aber vor allem für Menschen! Diese Arbeit für Menschen empfinde ich als besonders sinngebendes Element der Tätigkeit im Notariat. Daher beglückwünsche ich Sie sehr zu Ihrer Entscheidung im Notariat zu arbeiten!

Herzlich willkommen!

Ein Notariat ist ein lebender Organismus und soll dieser gut funktionieren, muss er in geeigneter Weise organisiert und gemanagt werden. Eine gute Organisation wiederum setzt voraus, dass man nicht nur weiß, wie ein Sachverhalt geregelt wird, sondern vor allem, was Sinn und Zweck des eigenen Handelns ist. Das vorliegende Buch wird Ihnen nicht nur einen vertieften Einblick in die notwendigen und vorgeschriebenen Handlungen im Notariat geben und Ihnen die zu führenden Akten und Verzeichnisse erläutern, sondern Sie werden regelmäßig auch erfahren, warum die jeweilige Handhabung überhaupt so vorgeschrieben ist.

In den letzten Jahren haben die Arbeitsabläufe in den Notariaten in Deutschland grundlegende Veränderungen erfahren. Die Vorgaben der Geldwäscheprävention und des elektronischen Rechtsverkehrs führen zu einem erheblichen Mehraufwand im Notariat. Die Digitalisierungsrichtlinie mit Online-Beurkundung und Online-Beglaubigung schafft ganz neue Beurkundungsformen. Elektronische Akten ersetzen die jahrzehntelang etablierten Bücher, die neue NotAktVV lässt nicht mehr viel von der alten DONot übrig und erschwerend kommt hinzu, dass Sie noch für einige Jahre die alten und neuen Verfahren nebeneinander kennen müssen.

Dieses Buch wird Ihnen eine Hilfe für Ihre tägliche Arbeit im Notariat sein.

Ein Paradigmenwechsel hat sich insbesondere zum 1.7.2022 manifestiert: Gab es zuvor ausschließlich „die eine Urschrift", das eine für den jeweiligen Vorgang körperlich auf Papier geschaffene Schriftwerk, welches die gewünschten Rechtswirkungen erbringen konnte, so gibt es nun regelmäßig zwei Urschriften, nämlich zusätzlich die vom Papierdokument mittels normiertem Scanverfahren und kryptologischen Sicherungstechniken geschaffene elektronische Fassung. Wird die Papierurschrift dann künftig noch benötigt? Vieles ist in Bewegung. Langweilig wird es Ihnen hier bestimmt nicht!

Freuen Sie sich auf eine spannende und anspruchsvolle Zeit im Notariat und nutzen Sie dieses Buch für die Gestaltung einer guten Arbeitsorganisation in Ihrem Notariat! Vor allem wünsche ich Ihnen aber viel Freude bei Ihrer Arbeit im Notariat!

Martin Jurkat

Oberamtsrat im Notardienst

Südpfalz, Juni 2024

Vorwort zur 1. Auflage

Herzlichen Glückwunsch, dass Sie sich für die Ausbildung zur/zum Notarfachangestellten entschieden haben. Aber, und das werden Sie wohl schon gemerkt haben, „aller Anfang ist schwer".

Ich selbst habe 1972 meine Ausbildung zur damals noch gültigen Berufsbezeichnung „Rechtsanwalts- und Notargehilfe" mit einer 2 $^{1}/_{2}$jährigen Ausbildungszeit begonnen und seither ununterbrochen in Anwaltsnotariaten, auch unterschiedlicher Größe, gearbeitet. Der Schwerpunkt lag jedoch immer im Notariat. Aus dieser langen Berufstätigkeit und meiner nebenberuflichen Verbundenheit als Lehrer in der Berufsschule und als Mitglied im Prüfungsausschuss einer Notarkammer bin ich mit den Problemen der Ausbildung bestens vertraut. Es ist nicht einfach, sich nach der Schule in den „Beruf" einzufinden. Eventuell hatten Sie schon erste Zweifel an Ihrer Berufsentscheidung – dies ging mir damals genauso. Ich möchte Sie aber darin bestärken, diese Zweifel zu überwinden und mit Freude und Energie Ihre Ausbildung anzugehen und erfolgreich abzuschließen.

Wenn Sie dies geschafft haben, haben Sie vielfältige Möglichkeiten für einen erfolgreichen, abwechslungsreichen und spannenden Berufsweg und -alltag. Sie sind dann nicht nur „Gehilfe" des Notars, sondern als *Notarfachangestellte/r* im Team mit dem Notar ein wichtiger Eckpfeiler unseres Wirtschafts- und Rechtssystems. Durch die sich ständig ändernden Gesetze und Vorschriften wird es nie langweilig; immer wieder werden Sie sich engagieren und einarbeiten und mit dem Notar und Ihren Kollegen „Ihr" Notariat neu organisieren.

Das vorliegende Büchlein soll Ihnen – aus meiner Sicht – einen Einblick in die Organisation eines Notariats verschaffen. Ein Schwerpunkt liegt hierbei auf der Führung der Nebenakten und der Fertigung von Ausfertigungen und Abschriften notarieller Urkunden. Ausführlich behandelt wird aber auch die Führung der Bücher des Notars. Viele der behandelten Themen werden Sie sicher während ihrer Ausbildungszeit vor allem in der Theorie kennenlernen; eventuell behandelt „Ihr" Notariat die Urkunden, deren Vorbereitung und Abwicklung in Nuancen anders. Da aber die Führung der Bücher im Notariat mit zu den Hauptaufgaben der Notarfachangestellten zählt, wird Sie dieses Büchlein auch nach dem Ende der Ausbildung weiter begleiten.

Ich denke, Sie haben eine gute Berufswahl getroffen. Machen Sie etwas daraus!

Wenn Sie Fragen und Anregungen zum Inhalt haben, freue ich mich auf Ihre Zuschrift.

Andreas Kersten

Leitender Notarmitarbeiter, Essen

a.kersten@bdp-essen.de

Inhaltsverzeichnis

Musterverzeichnis

§ 2 Büroorganisation im Notariat

§ 1 Einführung

A. Verschriftlichung

Mit der Entwicklung des Kulturgutes ***Schrift*** wurden die Menschen fähig, die Vergänglichkeit des Mündlichen hinter sich zu lassen und Dinge von Wichtigkeit auf Dauer festzuhalten. Und so wurden im Laufe der Jahrhunderte bedeutende Vereinbarungen nicht mehr lediglich per Handschlag oder unter Beiziehung von Zeugen getätigt, sondern durch Schreiber fixiert und damit dauerhaft(er) nachvollziehbar gemacht. 1

Infolge dieser Entwicklung ist nun in unserer modernen Gesellschaft die Einhaltung bestimmter **Formvorschriften** gesetzlich normiert, insb. für Erklärungen, die sich auf wichtige Lebenssachverhalte beziehen: 2

> **§ 125 Satz 1 BGB – Nichtigkeit wegen Formmangels**
>
> Ein Rechtsgeschäft, welches der durch Gesetz vorgeschriebenen Form ermangelt, ist nichtig.

Schrift erfordert immer ein Trägermaterial. Von Holz, Leder, Stein, Tonplatten über pflanzliche und tierische Trägermedium wie Palmblätter und Papyrus bzw. Pergament ging es hin zum heutigen Papier und geht es nun weiter zum elektronischen Speichermedium mit Darstellung auf Bildschirmen. Im Notariat befinden wir uns aktuell an der Schwelle von der papiergebundenen hin zur elektronischen Arbeit. Zurzeit ist Papier noch das bedeutsamste Material für die Verkörperung unserer geistigen Arbeit im Notariat, aber der Sprung von der Papierurkunde zur elektronischen Urkunde ist bereits vollzogen. 3

B. Beweis

> **§ 415 ZPO – Beweiskraft öffentlicher Urkunden über Erklärungen** 4
>
> (1) Urkunden, die (…) von einer mit öffentlichem Glauben versehenen Person innerhalb des ihr zugewiesenen Geschäftskreises in der vorgeschriebenen Form aufgenommen sind (öffentliche Urkunden), begründen, wenn sie über eine vor (…) der Urkundsperson abgegebene Erklärung errichtet sind, vollen Beweis des durch (…) die Urkundsperson beurkundeten Vorganges.
>
> (…)
>
> **§ 418 ZPO – Beweiskraft öffentlicher Urkunden mit anderem Inhalt**
>
> (1) Öffentliche Urkunden, die einen anderen als den in den §§ 415, 417 bezeichneten Inhalt haben, begründen vollen Beweis der darin bezeugten Tatsachen.
>
> (…)

Ist eine notarielle Urkunde erst einmal erstellt, wird ihre Beweisfunktion an der besonderen Gestaltung (insb. Siegelung, Bindung) offenbar. Dies gilt auch schon für die einfachen notariellen Vorgängen wie z.B. die Beglaubigung von Abschriften oder Unterschriftsbeglaubigungen. Mit der Beurkundung wird eine **öffentliche Urkunde i.S.d. §§ 415, 418 ZPO** errichtet, die vollen Beweis der in der Urkunde bezeugten Tatsachen erbringt.

Das Wort „Urkunde“ entwickelte sich aus dem althochdeutschen „*urchundi*“ über das mittelhochdeutsche „*urkünde*“ und bedeutete „*Erkenntnis*“. In der Rechtssprache wurde es dann im Sinne von „*Bekundung, Beweis*“ verwendet.[1] 5

Bei den Beurkundungen geht es im Ergebnis immer darum, dass der Notar – nachdem er mit den Beteiligten das für deren Ziele Richtige und Gute erarbeitet hat – durch ein Schriftstück, die „Urkunde“, **bezeugt**, dass die Beteiligten ihren Willen in der von ihm in der Urkunde niedergelegten Weise erklärt haben oder dass er die beschriebene Tatsache oder den beschriebenen Vorgang wahrgenommen hat.

1 Duden, Herkunftswörterbuch.

6 Die stärkste Form für Rechtsgeschäfte ist im deutschen Zivilrecht die notarielle Beurkundung (§ 128 BGB), die nächstschwächere die öffentliche Beglaubigung (§ 129 BGB). Für Beurkundungen sind in Deutschland im Grundsatz nur noch die **Notare** zuständig. In speziellen Angelegenheiten sind – teils daneben, teils exklusiv – andere Stellen zu bestimmten Beurkundungen berufen, so etwa die Gerichte bei verschiedenen familien- und erbrechtlichen Sachverhalten, die Jugendämter in Sachen der Kinder- und Jugendhilfe und die Standesämter in Angelegenheiten des Personenstandsgesetzes und natürlich bei der Eheschließung.

C. Funktion der Form

7 Aus den Gesammelten Materialien zum Bürgerlichen Gesetzbuch für das Deutsche Reich ergibt sich zur Begründung der in das BGB aufgenommenen Vorschriften über den Formzwang:[2]

Die Vortheile, welche für den Formzwang in Anspruch genommen werden, lassen sich dahin zusammenfassen: die Nothwendigkeit der Beobachtung einer Form ruft bei den Betheiligten eine geschäftsmäßige Stimmung hervor, weckt das jur. Bewußtsein, fordert zur besonnenen Ueberlegung heraus und gewährleistet die Ernstlichkeit der gefaßten Entschließung. Die beobachtete Form ferner stellt den rechtlichen Charakter der Handlung klar, dient, gleich dem Gepräge einer Münze, als Stempel des fertigen jur. Willens und setzt die Vollendung des Rechtsaktes außer Zweifel. Die beobachtete Form sichert endlich den Beweis des Rechtsgeschäftes seinem Bestande und Inhalte nach für alle Zeit; sie führt auch zur Verminderung oder doch zur Abkürzung und Vereinfachung der Prozesse.

„Die Vorteile, welche für den Formzwang in Anspruch genommen werden, lassen sich dahin zusammenfassen: Die Notwendigkeit der Beobachtung einer Form ruft bei den Beteiligten eine geschäftsmäßige Stimmung hervor, weckt das juristische Bewusstsein, fordert zur besonnenen Überlegung heraus und gewährleistet die Ernstlichkeit der gefassten Entschließung. Die beobachtete Form ferner stellt den rechtsgeschäftlichen Charakter der Handlung klar, dient, gleich dem Gepräge einer Münze, als Stempel des fertigen juristischen Willens und setzt die Vollendung des Rechtsaktes außer Zweifel. Die beobachtete Form sichert endlich den Beweis des Rechtsgeschäfts seinem Bestande und Inhalte nach für alle Zeit; sie führt auch zur Verminderung oder doch zur Abkürzung und Vereinfachung der Prozesse.“

I. Übereilungsschutz – Warnfunktion

8 Die einfacheren gesetzlichen Formen genügen oft nicht, um die Menschen und insb. den **sog. Verbraucher** ausreichend aufmerksam zu machen. Dies zeigt sich bei der Schriftform (§ 126 BGB) oder der Textform (§ 126b BGB) insb. daran, dass der Gesetzgeber dem Verbraucher häufig zusätzlich noch Widerrufsrechte einräumt. Auch der schlechte Ruf des „Kleingedruckten“ ist hierbei zu erwähnen, dem der Gesetzgeber durch die Bestimmungen zu den sog. **Allgemeinen Geschäftsbedingungen** (früher geregelt im AGB-Gesetz, heute eingegliedert in das Bürgerliche Gesetzbuch unter den §§ 305–310 BGB) beizukommen sucht.

Daher hat der Gesetzgeber für die Gestaltung besonders wichtiger Lebenssachverhalte die Einschaltung einer besonders vertrauenswürdigen, fachkundigen und unparteiischen Institution vorgeschrieben – das Notariat.

9 Selbst bei der einfachsten Beurkundungsform, der öffentlichen Beglaubigung, ist bereits ein gewisser **Übereilungsschutz**, auch **Warnfunktion** genannt, wirksam, nämlich infolge des für die Beteiligten mit der notariellen Tätigkeit einhergehenden Zeit- und Kostenaufwands. Je strenger die Form wird, umso effizienter wird dieser Schutz, da neben den Aufwand auch die notarielle Belehrung und Prüfung tritt.

2 *Benno Mugdan*, Berlin 1899, R. v. Decker's Verlag, Band I, S. 451; Idee zur Anführung des folgenden Textes übernommen aus *Grziwotz/Heinemann*, BeurkG.

II. Belehrung und richtige Vertragsgestaltung

Die Bedeutung der Beurkundung geht speziell bei der **Beurkundung von Willenserklärungen** weit über die Beweisfunktion und den Übereilungsschutz hinaus. Mit der Kontaktaufnahme der Beteiligten mit dem Notariat beginnt die Sachverhaltsaufklärung und die Ermittlung des wahren Willens der Beteiligten. Nicht selten glauben die Beteiligten nur, sich vollständig über das beabsichtigte Rechtsgeschäft einig zu sein. Werden Einzelheiten erfragt oder Risiken gewünschter Regelungen, Formulierungen oder Abwicklungen erläutert, tauchen häufig **versteckte Einigungsmängel (Dissens)** auf. So bietet das Beurkundungsverfahren einen erheblichen Schutz vor den Unsicherheiten und unerwünschten Folgen. 10

Die juristischen Kenntnisse des Notars und dessen Wissen um die **typischerweise regelungsbedürftigen Themen** einer bestimmten Vertragsart helfen maßgeblich auf dem Weg zu guten Vertragsschlüssen. Der Notar muss nicht nur über die rechtliche Tragweite des Geschäfts und die Risiken belehren, er hat vielmehr über den reinen Wortlaut des § 17 Abs. 1 Satz 1 BeurkG hinaus eine Pflicht zur **„richtigen" Vertragsgestaltung**. Das höchste deutsche Zivilgericht, der BGH, fordert vom Notar eine umfassende, ausgewogene und interessengerechte Beratung, Belehrung und Vertragsgestaltung zu allen entscheidenden Punkten.[3] Der Notar hat ggf. **weitere Vorschläge für erforderliche Regelungen** zu unterbreiten.

Zugleich begünstigt die Einschaltung des **unparteiischen Notars** (§ 13 BNotO) die Entstehung **fairer Verträge**. Es ist offensichtlich, dass etwa bei dem Abschluss eines Vertrages zwischen einem großen Unternehmen mit eigener Rechtsabteilung einerseits und einer in vertragsrechtlichen Dingen nicht bewanderten Privatperson andererseits ein Ungleichgewicht besteht. Dem Notar ist es insb. durch § 17 Abs. 1 Satz 2 BeurkG auferlegt, darauf zu achten, dass **unerfahrene und ungewandte Beteiligte nicht benachteiligt** werden, wenngleich der Notar aber auch in einem solchen Fall nicht über das Ziel hinausschießen und den **Rahmen der Neutralität** verlassen darf. 11

Das Ergebnis dieser Pflicht zur Ausgewogenheit ist, dass notarielle Verträge im Allgemeinen tatsächlich gerechter sind als nicht beurkundete Verträge. Dies ist erkennbar, wenn man die Regelungsstandards von beurkundungspflichtigen Verträgen mit Regelungen vergleicht, wie sie leider häufiger in Verträgen zu finden sind, die keinem Beurkundungszwang unterliegen. So halten im Gegensatz zu den beurkundeten Bauträgerverträgen reine Bauverträge (etwa Fertighausverträge) selten einer juristischen Prüfung stand und sind nicht selten deutlich einseitig.

Durch die **Belehrung und Beratung vor der eigentlichen Beurkundung** erfüllt das notarielle Beurkundungsverfahren auch eine **Informationsfunktion**, die sich insb. in vor der Beurkundung übersandten **Vertragsentwürfen** manifestiert. Bei den sog. Verbraucherverträgen (Verträge zwischen einem Unternehmer und einem Verbraucher) muss dem Verbraucher mindestens 14 Tage vor dem eigentlichen Beurkundungstermin der Vertragsentwurf vom Notariat zur Verfügung gestellt werden. 12

Schlussendlich macht das vorgeschriebene formelle Prozedere der Beurkundung mit dem **Vorlesen, Genehmigen und Unterschreiben** (§ 13 Abs. 1 Satz 1 BeurkG) die Beteiligten sensibler und sie werden gezwungen, sich wenigstens diese Zeit für eine wichtige Sache zu nehmen. Insbesondere hierin findet der betriebene formelle Aufwand eine Rechtfertigung.

D. Organisation des Notariats

Nach § 1 BNotO ist der Notar als **unabhängiger** Träger eines **öffentlichen Amtes** zuständig für die **Beurkundung von Rechtsvorgängen** und für andere Aufgaben auf dem Gebiet der **vorsorgenden Rechtspflege**. Um seine Pflicht zur Ausübung des Notaramtes wahrnehmen zu können, unterhält der Notar daher eine Kanzlei (Geschäftsstelle/Büro mit Mitarbeitern und Auszubildenden). 13

3 BGH, Urt. v. 28.4.1994 – IX ZR 161/93, NJW 1994, 2283.

Gute Leistungen eines Notariats entstehen nicht zufällig. Sie beruhen insb. auf den Fachkenntnissen, der emotionalen Intelligenz (Emphase für die Belange der Rechtsuchenden) und der Leistungsbereitschaft des Notars und der Mitarbeitenden sowie einer gut zweckmäßigen **Organisation des Notariats** mit klaren Strukturen und Zuständigkeiten.

Eine motivierende und fördernde **Personalführung** der Mitarbeitenden im Notariat sind von großer Bedeutung für den Erfolg. Daher ist es für Notare und Notarinnen jeden Dienstalters notwendig, an den eigenen Personalführungskompetenzen und Softskills zu arbeiten.

14 Die Organisation und Arbeitsweise eines Notariats finden ihre Grundlagen vor allem in

- der **Bundesnotarordnung** (BNotO),
- dem **Beurkundungsgesetz** (BeurkG),
- den **Richtlinien der Notarkammern**,
- der Verordnung über die **Führung notarieller Akten und Verzeichnisse** (NotAktVV) und
- der **Dienstordnung für Notarinnen und Notare** (DONot).

Dieses notarielle Berufs- und Verfahrensrecht enthält eine Vielzahl von Vorgaben zur Sicherung optimaler notarieller Leistungserbringung.

15 Der Notar ist für die Organisation seines Notariats verantwortlich und regelt die Zuständigkeiten seiner Mitarbeiter. In mittleren und größeren Notariaten sind schriftliche Organisationsformen, (z.B. Organigramme, Ablaufbeschreibungen, Checklisten, Laufzettel, Vordrucke) zur Fixierung der Aufbau- und Ablauforganisation, des Informations- und Wissensmanagements, der Fortbildung sowie der Personalentwicklung unumgänglich. Aber auch in kleineren Notariaten mit wenigen Mitarbeitern ist die schriftliche Dokumentation der Zuständigkeiten und Abläufe uneingeschränkt sinnvoll, denn gerade dort ist der Ausfall einzelner Mitarbeiter besonders schwer aufzufangen und dann sind klare Vorgaben für die Vertretung äußerst hilfreich und verhindern zusätzliche Belastungen und somit vor allem Fehler.

§2 Büroorganisation im Notariat

A. Büroräume und Grundausstattung

I. Geschäftsstelle, Amtssitz, Amtsbereich, Amtsbezirk

§ 10 BNotO – Amtssitz 1

(1) Dem Notar wird ein bestimmter Ort als Amtssitz zugewiesen. In Städten von mehr als hunderttausend Einwohnern kann dem Notar ein bestimmter Stadtteil oder Amtsgerichtsbezirk als Amtssitz zugewiesen werden. (…)

(2) Der Notar hat an dem Amtssitz seine Geschäftsstelle zu halten. (…)

(3) Der Notar soll seine Geschäftsstelle während der üblichen Geschäftsstunden offen halten.

(4) Dem Notar kann zur Pflicht gemacht werden, mehrere Geschäftsstellen zu unterhalten; ohne Genehmigung der Aufsichtsbehörde ist er hierzu nicht befugt. Das gleiche gilt für die Abhaltung auswärtiger Sprechtage. (…)

Der Notar ist sog. **Organ der vorsorgenden Rechtspflege**. Er hat, obwohl er selbstständiger 2
Freiberufler ist, bei seiner Amtstätigkeit wie eine Behörde zu agieren, denn er ist **staatlicher Amtsträger**. Er genießt einen gewissen Gebietsschutz, hat aber dafür auch die Pflicht, notarielle Dienstleistungen vor Ort anzubieten (Urkundsgewährungspflicht,[1] Amtsbereitschaft)[2]. Er darf nicht wie ein gewerblicher Unternehmer handeln.

Dem Notar wird ein **bestimmter Ort als Amtssitz** zugewiesen (§ 10 Abs. 1 BNotO). Als Amtssitz wird in der Regel eine politische Gemeinde bestimmt. Vom Amtssitz leiten sich der **Amtsbereich** (§ 10a BNotO) und der noch größere **Amtsbezirk** (§ 11 BNotO) ab.

Der Notar hat gem. § 10 Abs. 2 BNotO **an seinem Amtssitz** eine **Geschäftsstelle** zu unter- 3
halten. Im Bereich des Anwaltsnotariats wird aufgrund der üblichen Diktion der Anwaltschaft häufiger der Begriff der Kanzlei anstelle des Wortes Geschäftsstelle verwendet.

Der Notar hat geeignete Büroräume zu wählen und mit den zum Betrieb des Notariats benötigten Hilfsmitteln auszustatten. Räume und Ausstattung müssen dem amtlichen Charakter der Notartätigkeit und der Würde des Notaramtes angemessen sein.

Unter betriebswirtschaftlichen Gesichtspunkten werden für den selbstständigen Freiberufler, welcher der Notar trotz seines öffentlichen Amtes ist, ein repräsentatives Erscheinungsbild der Amtsräume, eine gute Lage in einem ansprechenden Umfeld, ausreichende Parkmöglichkeiten und günstige Anschlüsse an öffentliche Verkehrsmittel wichtig sein.

Der Notar hat seine Geschäftsstelle während der **üblichen Geschäftsstunden** offen zu hal- 4
ten, § 10 Abs. 3 BNotO. Was übliche Geschäftsstunden sind, wird vom Gesetz nicht definiert und bestimmt sich nach der Verkehrsanschauung am Amtssitz.[3] Der Terminkalender des Notars unterliegt auch der Geschäftsprüfung durch die Dienstaufsicht des Notars dahingehend, ob der Notar seiner Pflicht zur Amtsbereitschaft ausreichend nachkommt, er andererseits aber auch kein Terminierungsverhalten an den Tag legt, das als unerwünschtes gewerbliches Gebaren i.S.d. Standesrichtlinien[4] betrachtet werden könnte.

Der Notar ist – wie z.B. auch das Grundbuchamt – ein sog. Organ der vorsorgenden Rechts- 5
pflege. Es ist Aufgabe der Justizverwaltungen der Bundesländer, für die einzelnen Regionen die jeweils passende Anzahl an Notaren für eine ausreichende Versorgung der rechtsuchenden Bevölkerung mit notariellen Dienstleistungen zu ernennen, nicht zu viele und nicht zu wenige. Dies erfordert, dass der einzelne Notar mit seiner Amtstätigkeit **ortsfest** ist, er also

1 § 15 Abs. 1 BNotO.
2 BVerfG, Beschl. v. 3.12.1991 – 1 BvR 1477/90, DNotZ 1993, 259.
3 Frenz/Miermeister/*Bremkamp*, 5. Aufl. 2020, BNotO § 10 Rn 75.
4 Abschnitt VII. Ziffer 1.3. b) der Richtlinienempfehlungen der BNotK.

im Grundsatz – wie auch eine Behörde – seine Leistungen vornehmlich **an seiner Geschäftsstelle** erbringt.

6 Bei speziellem Bedarf darf er auch **außerhalb der Geschäftsstelle** ***in seinem Amtsbereich*** **amtieren,** z.B. wenn ein Rechtssuchender sein Krankenlager nicht verlassen kann. Weiterhin gibt es Arten von Geschäften, die typischerweise nur außerhalb der Geschäftsstelle beurkundet werden können. Dazu gehören

- Versteigerungen,
- Verlosungen,
- Begehungen – etwa bei der Erstellung von Nachlassverzeichnissen – und
- häufig auch Protokollierungen von Versammlungen (z.B. die Hauptversammlung einer Aktiengesellschaft).

Zu unterlassen sind jedoch Auswärtsbeurkundungen, die den Eindruck von Abhängigkeit und Parteilichkeit erwecken könnten, so insbesondere z.B. die Beurkundung bei einem Bauträgerunternehmen in dessen Geschäftsräumen.

7 **§ 10a BNotO – Amtsbereich**

(1) Der Amtsbereich des Notars ist der Bezirk des Amtsgerichts, in dem er seinen Amtssitz hat. (...)

(2) Der Notar soll seine Urkundstätigkeit (§§ 20 bis 22) nur innerhalb seines Amtsbereichs ausüben, sofern nicht besondere berechtigte Interessen der Rechtsuchenden ein Tätigwerden außerhalb des Amtsbereichs gebieten.

(3) Urkundstätigkeiten, die nach den §§ 16a bis 16e und 40a des Beurkundungsgesetzes mittels Videokommunikation vorgenommen werden, gelten nur dann als im Amtsbereich ausgeübt, wenn (...)

(4) Urkundstätigkeiten außerhalb des Amtsbereichs hat der Notar der Aufsichtsbehörde oder nach deren Bestimmung der Notarkammer, der er angehört, unverzüglich und unter Angabe der Gründe mitzuteilen.

Der Notar soll seine **Auswärts-Urkundstätigkeit** grundsätzlich nur **innerhalb seines Amtsbereichs** durchführen Der Amtsbereich des Notars ist der **Bezirk des Amtsgerichts**, in dem der Notar seinen Amtssitz hat (§ 10a BNotO).

8 Innerhalb ihres Amtsbereichs stehen Notare im Hinblick auf ihre beruflichen Leistungen im **Wettbewerb**. Dieser erstreckt sich nicht nur auf die **Qualität** der notariellen Beratung und Amtstätigkeit selbst, sondern auch auf die Dienstleistungsbereitschaft. Von Bedeutung sind hier insbesondere die Zugewandtheit und Freundlichkeit des Notars und der Mitarbeitenden und der Wille, auf Terminwünsche im zulässigen Rahmen (**Übereilungsschutz**) einzugehen. Eine funktionierende Terminierungspraxis setzt allerdings wiederum unabdingbar voraus, dass die **Vorbereitung** der Beurkundungstermine so umfassend und sorgfältig erfolgt, dass zeitaufwendige Überraschungen in der Beurkundungsverhandlung, die dann Folgetermine beeinträchtigen, weitestgehend vermieden werden.

9 Eine Urkundstätigkeit **außerhalb des Amtsbereichs** ist vom Notar nur dann auszuüben, wenn dies besondere **berechtigte Interessen der Rechtsuchenden** gebieten. Hier wird dann nochmals unterschieden zwischen dem Überschreiten des Amtsbereichs und dem Überschreiten gar des Amtsbezirks.

Das **Überschreiten des Amtsbereichs** ist der Aufsichtsbehörde bzw. der Notarkammer, der der Notar angehört, unverzüglich unter Angabe der Gründe **anzuzeigen.** Anders als bei einer Beurkundung außerhalb des **Amtsbezirks** (siehe unten Rdn 11 f.) bedarf es aber keiner vorherigen Genehmigung der Aufsicht.

10 Zu akzeptierende **Gründe** für eine solche Auswärtstätigkeit sind regelmäßig in den Richtlinien der örtlich zuständigen Notarkammernenthalten.[5] So kommen **z.B.** nach den Richt-

5 Abrufbar im Internet bei der BNotK, aktuell unter *https://www.bnotk.de/aufgaben-und-taetigkeiten/richtlinien/richtlinien-der-notarkammern.*

linien für die Amtspflichten und sonstigen Pflichten der Mitglieder der **Landesnotarkammer Bayern** in Betracht:
- Gefahr im Verzug;
- eigener Urkundenentwurf und dann unvorhersehbare Notwendigkeit zur Beurkundung außerhalb des Amtsbereichs;
- Urkunden zur Berichtigung, wenn die Berichtigung bei anfänglicher richtiger Behandlung der Sache nicht entstanden wäre;
- Beteiligter mit Wohnsitz im Amtsbereich ist in einem Krankenhaus außerhalb des Amtsbereichs;
- besondere Vertrauensbeziehung zwischen Notar und Beteiligten und Unzumutbarkeit des Aufsuchens der Geschäftsstelle.

Amtsbezirk ist der Oberlandesgerichtsbezirk, in dem der Notar seinen Amtssitz hat (§ 11 Abs. 1 BNotO). Urkundentätigkeiten außerhalb des Amtsbezirks darf der Notar nur bei **Gefahr im Verzug** oder bei **Genehmigung der Aufsichtsbehörde** vornehmen. Ein Verstoß hiergegen führt zu disziplinarischen Folgen für den Notar. 11

Allerdings bewirkt selbst ein Überschreiten des Amtsbezirks **keine Unwirksamkeit** der Beurkundung (§ 2 BeurkG, § 11 Abs. 3 BNotO).

§ 10a Abs. 2 BNotO erfasst aber nur die Urkundstätigkeit i.S.d. §§ 20–22 BNotO und die damit im Zusammenhang stehenden Tätigkeiten, insbesondere Vollzug und Beratung, nicht jedoch die **sonstige Betreuung** nach § 24 BNotO, die in keinem Zusammenhang mit einer Urkundstätigkeit steht. Der Notar darf seinen Amtsbereich also verlassen, wenn die auswärts erfolgende Tätigkeit zu einer rein **betreuenden Tätigkeit** gehört. Dies dürfte und sollte die Ausnahme sein, denkbar wäre etwa die auswärts erfolgende Besprechung bzw. Beratung zu einem Vertragsentwurf, der nicht beurkundet werden muss und soll. 12

Im **Ausland** darf der Notar keine Amtstätigkeiten vornehmen. 13

Für die seit dem 1.8.2022 möglichen **Online-Beurkundungen** und **Online-Beglaubigungen** per Videokommunikation in bestimmten gesetzlich zugelassenen Fällen wurden, um auch hierfür eine beschränkte örtliche Zuständigkeit zu erreichen, im neuen **§ 10a Abs. 3 BNotO** Kriterien festgelegt, welche die für die jeweilige Angelegenheit (örtlich) zuständigen Notare bestimmen (Sitz bzw. Niederlassung bzw. Wohnort der juristischen Person bzw. der rechtsfähigen Personengesellschaft bzw. des Kaufmannes bzw. des organschaftlichen Vertreters bzw. des Gesellschafters). 14

Im jeweiligen Notariat bekommt man von dieser Zuordnung allerdings zunächst nichts mit, denn diese erfolgt schon zuvor durch das Videokommunikationssystem der BNotK im Zuge der Anmeldung des Vorgangs durch den Rechtsuchenden über die Online-Plattform oder die Notar-App.

Merke! 15

- **Amtspflicht/Urkundsgewährungspflicht**: Ein Notar muss bereit sein, das ihm verliehene Amt auch tatsächlich auszuüben. Er kann sich nicht als Notar bezeichnen, ohne diesen Beruf auch auszuüben.
- **Geschäftsstelle**: Der Notar hat eine Geschäftsstelle (Notariat, Kanzlei) zu unterhalten, die während der üblichen Geschäftszeiten geöffnet ist und an der er die notariellen Dienstleistungen (insbesondere Beratungen, Beurkundungen und Beglaubigungen) erbringt.
- **Amtssitz**: Amtssitz ist der Ort (politische Gemeinde oder Stadtteil), an dem der Notar seine Geschäftsstelle zu unterhalten hat.
- **Amtsbereich**: Der Amtsbereich des Notars ist der Bezirk des Amtsgerichts, in dem er seinen Amtssitz hat. Auf diesen engen Amtsbereich muss der Notar seine Urkundstätigkeit grundsätzlich beschränken, auch wenn er für den Bezirk des Oberlandesgerichts ernannt ist.

- **Amtsbezirk**: Der Amtsbezirk deckt sich immer mit dem Oberlandesgerichtsbezirk, in dem der Amtssitz liegt. In eng begrenzten Ausnahmefällen darf der Notar außerhalb des Amtsbereichs in seinem Amtsbezirk beurkunden (Anzeigepflicht!).
- **Außerhalb des Amtsbezirks**: Hier darf der Notar Urkundstätigkeiten nur vornehmen, wenn Gefahr im Verzuge ist oder die Aufsichtsbehörde es genehmigt hat.

16 *Praxistipp*

Wünschen Beteiligte eine Beurkundung oder Beglaubigung außerhalb der Geschäftsstelle, so sind die Gründe hierfür zu erfragen und die „*Vorgaben Amtsbereich/Amtsbezirk*" zu beachten.

Bei Notarstellen in Großstädten mit mehreren Amtsgerichten ist der Abgrenzung des jeweiligen Amtsbereichs besondere Aufmerksamkeit zu widmen!

Hierfür sollte eine Auflistung der Orte bzw. Straßen des Amtsbereichs immer schnell verfügbar sein.

II. Werbeverbot – Schilder, Verzeichniseinträge, Briefpapier

1. Werbeverbot

17 **§ 2 BNotO – Beruf des Notars**

Die Notare (…). Sie (…) tragen die Amtsbezeichnung Notarin oder Notar. Ihr Beruf ist kein Gewerbe.

§ 29 BNotO – Werbeverbot

(1) Der Notar hat jedes gewerbliche Verhalten, insbesondere eine dem öffentlichen Amt widersprechende Werbung zu unterlassen.

(…)

(4) Amts- und Namensschilder dürfen nur an Geschäftsstellen geführt werden.

§ 3 DONot – Amtsschild, Namensschild

(1) Die Notarin oder der Notar ist berechtigt, am Eingang zu der Geschäftsstelle und an dem Gebäude, in dem sich die Geschäftsstelle befindet, ein Amtsschild oder, sofern es die besonderen örtlichen Verhältnisse gebieten, Amtsschilder anzubringen. Amtsschilder enthalten das Landeswappen und die Amtsbezeichnung „Notarin" oder „Notar". Bei einer Verbindung zur gemeinsamen Berufsausübung können je nach Art der Verbindung die Amtsbezeichnungen im Plural geführt oder beide Amtsbezeichnungen aufgenommen werden.

(2) Die Notarin oder der Notar kann auch Namensschilder anbringen. Ist kein Amtsschild angebracht, so muss durch ein Namensschild auf die Geschäftsstelle hingewiesen werden. Auf dem Namensschild an der Geschäftsstelle kann das Landeswappen geführt werden, wenn der Bezug zu dem Notaramt und zu der dieses Amt ausübenden Person auch bei mehreren Berufsangaben deutlich wird.

18 Der Notar unterliegt einem strengen **Werbeverbot**. Dies bezieht sich auf jede Art und jeden Ort des Hinweises auf die Amtsfunktion, also insbesondere auch auf Webseiten, in Verzeichnissen (z.B. Telefonbücher), Broschüren und Zeitungsanzeigen. Die nachstehenden Ausführungen zu Schilderinhalten und Bezeichnungen gelten entsprechend auch für das sonstige Auftreten, also insbesondere auf dem Briefpapier oder in der Internetadresse.

Gerade das Aufstellen von Hinweisschildern ist stark reglementiert, wenngleich die **Pflicht** besteht, auf die Geschäftsstelle hinzuweisen (§ 3 Abs. 2 Satz 2 DONot), denn der Notar muss amtieren (§ 15 Abs. 1 BNotO) und dem rechtssuchenden Publikum die Möglichkeit geben, die Amtsstelle zu finden. Es wird zunächst unterschieden zwischen **Amts- und Namensschildern**. Ein Amtsschild unterliegt strengeren Vorgaben als ein Namensschild.

2. Amtsschild und Namensschild

Das Amtsschild besteht ausschließlich aus dem (unveränderten) **Landeswappen** und der Bezeichnung „Notar“ oder „Notarin“ oder eine den tatsächlichen Gegebenheiten entsprechenden Pluralform, also „Notare“, „Notarinnen“ und etwa auch „Notarin und Notar“, „Notarin und Notare“, „Notar und Notarinnen“, „Notarinnen und Notare“. Gender-Angaben, wie etwa „Notar*innen“, sind nicht zulässig. 19

Orte und Anzahl von Amtsschildern sind beschränkt, wie es sich aus den vorstehenden Vorschriften ergibt. In manchen Bundesländern gibt es zusätzlich Vorgaben zu Größe und Gestaltung von Amtsschildern, ebenso haben manche Notarkammern diesbezügliche Regelungen in ihre Richtlinien aufgenommen.

Der Notar muss kein Amtsschild führen, er kann auch ein sog. **Namensschild** verwenden. 20
Die Vorgaben hierfür sind weniger streng und es gibt keine ausdrückliche zahlenmäßige Beschränkung, wodurch eine Verwendung etwa im Lift, der Tiefgarage und Treppenhäusern ermöglicht wird. Ein Namensschild enthält Namen und Amtsbezeichnung des Notars bzw. der Notare (in den oben genannten Formen); zusätzlich können Informationen wie Öffnungszeiten und Kontaktdaten angegeben werden. Sofern sich das Namensschild **an der Geschäftsstelle** befindet, darf auch das **Landeswappen** dargestellt werden.

3. Geschäftsschild beim Anwaltsnotar

§ 29 BNotO – Werbeverbot 21

(...)

(2) Ist ein dem Notar in Ausübung seiner Tätigkeiten nach § 8 erlaubtes Auftreten mit den Maßstäben des Absatzes 1 nicht zu vereinbaren, so ist es von seinem Auftreten als Notar zu trennen. Enthält ein Auftreten im Sinne des Satzes 1 Hinweise auf die notarielle Tätigkeit, so ist deutlich zu machen, dass es sich nicht auf die notarielle Tätigkeit bezieht.

(3) Ein Anwaltsnotar, der sich nach § 9 Absatz 2 mit nicht an seinem Amtssitz tätigen Personen verbunden hat oder der weitere Kanzleien oder Zweigstellen unterhält, darf auf Geschäftspapieren, in Verzeichnissen, in der Werbung und auf nicht an einer Geschäftsstelle befindlichen Geschäftsschildern seine Amtsbezeichnung als Notar nur unter Hinweis auf seinen Amtssitz angeben. Der Hinweis muss der Amtsbezeichnung unmittelbar nachfolgen, ihr im Erscheinungsbild entsprechen und das Wort „Amtssitz“ enthalten. Satz 1 gilt nicht, soweit die Geschäftspapiere, die Verzeichnisse oder die Werbung keinen Hinweis auf die Verbindung nach § 9 Absatz 2 oder weitere Kanzleien oder Zweigstellen enthalten.

(...)

Komplizierter wird es mit der Umsetzung des Werbeverbotes im Bereich des Anwaltsnotariats. 22
Ein Anwalt darf nämlich viel umfassender für sich werben, als ein Notar dies tun darf. Weiterhin darf der Anwalt (genehmigungsfrei) Zweigstellen unterhalten und sogar eine weitere eigenständige Kanzlei haben, und dies alles auch außerhalb des Bezirks der Rechtsanwaltskammer, in der sich seine „Zulassungskanzlei“ befindet. Auch darf sich der Anwalt an mehreren Sozietäten – auch überörtlichen Sozietäten – beteiligen. Dies alles steht im Konflikt zu der Tatsache, dass ein Notar einen festen Amtsbereich hat, nur darin eine Geschäftsstelle sowie – im Falle der entsprechenden Genehmigung – eine Zweigstelle haben darf (§ 10 Abs. 4 BNotO) und auch nur dort zu amtieren hat.

Selbstverständlich darf der Anwaltsnotar ein Amtsschild an seiner Geschäftsstelle verwenden (nicht jedoch an anderen Kanzleistandorten). Will er sich allerdings als „Rechtsanwalt und Notar“ bezeichnen, kann er „nur“ ein Namensschild verwenden, da ein Anwaltsnotar auf diesem auch seinen Anwaltsberuf erwähnen darf. Am Ort seiner Geschäftsstelle darf ein solches Namensschild auch das Landeswappen enthalten.

Verwendet der Anwaltsnotar an anderen Kanzleistandorten ein Namensschild, darf er zwar 23
auch dort auf seinen Notareigenschaft hinweisen, dies allerdings nur unter gleichzeitiger Angabe des Amtssitzes – damit klar wird, wo die notarielle Dienstleistung ausschließlich bezo-

gen werden kann – und nur ohne Landeswappen. Ein solches Schild wird dann „**Geschäftsschild**" genannt (siehe § 29 Abs. 3 BNotO).

24 Diese Vorgaben sind insbesondere auch für das Briefpapier relevant, wenn darauf die Beteiligung an überörtlichen Sozietäten aufgeführt ist.

4. Unzulässige Bezeichnungen

25 Grundsätzlich unzulässig sind etwa die Bezeichnungen „Rechtsanwalts- und Notarsozietät", „Notariatskanzlei" oder Notariatsbüro. Insbesondere ist auch der allgemein gebräuchliche Begriff „Notariat" unzulässig, was schwer zu begründen, aber aktuell einfach hinzunehmen ist.

26 *Merke!*

Amtsschilder sind stark reglementiert, sie enthalten als Hinweis auf die hoheitliche Tätigkeit das Landeswappen und dürfen ausschließlich auf die Notareigenschaft hinweisen.

Namensschilder mit Landeswappen dürfen ebenso wie Amtsschilder ausschließlich an der Geschäftsstelle geführt werden.

Geschäftsschilder, also Namensschilder ohne Landeswappen, dürfen auch außerhalb der Geschäftsstelle geführt werden, allerdings ist immer der Amtssitz des Notars mit anzugeben.

III. Amtssiegel, Verbinden von Urkunden

1. Amtssiegel und seine Verwendung

27 **§ 2 BNotO – Beruf des Notars**

Die Notare (…). Sie führen ein Amtssiegel (…).

§ 2 DONot – Amtssiegel

(1) Die Notarin oder der Notar führt ein Amtssiegel als Farbdrucksiegel und als Prägesiegel in Form der Siegelpresse oder des Petschafts für Lacksiegel nach den jeweiligen landesrechtlichen Vorschriften. Die Umschrift enthält den Namen der Notarin oder des Notars nebst den Worten „Notarin in (…) (Ort)" oder „Notar in (…) (Ort)". Bestehen der Name, die Amtsbezeichnung und die Ortsangabe zusammen aus mehr als 30 Schreibstellen einschließlich der Leerzeichen, können unwesentliche Bestandteile weggelassen werden.

(…)

§ 14 DONot – Verbinden, Beifügen und Siegeln

(…)

(3) Siegel müssen dauerhaft mit dem Papier oder mit dem Papier und der Schnur verbunden sein und den Abdruck oder die Prägung deutlich erkennen lassen. Eine Entfernung des Siegels ohne sichtbare Spuren der Zerstörung darf nicht möglich sein. Bei herkömmlichen Siegeln (Farbdrucksiegel, Prägesiegel in Lack oder unter Verwendung einer Mehloblate) ist davon auszugehen, dass die Anforderungen nach Satz 1 und 2 erfüllt sind. Neue Siegelungstechniken dürfen verwendet werden, sofern sie nach einem Prüfzeugnis der PTS in Heidenau die Anforderungen erfüllen. Die Verwendung eines lediglich drucktechnisch erzeugten Siegels ist unzulässig.

28 Die Befugnis des Notars, ein **Amtssiegel** zu führen, ist Ausdruck seiner hoheitlichen Amtstätigkeit. Man unterscheidet zwischen dem Farbdrucksiegel und dem Prägesiegel, letzteres kann ein Presssiegel oder ein Lacksiegel sein.

Beim **Farbdrucksiegel** handelt es sich um einen Stempel, der mittels **Stempelfarbe** einen Siegelabdruck auf dem Papier hinterlässt. Der Stempelfuß ist meist aus Gummi oder Metall.

Beim **Prägesiegel** wird das in Metall spiegelverkehrt eingravierte Siegel in das Urkundspapier oder – wie üblich – in das mit einer Mehloblate aufgeklebte Siegelblättchen mit einer **Siegelpresse** eingeprägt.

Beim **Lacksiegel** wird **Siegellack** erhitzt, entweder mit offener Flamme (es gibt auch Siegelwachsstangen mit Docht) oder mittels einer Siegelpistole (funktioniert wie eine Heißklebepistole).

Es gilt, die im jeweiligen Bundesland geltenden, recht unterschiedlichen **landesrechtlichen Vorgaben für das Dienstsiegel** und seine Verwendung zu beachten![6]

> *Merke!* 29
>
> Amtssiegel ist sowohl das Prägesiegel wie auch das Farbdrucksiegel.[7]
>
> Auch ein Lacksiegel ist ein Prägesiegel

Urkunden, die nur aus einem Blatt bestehen, werden meist „nur" mit dem **Farbdrucksiegel** versehen, es kann aber auch die hierarchisch höherstehende Form des Prägesiegels verwendet werden.

Eine frisch beurkundete Urkunde wird für das **Ausfertigen**, also das Fertigen von Scans und Kopien, beglaubigten Kopien und Ausfertigungen, zunächst mit dem **Farbdrucksiegel** versehen, damit dieses deutlich auf den Vervielfältigungen erkennbar ist.

> *Historisches:* 30
>
> Vor den Zeiten von Drucker und Kopierer wurde auf den Abschriften bzw. Durchschlägen die Stelle, an der sich das Siegel auf der Urschrift befand, mit „L. S." bezeichnet, was für „loco sigilli" (Lat.: Ort des Siegels) stand.

Während das Prägesiegel immer benutzt werden darf, ist die Verwendung des Farbdrucksiegels in den Fällen nicht gestattet, in denen der Gesetzgeber ausdrücklich die Benutzung des Prägesiegels angeordnet hat. 31

Das Prägesiegel ist zu verwenden, um den **Testamentsumschlag**, in den der Notar die Niederschrift eines Testamentes oder Erbvertrages zur Abgabe in die amtliche Verwahrung einlegt, sicher zu verschließen. Der Umschlag ist auf der Rückseite so zu siegeln, dass er nicht ohne Beschädigung des Siegels geöffnet werden kann. Mancherorts werden hierzu noch traditionell Siegellack und Petschaft (Lacksiegel) verwendet. Unzureichend wäre die Siegelung ohne Oblate oder die Verwendung des Farbdrucksiegels (§ 34 Abs. 1 BeurkG). 32

Die **Beifügung** des Siegels ist 33

- nur zulässig bei Amtshandlungen des Notars (daher kein Siegel bei einer sog. Rangbescheinigung, da dies lediglich eine gutachterliche Tätigkeit und keine Amtshandlung des Notars ist),
- teils auch für Amtshandlungen nicht vorgeschrieben (so z.B. überraschenderweise bei Urschriften von beurkundeten Willenserklärungen, die auch ohne Siegel Wirksamkeit entfalten), aber bei solchen erlaubt und üblich,
- teils eine vom Notar als Amtspflicht zu beachtende Sollvorschrift (z.B. bei Aushändigung einer Urschrift, § 45a BeurkG),
- teils aber auch Wirksamkeitsvoraussetzung, wie speziell bei den sog. Vermerkurkunden, also insbesondere Unterschriftsbeglaubigungen und beglaubigten Kopien (§ 39 BeurkG), und auch den Ausfertigungen (§ 49 Abs. 2 BeurkG).

2. Verbinden von Urkunden

> **§ 44 Verbindung mit Schnur und Prägesiegel** 34
>
> Besteht eine Urkunde aus mehreren Blättern, so sollen diese mit Schnur und Prägesiegel verbunden werden. (...)

6 Einen Überblick verschafft Armbrüster/Preuß/*Eickelberg*, BeurkG mit NotAktVV und DONot, § 2 DONot, Fußnote 4.

7 Legaldefinition in § 39 BeurkG.

§ 14 DONot – Verbinden, Beifügen und Siegeln

(1) Beim Verbinden mehrerer Blätter zu einer Urkunde (§ 44 BeurkG) soll eine Schnur in Landesfarben verwendet werden.

(…)

35 Besteht die Urkunde (Urschrift, Ausfertigung oder beglaubigte Kopie) aus **mehreren Blättern**, sind diese per Siegelfaden miteinander zu verbinden und der Faden ist schließlich auf das Papier mittels des Prägesiegels anzusiegeln.

Bei der Textformatierung ist daher darauf zu achten, dass immer ein ausreichender Seitenrand zur Anbringung des Siegelfaden verbleibt, sodass die Lesbarkeit nicht beeinträchtigt wird.

3. Wann siegeln und verbinden?

36 Das Gesetz enthält keine Vorschriften darüber, bis zu welchem Zeitpunkt der Notar seine Urkunden verbunden und gesiegelt haben muss, also müssen Sinn und Verstand die richtigen Entscheidungen treffen. Zu berücksichtigende Gesichtspunkte sind bestimmt:

- Nicht miteinander verbundene Blätter einer Urschrift können leicht in Unordnung geraten, Schaden nehmen oder gar verloren gehen.
- Wird die Urschrift genäht, bevor sie für das Einstellen in das Elektronische Urkundenarchiv gescannt wurde, wird das Scannen deutlich erschwert.
- Auch die elektronische Urschrift sollte ein Siegel abbilden.
- Die Urschrift noch ungenäht zu lassen, um im späteren Abwicklungsverlauf leicht weitere Abschriften durch Kopieren mittels des Vorlageneinzugs (auch Stapeleinzug genannt) fertigen zu können, ist im Hinblick darauf, dass die Abschriften auch von der elektronischen Urschrift gefertigt werden können, kein schlagendes Argument mehr, zumal jede Verwendung des Vorlageneinzuges auch die Gefahr der Beschädigung der Urschrift durch einen Papierstau in sich birgt.
- Es ist effizienter, die Urschrift erst dann zu nähen, wenn alle mit der Urschrift zu verbindenden Unterlagen, wie insbesondere Vollmachtbestätigungen und Genehmigungen, vorliegen.

37 *Umsetzung im Büro:*

Ein sinnvoller Ablauf hinsichtlich Siegeln und Verbinden dürfte daher im Regelfall sein:

1. Die Urschrift mit dem Farbdrucksiegel versehen. Sind mehrere Notare in einer Kanzlei tätig, ist sorgfältig darauf zu achten, dass jeweils das richtige Siegel verwendet wird, denn diese sind personenbezogen.
2. Die Urschrift für das Elektronische Urkundenarchiv scannen.
3. Diesen Scan (jetzt und später) zum Ausdrucken der benötigten Abschriften verwenden, ebenso zur Fertigung einer in der Nebenakte verbleibenden „Arbeitskopie“, damit nicht bei jedem Arbeitsvorgang die Urschrift herausgefingert werden muss. Soweit die Nebenakte elektronisch geführt wird, ist auch ein Scan in der elektronischen Nebenakte zu speichern.
4. Die Blätter der Urschrift zu ihrem Schutze baldmöglichst durch Schnur und Prägesiegel verbinden, spätestens dann, wenn nicht damit zu rechnen ist, dass noch mit der Urschrift zu verbindende Unterlagen hinzukommen werden.

4. Sicherung der Siegel

38 **§ 34 BNotO – Meldepflichten**

Der Notar hat der Aufsichtsbehörde sowie derjenigen Notarkammer, in deren Bezirk er seinen Amtssitz hat, unverzüglich mitzuteilen, wenn er feststellt oder begründeten Anlass zu der Annahme hat, dass

1. sein Amtssiegel dauerhaft oder zeitweise abhandengekommen ist oder missbraucht wurde oder eine Fälschung seines Amtssiegels im Umlauf ist,

   (…)

§ 2 DONot – Amtssiegel

(…)

(2) Ein Abdruck eines jeden Siegels ist der Präsidentin oder dem Präsidenten des Landgerichts einzureichen.

(3) Die Notarin oder der Notar hat dafür zu sorgen, dass die Amtssiegel nicht missbraucht werden können.

Insgesamt kann der Notar den Siegelgebrauch nach entsprechender Unterweisung auf zuverlässige Mitarbeiter übertragen. Er muss aber persönlich für eine sichere Aufbewahrung sorgen und Vorkehrungen gegen eine missbräuchliche Siegelverwendung treffen.

IV. Aufbewahrung der Siegel, Passwörter und Handkasse

Siegel und Handkasse bedürfen einer sorgfältigen und gesonderten Aufbewahrung und müssen jeden Abend in einen sicheren Stahlschrank oder Tresor eingeschlossen werden. Hier ist es wichtig, dafür zu sorgen, dass immer klar ist, welche Person bzw. welcher Mitarbeiter diese Aufgabe erfüllt und welche Person dies vertretungsweise erledigt. Ein schriftlicher Plan über die Zuständigkeiten kann sinnvoll sein. 39

Gleiches gilt auch für die **Passwörter**. Die PINs für Grundbuchzugänge, XNP etc. haben nichts auf einem Zettel am Bildschirm oder unter der Schreibunterlage zu suchen. Jeder Computer sollte ein Passwort erhalten, welches dem standardmäßigen User und ggf. auch einem vom Notar bestimmten Administrator bekannt ist (oder sich in einem nicht beschädigungsfrei zu öffnenden Umschlag im Tresor befindet). 40

Umsetzung im Büro:

Zum Büroschluss sind sämtliche Siegel und die Handkasse in einen abschließbaren Stahlschrank einzusortieren.

Für die Verwaltung und Geheimhaltung der PINs können Passwortmanager gute Dienste leisten. Deren Einsatz sichert auch, dass keine schwachen Passwörter Verwendung finden.

V. Literatur und Fortbildung

§ 14 BNotO – Allgemeine Berufspflichten 41

(…)

(6) Der Notar hat sich in dem für seine Amtstätigkeit erforderlichen Umfang fortzubilden. Dies umfasst die Pflicht, sich über Rechtsänderungen zu informieren.

Um die hohe Qualität der notariellen Tätigkeit zu erhalten, muss sich der Notar regelmäßig fortbilden und sich fortwährend über Rechtsänderungen informieren. Bis zum Jahr 2023 war letzteres noch in der Weise geregelt, dass § 32 BNotO a.F. eine gesetzliche Pflicht zum Bezug und zum „Halten" (also zum Aufbewahren) bestimmter Publikationen, so insbesondere des Bundesgesetzblattes Teil 1, enthielt. Sinn und Zweck dieser Amtspflicht sollte sein, dass der Notar über für ihn maßgebliche Änderungen von Rechtsvorschriften und sonstiger Mitteilungen stets aktuell und fortlaufend unterrichtet ist. Auf diese Art, das Fortbildungsstreben der Notare zu gewährleisten, wurde jedoch als nicht mehr zeitgemäß angesehen und so haben auch die 21 Notarkammern bislang keinen Gebrauch von der Befugnis (§ 67 Abs. 2 Satz 3 Nr. 10) gemacht, in ihren Richtlinien einen neuen Pflichtbezug von Fachliteratur zu normieren. 42

In allen Kammerrichtlinien ist die Pflicht der Notar zur Fortbildung enthalten, meist verbunden mit einer Pflicht der Notare, über ihre Bemühungen regelmäßig oder auf Anfrage zu berichten. Die Richtlinien der Notarkammer Bremen, Koblenz und Pfalz sind darüber hinaus 43 so praxisbewusst, dass sie den Notar auch verpflichten, für die Fortbildung seiner Mitarbeiter zu sorgen.

> *Praxistipp: Standesrichtlinien*
>
> Auf der BNotK-Homepage finden sich die Richtlinienempfehlungen der BNotK unter
>
> *https://www.bnotk.de/aufgaben-und-taetigkeiten/richtlinien/richtlinienempfehlungen*
>
> Dort können auch (unter dem Menüpunkt „Richtlinien der Notarkammern“) die Standesrichtlinien der 21 Notarkammern eingesehen und heruntergeladen werden.

44 Selbstverständlich informiert sich der Notar weiterhin über die maßgeblichen Verkündigungen. Typischerweise gehören hierzu insbesondere

- das Bundesgesetzblatt Teil I,
- das Gesetzblatt des jeweiligen Bundeslandes,
- das Bekanntmachungsblatt der Landesjustizverwaltung und
- das Verkündungsblatt der Bundesnotarkammer, also die Deutsche Notarzeitschrift (DNotZ).

Die drei erstgenannten sind inzwischen flächendeckend über das Internet abrufbar.

45 Auch weitere Zeitschriften zur regelmäßigen Fort- und Weiterbildung werden üblicherweise bezogen.[8]

46 Auch **für die Auszubildenden** im Notariat gibt es monatlich erscheinende Literatur zur Aus- und Fortbildung, wie die Zeitschriften „RENOpraxis“ und „Die Rechtsanwalts- und Notarfachangestellten“. Hilfreich, um auf dem Laufenden zu bleiben, ist auch der monatlich erscheinende Infobrief für Notariatsmitarbeiter „notarbüro“.

B. Büroräume und Grundausstattung – Softskills

I. Arbeitsplatz

47 Jeder Mitarbeiter im Notariat einschließlich der Auszubildenden benötigt für die Erledigung der ihm zugewiesenen Aufgaben und „Arbeiten“ einen Arbeitsplatz. Es ist wichtig, dass auch die/der Auszubildende einen eigenen und von ihm eingerichteten Arbeitsplatz hat.

48

> *Merke!*
>
> Unordnung auf dem Arbeitsplatz ist zu vermeiden; nur mit Übersicht und Ordnung können kostenträchtige Regressfälle sicher vermieden werden.

Daher sollte der Arbeitsplatz stets aufgeräumt sein und das „Stapeln“ von Akten und Unterlagen ist nach Möglichkeit immer zu vermeiden. Auf dem Schreibtisch liegen daher nur die Akten, die tatsächlich „heute“ zu bearbeiten sind. Liegt eine große Anzahl von Akten auf dem Schreibtisch, kann der stetige Blick auf die noch anstehenden Arbeiten zu „Stress“ führen. Es hat sich bereits für die Auszubildenden bewährt, einzelne Akten konsequent zu bearbeiten und zum Abschluss zu bringen, bevor die nächste Akte in Angriff genommen wird.

49

> *Umsetzung im Büro:*
>
> Die gleichzeitige Arbeit in mehreren Akten ist zu vermeiden. Stattdessen sollten die Akten nach **Wichtigkeit und Dringlichkeit** bearbeitet werden (A-, B- und C-Akten):
>
> - **A-Akten** sind sofort zu bearbeiten (möglichst „taggenau“), z.B. Grundschuldbestellungen, Erbausschlagungen, fristgebundene Handelsregisteranmeldung (z.B. zu Haf-

8 Beispiele hierfür sind der DNotI-Report des Deutschen Notarinstitutes, die Neue Juristische Wochenschrift (NJW), die Mitteilungen des Bayerischen Notarvereins, der Notarkasse und der Landesnotarkammer Bayern (MittBayNot), die Rheinische Notar-Zeitschrift (RNotZ), die Zeitschrift für die notarielle Beratungs- und Beurkundungspraxis (NotBZ) und/oder die Zeitschrift notar – Monatsschrift für die gesamte notarielle Praxis.

tungsausschlüssen nach den §§ 25 Abs. 2, 28 Abs. 2 HGB oder Haftungsbeschränkungen nach § 11 Abs. 2 GmbHG, § 176 Abs. 2 HGB), Akten in denen der Kaufpreis zur Zahlung fällig gestellt wird, Akten mit Entwurfsfertigungen von Immobilienkaufverträgen, bei denen erst nach Absendung des Entwurfes an die Verbraucher die Zwei-Wochen-Wartefrist des § 17 Abs. 2a S. 2 Nr. 2 BeurkG zu laufen beginnt.

- **B-Akten** können geplant und mit angepasster Priorität terminiert werden, z.B. die Erstellung von Vertrags- und sonstigen Urkundenentwürfen, das „Ausfertigen" von Übergabeverträgen ohne schnelle Zahlungspflichten, von Akten zur Hinterlegung von Testamenten und Erbverträgen beim Amtsgericht und von Kaufverträgen, in denen die Kaufpreisfälligkeit erst in ein paar Monaten eintritt. Der Vollzug von Kaufverträgen, d.h. die Versendung der Unterlagen an Grundbuchamt, Behörden und Beteiligte sollte jedoch allerspätestens innerhalb eines Zeitraums von bis zu zehn Tagen nach der Beurkundung veranlasst werden, dies schon allein wegen der Zwei-Wochen-Frist des § 18 Abs. 3 GrEStG.
- **C-Akten** sind Akten, die in der Bearbeitung weniger wichtig sind und die nicht unbedingt „taggenau" abgearbeitet werden müssen, z.B. Eintragungsbenachrichtigungen des Grundbuchamtes über die Eintragung der Eigentumsänderung. Eine überlange Verweildauer ist jedoch auch hier unbedingt zu vermeiden, z.B. da dem Erwerber von Grundbesitz nur ein einmonatiges Sonderkündigungsrecht für die Gebäudeversicherung nach der Eintragung des Eigentumswechsels zusteht.

Jeder Mitarbeiter sollte einen ausreichend großen Schreibtisch für Bildschirm und Telefon sowie den entsprechenden Platz für in der täglichen Bearbeitung befindliche Akten haben. Darüber hinaus sollte ausreichend Platz für sonstige Hilfsmittel wie Locher, Taschenrechner etc. vorhanden sein (z.B. in Rollcontainern unter dem Schreibtisch). 50

Im Arbeitszimmer selbst sind Ablagemöglichkeiten (z.B. Regale und Schränke mit Hängeregistraturen) für die zur Bearbeitung anstehenden Akten, etwa Wiedervorlagen, zu schaffen. Daneben sollten im Arbeitszimmer Ablagemöglichkeiten für Formularbücher, gebundene Literatur, Texthandbücher vorhanden sein.

Umsetzung im Büro: 51

- Eingehende Post ist sofort den jeweiligen Akten zuzuordnen. Sofern die Nebenakten elektronisch mitgeführt werden, ist „zeitgleich" die eingehende Post in die elektronische Nebenakte einzuscannen.
- Der Arbeitsplatz ist stets aufgeräumt zu halten.
- Aktenstapel sind zu vermeiden.
- Bearbeitete Akten sind (gegen Ende des Arbeitstages) in die Registratur einzusortieren.

II. Empfang der Mandanten

Der **Empfangs- und Wartebereich** ist die Visitenkarte der Kanzlei. Zum positiven Erschei- 52
nungsbild einer Kanzlei gehört es, dass im Empfangsbereich ein „aufgeräumter" Zustand vermittelt wird. Es macht einen schlechten Eindruck Büromaterial etc. türmen. Aktenberge haben hier schon im Hinblick auf Datenschutzpflichten nichts zu suchen.

Insoweit kann durch eine geschickte Einrichtung – insbesondere durch die Aktenaufbewahrung in verschließbaren Schränken – Abhilfe geschaffen werden. Dieser Grundsatz gilt für sämtliche Räume mit Publikumsverkehr, insbesondere für Notarzimmer und Besprechungsräume.

Bildschirme müssen so ausgerichtet sein, dass sie vom Publikum nicht eingesehen werden können.

Damit ein Rechtsuchender nicht für ihn bestimmten Gespräche oder Telefongespräche mit- 53
verfolgen kann, ist der Empfangs- und Wartebereich so zu gestalten, dass das Mithören von

Gesprächen jeder Art – auch von Mitarbeitern – unmöglich ist. Es ist daher sinnvoll und üblich, den Empfangs- und Wartebereich räumlich getrennt von Notar- und Mitarbeiterzimmern zu gestalten.

54 Die **Betreuung** der Mandanten wird als **Dienstleistung** im Notariat verstanden und ist nach der Ausbildungsverordnung Bestandteil der Ausbildung.

Umsetzung im Büro:

- Auslage der aktuellen Tageszeitung und sonstiger Zeitschriften.
- Freundlicher und zuvorkommender Empfang der Mandanten.
- Anbieten eines Getränks (Kaffee, Tee etc.).
- Kinderspielbereich mit entsprechendem Equipment.
- Anmeldung der Mandanten bei Notar oder Sachbearbeiter.
- Freundliche Verabschiedung der Mandanten.
- Und: Überprüfung des Empfangs- und Wartebereichs auf Ordnung und Sauberkeit und Wiederherstellung des gewünschten Zustandes (mehrmals am Tag).

III. Notarzimmer und Besprechungsraum

55 Der **Besprechungs- und Beurkundungstisch** sollte ausreichend groß sein, damit mehrere Mandanten/Besucher Platz finden.

Ein gesonderter größerer Besprechungs- oder Beurkundungsraum, etwa verbunden mit der Bibliothek des Notariats, ist insbesondere für „größere" Beurkundungen mit mehreren Mandanten von Vorteil. Insoweit ist – auch von den Mitarbeitern – darauf zu achten, dass der entsprechende Raum sich vor der Beurkundung in einem möglichst aufgeräumten Zustand befindet. Sorgfältiges und ordentliches Arbeiten wird mit den Tätigkeiten des Notars schließlich am häufigsten in Verbindung gebracht.

C. Technische und sonstige Ausstattung

I. EDV im Notariat

1. Gesetzliche Pflichten zur EDV-Nutzung

56 Ein Notariat ohne Informationstechnik, also Technik zur elektronischen Datenverarbeitung (EDV), ist heute nicht mehr denkbar, dies schon wegen der inzwischen vielfältigen elektronischen Pflichten.

Das Gesetz zur Neuordnung der Aufbewahrung von Notariatsunterlagen und zur Einrichtung des Elektronischen Urkundenarchivs bei der Bundesnotarkammer sowie zur Änderung weiterer Gesetze vom 1.6.2017, das **Urkundenarchivgesetz**, wurde insbesondere die **Führung von notariellen Akten und Verzeichnissen** grundlegend neu geregelt.

a) Erzeugung notarieller elektronischer Signaturen

57 Hierin wurde zum einen bestimmt, dass der Notar nun seit dem 9.6.2017 berufsrechtlich verpflichtet ist, die **Hard- und Software vorzuhalten, um qualifizierte elektronische Signaturen** in der notariellen Funktion zu erzeugen. Die diesbezüglichen Erfordernisse sind definiert in § 33 BNotO.

§ 33 BNotO – Elektronische Signatur

(1) Der Notar muss über ein auf Dauer prüfbares qualifiziertes Zertifikat eines qualifizierten Vertrauensdiensteanbieters und über die technischen Mittel für die Erstellung und Validierung qualifizierter elektronischer Signaturen verfügen. (…)

(…)

(3) Die zur Erstellung qualifizierter elektronischer Signaturen erforderlichen elektronischen Signaturerstellungsdaten sind vom Notar auf einer qualifizierten elektronischen Signaturerstellungseinheit zu verwalten. Abweichend davon können sie auch von der Notarkammer oder der

Bundesnotarkammer verwaltet werden, wenn sichergestellt ist, dass die qualifizierte elektronische Signatur nur mittels eines kryptografischen Schlüssels erstellt werden kann, der auf einer kryptografischen Hardwarekomponente gespeichert ist.

(...)

b) Elektronisches Urkundenarchiv

Seit dem Jahr 2022 hat der Notar insbesondere 58

- ein **elektronisches Urkundenverzeichnis** und
- eine **elektronische Urkundensammlung**

zu führen.

Nach § 59a BeurkG hat der Notar für die notariellen Anderkonten (Verwahrung von Geld 59
nach §§ 57 ff. BeurkG) und die selteneren Verwahrungen von Wertpapieren und Kostbarkeiten (§ 62 BeurkG) ein **elektronisches Verwahrungsverzeichnis** zu führen.

§ 55 BeurkG – Verzeichnis und Verwahrung der Urkunden

(1) Der Notar führt ein elektronisches Verzeichnis über Beurkundungen und sonstige Amtshandlungen (Urkundenverzeichnis).

(2) Das Urkundenverzeichnis und die elektronische Urkundensammlung sind vom Notar im Elektronischen Urkundenarchiv (§ 78h der Bundesnotarordnung) zu führen.

(3) Die im Urkundenverzeichnis registrierten Urkunden verwahrt der Notar in einer Urkundensammlung, einer elektronischen Urkundensammlung und einer Erbvertragssammlung.

§ 59a BeurkG – Verwahrungsverzeichnis

(1) Der Notar führt ein elektronisches Verzeichnis über Verwahrungsmassen, die er nach § 23 der Bundesnotarordnung und nach den §§ 57 und 62 entgegennimmt (Verwahrungsverzeichnis).

(2) Das Verwahrungsverzeichnis ist im Elektronischen Urkundenarchiv (§ 78h der Bundesnotarordnung) zu führen. Erfolgt die Verwahrung in Vollzug eines vom Notar in das Urkundenverzeichnis einzutragenden Amtsgeschäfts, soll der Notar im Verwahrungsverzeichnis auf die im Urkundenverzeichnis zu der Urkunde gespeicherten Daten verweisen, soweit diese auch in das Verwahrungsverzeichnis einzutragen wären.

Das Urkundenverzeichnis, das Verwahrungsverzeichnis und die elektronische Urkunden- 60
sammlung sind im **Elektronischen Urkundenarchiv** (§ 78h BNotO) zu führen.

§ 78h BNotO – Elektronisches Urkundenarchiv; Verordnungsermächtigung

(1) Die Bundesnotarkammer betreibt als Urkundenarchivbehörde ein zentrales elektronisches Archiv, das den Notaren die Führung der elektronischen Urkundensammlung, des Urkundenverzeichnisses und des Verwahrungsverzeichnisses ermöglicht (Elektronisches Urkundenarchiv). Das Bundesministerium der Justiz und für Verbraucherschutz führt die Rechtsaufsicht über die Urkundenarchivbehörde.

Praxistipp zum Elektronischen Urkundenarchiv

Auf der BNotK-Homepage findet sich die **Onlinehilfe** des Elektronischen Urkundenarchives unter

https://onlinehilfe.bnotk.de/einrichtungen/elektronisches-urkundenarchiv.html

Auf diese Informationen hat jedermann Zugriff. Weiterführende Informationen finden sich im **internen Bereich** der Website zum Elektronischen Urkundenarchiv unter

https://www.elektronisches-urkundenarchiv.de/

(Menüpunkt „*Intern*"),

zu dem man aber nur Zugang hat, wenn man an das **Notarnetz** angeschlossen ist bzw. eine passende Mitarbeiter-Signaturkarte verwendet.

c) Online-Beurkundung und Online-Beglaubigung

61 Zum 1.8.2022 trat das Gesetz zur Umsetzung der Digitalisierungsrichtlinie (DiRUG)[9] in Kraft. Dieses schuf mit den neuen **§§ 16a bis 16e BeurkG** die gesetzliche Grundlage für die **Online-Gründung von Gesellschaften** mit beschränkter Haftung sowie für digitale Registeranmeldungen. Es gibt hierdurch seither die Möglichkeit zur notariellen **Beurkundung** von Willenserklärungen und zur **Beglaubigung** von Unterschriften nicht in einer Präsenz-Beurkundungsverhandlung bzw. Präsenz-Unterschriftsleistung, sondern **vermittels Videokommunikation**. Die Urkundsgewährungspflicht des Notars (§ 15 Abs. 1 Satz 1 BNotO) umfasst auch die Pflicht, diese elektronischen Amtstätigkeiten anzubieten. § 16a Abs. 1 BeurkG erlaubt diese Beurkundung mittels Videokommunikation aber nur „*soweit dies durch Gesetz zugelassen ist*" und dies ist bislang[10] ausschließlich für einen begrenzten Bereich an (beurkundungs- und beglaubigungspflichtigen) Erklärungen im Gesellschaftsrecht und Registerrecht der Fall.[11]

d) Elektronischer Rechtsverkehr mit Registergericht und Grundbuchamt

62 Bundesweit sind zum Vollzug im Handelsregister gem. § 12 Abs. 2 Satz 1 HGB die der Eintragung zugrunde liegenden Dokumente elektronisch einzureichen. Beim Grundbuchverkehr ist man jedoch mit dem Schritt vom elektronischen Grundbuch zur elektronischen Grundakte im bundesweiten Maßstab noch nicht ganz so weit gekommen. Zwar ist bereits am 1.10.2009 das ERVGBG (Gesetz zur Einführung des elektronischen Rechtsverkehrs und der elektronischen Akte im Grundbuchverfahren sowie zur Änderung weiterer grundbuch-, register- und kostenrechtlicher Vorschriften) in Kraft getreten, welches den Bundesländern ermöglicht, die elektronische Einreichung von Anträgen, Erklärungen und sonstigen Dokumenten zum Grundbuchamt zuzulassen bzw. obligatorisch vorzuschreiben. Aber lediglich **in den Bundesländern Baden-Württemberg, Rheinland-Pfalz, Hessen, Sachsen und Schleswig-Holstein** dürfen die **Notare** bei **Grundbuchämtern** die **Einreichungen flächendeckend** nur noch **in elektronischer Form** vornehmen. In Notariaten, die in diesen Regionen tätig sind, haben in aller Regel die grundbuchbezogenen elektronisch beglaubigten Dokumente die Anzahl an beglaubigten Handelsregister-Dokumenten um ein Vielfaches überschritten.

63 *Praxistipp: Einreichung elektronisch oder in Papierform?*

Auf der Infoseite der BNotK unter

https://www.elrv.info

kann man sich einen guten Überblick über den Stand der Fortentwicklung des elektronischen Rechtsverkehrs und die IT-Nutzung im Notariat verschaffen. Hier findet man insbesondere unter

https://www.elrv.info/elektronischer-rechtsverkehr/uebersicht-verordnungen

die Information, bei welchen Grundbuchämtern die Notare nur noch elektronisch einreichen dürfen. Auch Links zu den einzelnen Länder-Homepages sind vorhanden. Insoweit ist auch das gemeinsame Grundbuchportal der Bundesländer mit der URL

http://www.grundbuch-portal.de/

eine ordentliche Informationsquelle.

9 Gesetz zur Umsetzung der Digitalisierungsrichtlinie vom 5.7.2021, BGBl I 2021, S. 3338.

10 Durch das Gesetz zur Ergänzung der Regelungen zur Umsetzung der Digitalisierungsrichtlinie (DiREG) vom 15.7.2022, BGBl I 2022, S. 1146, wurden die durch das DiRuG geschaffen Möglichkeiten für notarielle Online-Verfahren ebenfalls mit Wirkung ab dem 1.8.2022 erweitert.

11 Nähere Erläuterungen finden sich in *Bös/Jurkat/Neie/Strangmüller*, Praxishandbuch für Notarfachangestellte, § 55 Rn 55 ff.

e) Sonstiger Rechtsverkehr mit Gerichten

§ 14b FamFG – Nutzungspflicht für Rechtsanwälte, Notare und Behörden 64

(1) Bei Gericht schriftlich einzureichende Anträge und Erklärungen sind durch einen Rechtsanwalt, durch einen Notar, durch eine Behörde oder durch eine juristische Person des öffentlichen Rechts einschließlich der von ihr zur Erfüllung ihrer öffentlichen Aufgaben gebildeten Zusammenschlüsse als elektronisches Dokument zu übermitteln. Ist dies aus technischen Gründen vorübergehend nicht möglich, so bleibt die Übermittlung nach den allgemeinen Vorschriften zulässig. Die vorübergehende Unmöglichkeit ist mit der Ersatzeinreichung oder unverzüglich danach glaubhaft zu machen; auf Anforderung ist ein elektronisches Dokument nachzureichen.

(2) Andere Anträge und Erklärungen, die durch einen Rechtsanwalt, durch einen Notar, durch eine Behörde oder durch eine juristische Person des öffentlichen Rechts einschließlich der von ihr zur Erfüllung ihrer öffentlichen Aufgaben gebildeten Zusammenschlüsse eingereicht werden, sollen als elektronisches Dokument übermittelt werden. Werden sie nach den allgemeinen Vorschriften übermittelt, so ist auf Anforderung ein elektronisches Dokument nachzureichen.

Schriftlich einzureichende Anträge und Erklärungen sind **vom Notar** nach der seit dem 1.1.2022 geltenden Fassung des § 14b Abs. 1 S. 1 FamFG **bei Gericht** ausschließlich als elektronische Dokumente zu übermitteln. Dies ist gemäß der Gesetzesbegründung eine Wirksamkeitsvoraussetzung für den Antrag bzw. die Erklärung.[12] Ein typisches Beispiel ist der Erbscheinsantrag mit eidesstattlicher Versicherung. 65

Dies gilt lediglich dann nicht, wenn die papiergebundene Einreichung materiellrechtlich vorgegeben ist. Dies ist immer dann der Fall ist, wenn eine Ausfertigung vorzulegen ist – denn eine elektronische Ausfertigung gibt es noch nicht –, so z.B. bei einer vorzulegenden Erbscheinsausfertigung oder bei Anträgen und Einwilligungen zur Annahme als Kind (Adoption), die ebenfalls als Ausfertigung einzureichen sind. Auch Grundschuldbriefe müssen natürlich als Papieroriginal übermittelt werden. 66

Praxistipp: Schriftverkehr mit dem Gericht elektronisch oder in Papierform?

Der gesamte sonstige Schriftverkehr mit dem Gericht soll ebenfalls in elektronischer Form übermittelt werden, geschieht dies nicht, kann das Gericht dieses nachfordern (§ 14b Abs. 2 FamFG). Daher sollte man es besser gleich alles ausschließlich elektronisch an das Gericht übermitteln, auch wenn etliche Antworten von dort immer noch per Post kommen.

f) Schriftverkehr mit sonstigen Stellen

Schließlich sind vielerorts die Abschriften für die **Gutachterausschüsse** und **Vorkaufsrechtsanfragen** (nur noch) elektronisch abzuwickeln. 67

Einige Notare übermitteln die bei ihnen beglaubigten **Verwalterzustimmungen** elektronisch an den Notar, der den Wohnungseigentumskaufvertrag beurkundet hat.

2. Branchensoftware für das Notariat

Die wenigsten Notariate werden noch ohne eine Branchensoftware für das Notariat auskommen. Solche Notarprogramme decken heute meist folgende Arbeitsgebiete ab: 68

- Erfassung von Daten, die per Softwareschnittstelle an das elektronische Urkundenarchiv im Hinblick auf die vom Notar zu führenden elektronischen Verzeichnisse (§ 1 NotAktVV) und die elektronische Urkundensammlung übermittelt werden können,
- Namensverwaltung für Mandanten und Institutionen (Behörden, Gerichte, Banken etc.),
- Urkundenvorbereitung,
- Urkundenvollzug,
- Nebenakten,
- Kostenwesen, eventuell einschließlich der Anbindung an die Finanzbuchhaltung,

12 BR-Drucks 818/12, S. 36.

- Archivierung elektronischer Akten,
- Verwaltung von Grundschuldbriefen und Fortführungsmitteilungen zu amtlichen Vermessungsergebnissen,
- im Anwaltsnotariat eventuell ein Modul zur Konflikterkennung – als Alternative zum Beteiligtenverzeichnis – zur Sicherstellung der Einhaltung von Mitwirkungsverboten gem. § 3 BeurkG.

69 Jeder Mitarbeiter sollte das Notarprogramm optimal beherrschen und auch in der Lage sein, zumindest kleinere Probleme an seinem Arbeitsplatz selbst und direkt mit dem Softwareanbieter zu lösen. Ein sog. Herrschaftswissen, d.h., nur ein oder ein kleiner Teil der Mitarbeiter beherrscht das Notarprogramm, ist zu vermeiden. Insbesondere auch im Falle von Krankheit und Urlaub kann das zu großen Schwierigkeiten führen.

70 Gleichwohl ist es sinnvoll aus der Reihe der Mitarbeiter einen Mitarbeiter nebst entsprechendem Vertreter als **IT-Beauftragten** zu bestimmen, der alle Wartungsarbeiten bezüglich der EDV-Anlage nebst Internet-Zugang und sonstiger Bürotechnik koordiniert. Anders als bei besonders schwierigen Beurkundungsfragen, die bis zur Rückkehr des Notars vertagt werden oder an einen Kollegen verwiesen werden können, duldet die Beseitigung von **EDV-Störungen** keinen Aufschub, denn sonst sind die allermeisten Mitarbeiter im Notariat umgehend arbeitsunfähig.

Der Notarprogrammanbieter muss selbstverständlich über eine zuverlässige Hotline verfügen.

71 Auch die Auszubildenden sollten vom Beginn der Ausbildung an Gelegenheit haben, sich das Notarprogramm anzueignen, damit sie am Ende der Ausbildung den Umgang mit dem Programm beherrschen.

72 Für die verwendete Software sind die nachstehenden Vorgaben des § 11 DONot zu beachten. Die Herstellerbescheinigungen sind in die Generalakte (§ 46 NotAktVV) aufzunehmen.

§ 11 DONot – Software-Herstellerbescheinigungen

(1) Werden die Nebenakten elektronisch geführt, ist durch eine Bescheinigung der Herstellerin, des Herstellers, der Vertreiberin oder des Vertreibers der eingesetzten Software zu belegen, dass die nach § 43 Absatz 1 NotAktVV erforderlichen Voraussetzungen eingehalten sind und die Möglichkeit zur Herstellung eines Repräsentats nach § 43 Absatz 2 NotAktVV jederzeit gegeben ist.

(2) Wird die Führung des Urkundenverzeichnisses, des Verwahrungsverzeichnisses oder der elektronischen Urkundensammlung durch eine nicht von der Bundesnotarkammer oder in deren Auftrag bereitgestellte Software unterstützt, ist durch eine Bescheinigung der Herstellerin oder des Herstellers der eingesetzten Software zu belegen, dass nur die von der Bundesnotarkammer zur Datenübernahme bereitgestellten Schnittstellen verwendet werden und deren Anbindung entsprechend den Vorgaben der Bundesnotarkammer umgesetzt ist.

3. Datensicherung

73 Eine **tägliche Sicherung** der Daten des elektronischen Systems in der Kanzlei auf einem externen Speichermedium ist **unerlässlich**. Eine fortlaufende Spiegelung der Daten auf einen Zweitserver, der bei Ausfall des primären Hostrechners kurzfristig das Weiterarbeiten ermöglicht, ist sicherlich sinnvoll. Darüber hinaus sind wöchentliche und monatliche **Datensicherungen** üblich. Es ist darauf zu achten, dass zumindest einzelne Datensicherungssätze länger aufbewahrt werden (mind. ein Jahr, besser zwei Jahre und länger), um im Falle einer Ransomeware-Attacke, also einer erpresserischen Verschlüsselung der Daten, auch bei einer bereits länger zurückliegenden unbemerkten Infektion des Systems wenigstens noch die älteren Daten in nicht kompromittierter Form zu haben.

Für die **Datensicherung**, deren **Dokumentation** und die **sichere Aufbewahrung** der Speichermedien muss ein Mitarbeiter des Notariats verantwortlich sein. Eine entsprechende Vertretungsregelung muss auch hier gewährleistet sein.

Praxistipp zum Datenschutz 74

Die Bundesnotarkammer hat das „Notarnetz" entwickeln lassen, ein virtuelles privates und geschlossenes Netzwerk im Internet, dessen Träger die von der Bundesnotarkammer zu 100 % gehaltene „NotarNet GmbH" ist. Das Notarnetz, ggf. kombiniert mit den kostenpflichtigen NotarnetzPlus-Produkten deckt für die angeschlossenen Notaren insbesondere im Bereich der **datenschutzkonformen Kommunikation** eine Vielzahl von Vorgaben ab.

4. Externe Datenverwaltung

§ 35 BNotO – Führung der Akten und Verzeichnisse 75

(…)

(3) Akten und Verzeichnisse in Papierform darf der Notar außerhalb seiner Geschäftsstelle nur bei der Notarkammer oder mit Genehmigung der Aufsichtsbehörde führen. Seine Verfügungsgewalt muss gewahrt bleiben. Außer im Fall der Führung bei der Notarkammer darf eine gemeinsame Führung nur im Zusammenschluss mit anderen Notaren erfolgen. (…)

(4) Elektronische Akten und Verzeichnisse darf der Notar außerhalb der Geschäftsstelle nur im Elektronischen Urkundenarchiv oder im Elektronischen Notariatsaktenspeicher führen.

(…)

Elektronische Akten und Verzeichnisse darf der Notar grundsätzlich nur **in seiner EDV-Anlage** in der Geschäftsstelle führen und **im Elektronischen Urkundenarchiv oder im Elektronischen Notaraktenspeicher** der BNotK. Sonstige externe Cloud-Lösungen sind mit Blick auf die herausragende Bedeutung der notariellen Verschwiegenheitspflicht **nicht zulässig**.

II. Telefonanlage, E-Mail, Telefax

Das Telefon verfügt in der Regel über einen **Anrufbeantworter**. Die korrekte Ansage und die Funktion des Anrufbeantworters sind regelmäßig zu überprüfen. Der Anrufbeantworter ist – sofern er zur Entgegennahme von Sprachnachrichten vorgesehen ist – an jedem Morgen des Arbeitstages abzuhören und von dem zuständigen Mitarbeiter sind entsprechende Aktennotizen über eingegangene Nachrichten zu fertigen und dem Notar oder dem zuständigen Sachbearbeiter vorzulegen. 76

Ebenso sind regelmäßig der Mail- und Faxempfang auf Funktionstüchtigkeit zu prüfen. Der Posteingang ist regelmäßig zu prüfen und E-Mails sollten zeitnah beantwortet werden.

Bei der **Übersendung von Faxen** ist daran zu denken, dass häufig auch dritte Personen einen Zugang zum Empfängerfaxgerät haben. Es sollte daher mit dem Empfänger vor der Versendung eines Telefaxes abgeklärt werden, ob und ggf. wann die Übersendung des Telefaxes erfolgen kann. Dies gilt in gleicher Weise auch für Computerfaxe und E-Mails, auch hier besteht die Möglichkeit, dass Dritte die Kommunikation während des Übertragungsvorgangs einsehen können, soweit nicht umfassend verschlüsselte Mails (Inhalt und Transportweg) verwendet werden, was aber spezielle Abstimmungen zwischen Versender und Empfänger bedingt. 77

In allen Fällen der Versendung von E-Mails und Telefaxen sollte daher schon bei der Annahme des Beurkundungsauftrages geklärt werden, ob Entwürfe, Urkunden und sonstige Mitteilungen per Fax oder E-Mail versendet und an welche Adresse jeweils die Versendung erfolgen soll. Es sollte ausdrücklich vereinbart werden, dass die Versendung von E-Mails im Hinblick auf die Datensicherheit jeweils unverschlüsselt erfolgt. Eine unverschlüsselte E-Mail-Kommunikation schließt auch die DSGVO bei entsprechender Einwilligung der Urkundsbeteiligten nicht aus. 78

79 *Formulierungsbeispiel: Einwilligung zur Kommunikation per E-Mail und Fax*

Hiermit ermächtige ich, (…) *(Name des Mandanten)*, Herrn Notar (…) *(Name des Notars)* die Kommunikation (insbesondere auch Urkundenentwürfe, Urkunden und Schriftverkehr) mit mir per einfacher E-Mail (unverschlüsselt) bis auf Widerruf in Textform zu führen.

Meine E-Mail-Adresse lautet: (…) *(E-Mail-Adresse)*.

Auch Telefaxe dürfen an mich auf folgende Nummer gesandt werden: (…) *(Faxnummer)*

(…)

(Datum, Unterschrift des Mandanten)

80 *Umsetzung im Büro:*

- Zu Arbeitsbeginn ist der Anrufbeantworter abzuhören, vorhandene Mitteilungen sind schriftlich – zumindest in Kurzfassung – aufzunehmen und an den Notar bzw. den Sachbearbeiter weiterzuleiten.
- Eingegangene Telefaxe sind sofort an den Notar bzw. die zuständige Person weiterzuleiten.
- Der zentrale Maileingang ist regelmäßig auf neue eingegangene Mails zu prüfen und diese sind sofort an den Notar bzw. die zuständige Person weiterzuleiten.
- Bei der Versendung von Telefaxen ist zu prüfen, ob diese auch tatsächlich auch versendet worden sind („*ok*") oder ob Fehlermeldungen vorliegen. Gleiches gilt für den Mailserver.

III. Sonstige Arbeitsgeräte und -materialien

81 **§ 12 DONot – Herstellung der Urschriften, Ausfertigungen und beglaubigten Abschriften**

(1) Bei der Herstellung der Urschriften, Ausfertigungen und beglaubigten Abschriften von Papierurkunden ist **festes weißes oder gelbliches Papier** zu verwenden, das den Anforderungen nach **DIN EN ISO 9706** entspricht.

Es dürfen ferner nur verwendet werden:
1. **blaue oder schwarze Tinte** und Farbbänder, sofern sie handelsüblich als **urkunden- oder dokumentenecht** bezeichnet sind,
2. **blaue oder schwarze Schreibstifte**, sofern Minen benutzt werden, die eine Herkunftsbezeichnung und eine Aufschrift tragen, die auf die **ISO 12757–2** (Pasten-Kugelschreiber), **ISO 14145–2** (Tinten-Roller) oder **ISO 27668–2** (Gel-Roller) hinweist,
3. in klassischen Verfahren und in schwarzer oder dunkelblauer Druckfarbe hergestellte Drucke des Buch- und Offsetdruckverfahrens,
4. in anderen (z.B. elektrografischen oder elektrofotografischen) Verfahren hergestellte **Drucke oder Kopien**, sofern die zur Herstellung benutzte Anlage (z.B. Kopiergeräte, Laserdrucker, Tintenstrahldrucker) nach einem **Prüfzeugnis der Papiertechnischen Stiftung (PTS) in Heidenau** zur **Herstellung von Urschriften von Urkunden geeignet** ist, und soweit **Tinten- oder Tonerzubehör** verwendet wird, das im **Prüfzeugnis** aufgeführt ist,
5. Formblätter, die in den genannten Druck- oder Kopierverfahren hergestellt worden sind.

(2) Der Gebrauch von Stempeln ist unter Verwendung von **schwarzer oder dunkelblauer Stempelfarbe** zulässig, die den Prüfanforderungen in Anlehnung an **ISO 12757–2** oder **ISO 14145–2** entspricht.

(3) **Vordrucke**, die der Notarin oder dem Notar von Beteiligten zur Verfügung gestellt werden, müssen den Anforderungen der NotAktVV und dieser Dienstordnung an die Herstellung von Urschriften genügen. Insbesondere dürfen sie **keine** auf Urheberinnen oder Urheber des Vordrucks hinweisenden individuellen Gestaltungsmerkmale (**Namensschriftzug, Firmenlogo, Signet, Fußzeile mit Firmendaten und Ähnliches**) aufweisen. Urheberinnen oder Urheber sollen am Rand des Vordruckes angegeben werden. Dies gilt nicht bei Beglaubigungen ohne Entwurf.

(Anmerkung: Die Hervorhebungen stammen vom Verfasser).

Die vorstehenden Vorgaben des § 12 DONot sind bei der Beschaffung und Verwendung der Arbeitsgeräte und -materialien unbedingt zu beachten. 82

§ 12 Abs. 3 DONot betrifft besonders die von den Kreditinstituten zur Verfügung gestellten **Grundschuldbestellungsformulare** und wird gern bei Geschäftsprüfungen geprüft.

Es ist erstaunlich, wie viel Papier ein Notariat „verschlingt". Papier ist daher ein erheblicher Kostenfaktor im Notariat und ein kostensparender Umgang ist wünschenswert. 83

Der für die Beschaffung der Büromaterialien zuständige Mitarbeiter sollte daher bei der Bestellung von Kopierpapier auf mögliche Mengenrabatte und vor allem auch auf rechtzeitige Nachbestellung achten, was selbstverständlich auch für die sonstigen benötigten Arbeitsmaterialien gilt.

Im Notariat ist genau darauf zu achten, dass **verschwiegenheits- und datenschutzrelevanter Papiermüll** unbedingt gesondert von sonstigem Abfall gesammelt und der **gesicherten Vernichtung** zugeführt wird, entweder im Büro selbst unter Verwendung eines ausreichend großen „Reißwolfes" oder durch geeignet zertifizierte externe Dienstleister. 84

> *Praxistipp: Verschwiegenheitsvereinbarung mit Dienstleistern*
>
> Mit dem Dienstleister ist eine Verschwiegenheitsvereinbarung nach § 26a BNotO in Textform zu treffen. Ein Muster findet sich im internen Bereich der BNotK-Homepage:
>
> *https://www.bnotk.de/intern/vordrucke/verschwiegenheitsvereinbarung-nach-2a-bnoto*

IV. Texthandbuch, Vorlagen

Den größten Teil der Arbeitszeit der Mitarbeiter des Notars nehmen die Erstellung von Vertragstexten und die Durchführung der Korrespondenz in Anspruch. Zur Erleichterung dieser Arbeit dienen die heute in der EDV zur Verfügung stehenden üblichen Notariatsprogramme. Hier werden die im Notariat häufig vorkommenden Urkunden und Anschreiben an Mandanten, Gerichte und Behörden in einer „Mustersammlung" (Texthandbuch) gespeichert und als Vorlage für die Erstellung künftiger Urkunden und deren Vollzug verwendet. 85

Eine Kunst der notariellen Arbeit liegt darin, aus gespeicherten **Mustern** und **Klauseln** passende Vertragsgestaltungen zusammenzusetzen und erforderlichenfalls durch individuelle Formulierungen passend zu ergänzen. Musterformulierungen sind eine massive **Arbeitserleichterung** und erhöhen die Qualität des notariellen Produktes. Das vorhandene Texthandbuch ist daher zu „pflegen". Es ist sicher zu stellen, dass im Notariat verwendete und im Notariatsprogramm gespeicherte Arbeitshilfen, Vertragsmuster, Textbausteine und Musterschreiben regelmäßig an den neuesten Entwicklungen in Gesetzgebung, Rechtsprechung und Literatur geprüft und falls erforderlich angepasst werden. Wichtig ist es dabei, jeweils alle betroffenen Muster zu **aktualisieren**, denn noch vorhandene, aber veraltete Mustertexte sind eine große Fehlerquelle. 86

Wie auch ein guter Handwerker sein Werkzeug pflegt und wartet, sind daher auch die Vorlagen des Notars regelmäßig zu **überprüfen**, ob sie noch den **Anforderungen** genügen. Neben den gesetzlichen Vorgaben bzw. neben der Judikatur sind auch die sprachlichen Formulierungen – etwa in Anschreiben an die Mandanten – immer wieder zu überprüfen, ggf. neu zu gestalten, gern auch zu entschlacken.[13] 87

> *Umsetzung im Büro:*
>
> Bei anhängigen **Serienverträgen** (insbesondere im Bauträgerbereich) sind laufende Veränderungen der Objektgegebenheiten (z.B. Vorliegen des amtlichen Vermessungsergebnisses bzw. der amtlichen Aufteilungspläne ja/nein, Anlage der Einzelgrundbücher erfolgt ja/nein, an den Bautenstand anzupassender Ratenplan) als auch nach rechtlichen

13 Siehe hierzu den Beitrag von *Schmitz/Schmitz-Vornmoor/Vonhof-Stolz*, notar 2018, 197 („Sprachwerkstatt").

Entwicklungen (kürzlich z.B. Einführung des Barzahlungsverbotes) anzupassen. Bei Veränderungen des Texthandbuchs sind sämtliche Mitarbeiter hierüber zu **informieren**, damit diese bei der „nächsten" Verwendung eines Vertragsmusters die Veränderung auf den dann aktuell zu erstellenden Vertragsentwurf anwenden können.

Merke!

Die vorhandenen Arbeitshilfen, Vertragsmuster, Textbausteine und Musterschreiben müssen sämtlichen Mitarbeitern im Notariat **vollständig** zur Verfügung stehen. Sozietäten verwenden selbstverständlich gemeinsame einheitliche Muster.

Die festgelegten Vorlagen sind an einem **zentralen Speicherort** abzulegen. Ein zentraler Speicherort beugt auch sog. Inselwissen einzelner Kanzleimitarbeiter vor. Niemand im Notariat sollte über einen eigenen, parallel genutzten Vorlagenbestand verfügen und andere Kanzleimitarbeiter von diesen Arbeitserleichterungen ausgrenzen.

88 Es empfiehlt sich, die Musterformulare für verschiedene Fallgruppen immer nach demselben Grundmuster aufzubauen. So wird leichter bemerkt, falls vergessen wurde, eine Regelung aufzunehmen. Außerdem lassen sich ggf. Klauseln aus einem Muster leicht in ein anderes Muster übernehmen.

89 Das kanzleieigene **Qualitätsmanagement** sollte sich auch auf die Erstellung von fachkundlichen Texten und Vorlagen erstrecken, insbesondere im Bereich der Muster für die zu erstellenden Urkunden. Hierdurch verbessert sich nicht nur die Außendarstellung der Kanzlei, sondern das laufende Qualitätsmanagement sichert auch die Rechtssicherheit von Verträgen. Zudem fördert der Austausch über Anpassung von Vorlagen und Mustern die interne Kommunikation sowie das Fachwissen der Kanzleimitarbeiter und der Auszubildenden.

Umsetzung im Büro:

Kanzleieigenes Qualitätsmanagement bedeutet, dass die vorhandenen Vorlagen (Musterverträge, Anschreiben) bzw. Textbausteine

- allen Kanzleimitarbeitern bekannt sind, also kein Herrschaftswissen entsteht,
- von allen Kanzleimitarbeitern genutzt werden,
- von verantwortlichen Personen regelmäßig geprüft und ggf. angepasst werden sowie
- die übrigen Kanzleimitglieder über Änderungen und deren Gründe – z.B. im Rahmen von Bürobesprechungen – informiert werden.

V. Büro- oder Kanzleihandbuch

90 Das Thema Qualität wird schon seit vielen Jahren in der Anwaltschaft insbesondere im Zusammenhang mit der Zertifizierung von Qualitätsmanagementsystemen nach den DIN ISO 9000 ff. diskutiert und in vielen Anwaltskanzleien auch umgesetzt.

Qualität im Notariat bedeutet zunächst fachliche Kompetenz zur Erstellung der Urkunden. Fachliche Kompetenz ist selbstverständlich Grundlage notarieller Tätigkeit, sie muss jedoch in der praktischen Arbeit auch umgesetzt werden können. Dies setzt voraus, dass die einzelnen Abläufe in der Kanzlei exakt, klar und eindeutig geregelt sind.

91 Ein Teil der Abläufe im Notariat unterliegt bereits **gesetzlichen Regelungen**. BNotO, BeurkG, NotAktVV und DONot enthalten detaillierte Vorschriften zur formalen Gestaltung der notariellen Urkunden, ihrer Aufbewahrung und zur Dokumentation notarieller Tätigkeit. In Begleitung dieser gesetzlichen Vorgaben kann eine **strukturierte Kanzleiorganisation** helfen, die Qualität der notariellen Dienstleistungen zu sichern und zu optimieren.

Das Anlegen eines Bürohandbuches ist zu empfehlen. Hierdurch soll jeder Mitarbeiter in die Lage versetzt werden, bei Unklarheiten, Problemen etc. für sich zu erkennen, wer was wie und wann zu tun und zu erledigen hat. Da die Mitarbeiter „ihr Notariat" genau kennen, sind diese bei der Erstellung, Verbesserung und Erweiterung stets mit einzubinden.

In einem **Bürohandbuch** werden all die Dinge festgehalten und beschrieben, die einen optimalen Kanzleibetrieb gewährleisten. Inhalte eines Bürohandbuches können z.B. sein: 92
- Stellenbeschreibungen,
- Kanzleianweisungen (Arbeitsanweisungen),
- Listen von Lieferanten, Zulieferern und sonstigen Hilfsdiensten (z.B. Hausmeister),
- Telefon- und Anschriftenlisten,
- Hilfen bei EDV-Problemen (Hard- und Software, Telefon-Hotline etc.).

Das Büro- oder Kanzleihandbuch ist jedem Mitarbeiter und jedem Auszubildenden **zugänglich** zu machen.

1. Stellenbeschreibungen

Um eine funktionierende Organisation im Notariat zu erreichen, müssen zunächst alle Mitarbeiter – auch die Auszubildenden – wissen, welche **Aufgaben**, **Verantwortungen** und **Befugnisse** ihm zugewiesen sind. Ohne entsprechende Weisungen kommt es immer wieder zu Missverständnissen, Versäumnissen und Schuldzuweisungen bei auftretenden Fehlern. In kleineren Notariaten kann es ausreichen, entsprechende Weisungen mündlich zu erteilen. Wirkungsvoller sind jedoch schriftliche Stellenbeschreibungen, die genau festlegen, welche Aufgaben, Verantwortungen und Befugnisse einem bestimmten Mitarbeiter oder Auszubildenden obliegen. Eine schriftliche Stellenbeschreibung hat auch den Vorteil, dass bei einem Mitarbeiterwechsel bereits ein genaues Anforderungsprofil für die zu besetzende Stelle vorliegt. 93

Im Bereich der **Ausbildung** ist eine Stellenbeschreibung unerlässlich. So wird erreicht, dass für die Auszubildenden ein strukturierter Arbeitstag ohne Leerläufe gegeben ist. Insoweit wird festgelegt, welche routinemäßigen Tätigkeiten vom Auszubildenden jeden Tag nach welcher Reihenfolge zu erledigen sind. Daneben ist auch ein betrieblicher Ausbildungsrahmenplan (§ 14 Abs. 1 Nr. 1 BBiG) für die wöchentlich bzw. monatlich zu erlernenden Tätigkeiten heranzuziehen. 94

Der Notar kann Stellenbeschreibungen z.B. wie folgt erstellen: 95
- Welcher Mitarbeiter/welches Team ist für welche Art von **neuen Beurkundungsaufträgen** zuständig: Hier wird festgelegt, welche Beurkundungsaufträge aufgrund ihres typischen oder generellen Schwierigkeitsgrades von vornherein nur von bestimmten Mitarbeitern angenommen werden oder zumindest wem die Aufträge nach Aufnahme zur Entscheidung über die weitere Bearbeitung vorgelegt werden.
  Eine Unterteilung der Zuständigkeiten kann z.B. wie folgt vorgenommen werden:
  - in eine örtliche Aufteilung (z.B. nach Gemeinden oder Gemarkungen);
  - in eine Aufteilung nach Sachgebieten (z.B. Grundstücksangelegenheiten, Ehe- und Erbsachen, Gesellschaftsrecht);
  - in eine Aufteilung nach Schwierigkeitsgraden;
  - in eine Aufteilung nach Mandanten (bestimmte Gesellschaften, Bauträger);
  - in eine Aufteilung nach Endnummern aus der Aktenanlage, z.B. von 0 bis 9. Damit erhalten die Mitarbeiter im „Zufallsprinzip" bestimmte Vorgänge unabhängig von der Art des Urkundsgeschäfts. Jeder Mitarbeiter erhält so z.B. Grundstückskaufverträge, Erbscheinsanträge, Handelsregisteranmeldungen etc. Diese Variante hat den Vorteil, dass sämtliche Mitarbeiter im Ergebnis ein umfangreicheres Wissen für das gesamte Notariat ausbilden können und Urkundsgeschäfte bei Urlaub oder Krankheit auch von anderen Mitarbeitern erledigt werden können.
- Welcher Mitarbeiter/welches Team ist für den **Empfang von Rechtsuchenden und für die Telefonzentrale** verantwortlich: Auch eine „Bewirtung" der Mandanten, z.B. mit Kaffee, kann hier zugeordnet werden. Diese Mitarbeiter haben die Verantwortung dafür, dass alle zentral einlaufenden Informationen sofort den zuständigen Mitarbeiter im Notariat oder den Notar selbst erreichen.

- Welcher Mitarbeiter/welches Team ist für die **Ablage von Urkunden und Nebenakten** verantwortlich: Hierdurch werden Fehlablagen vermieden, die einem Totalverlust von Urkunden und Nebenakten gleichkommen können.
- In jeder Stellenbeschreibung werden auch die Vertretungen der Mitarbeiter untereinander geregelt.

2. Kanzleianweisungen (Arbeitsanweisungen)

96 Arbeitsanweisungen sind im Notariat bereits als **Verfügungsbogen**, Fragebogen zur Vertragsbesprechung etc., zur Urkundenvorbereitung und zum Urkundenvollzug bekannt. Daneben sind schriftliche Kanzleianweisungen im Rahmen der Organisation aber auch für den funktionierenden Kanzleibetrieb zu empfehlen. In den Kanzleianweisungen wird festgelegt, welche Arbeiten und Aufgaben, wie zu erledigen oder auszuführen sind. Selbstverständlich können hier auch personelle Zuständigkeiten definiert werden.

97 Kanzleianweisungen sind insbesondere in folgenden **Bereichen** sinnvoll:

- Arbeitszeit, Hauszutritt, Krankmeldung;
- Beschaffung, Verwaltung und Pflege von Büromitteln;
- Verwaltung des Fachliteraturbestandes und der Bibliothek;
- Fehler, Fehlerquellen und Fehlermeldungen;
- Umgang mit Mandanten am Telefon und am Empfang;
- Handakten und Mandantenunterlagen;
- Erstellung, Benutzung und Verwaltung von Textbausteinen und Formularen;
- Recherchieren in Datenbanken;
- Erfassung, Bearbeitung und Verteilung der Eingangspost;
- Bearbeitung der Ausgangspost;
- Fristen, Termine und Wiedervorlagen;
- Erfassung, Dokumentation und Überwachung von Terminen;
- Sicherung des Datenbestandes, EDV-Organisation und Handhabung;
- Buchhaltung und Steuern;
- Verwaltung, Benutzung und Gestaltung der Räumlichkeiten.

D. Mitarbeiter des Notars

I. Aufgaben und Pflichten der Mitarbeiter des Notars

98 Der Notar kann seinen Beruf nicht ohne sein „Büro“ ausüben. Er braucht Mitarbeiter, die

- die Urkunden vorbereiten und abwickeln,
- Briefe/E-Mails schreiben,
- Mandanten betreuen,
- die Nebenakten verwalten,
- die Posteingänge und -ausgänge bearbeiten,
- die Buchhaltung abwickeln etc.

Eine erfolgreiche Tätigkeit des Notars hängt also auch von der **fachlichen Qualifikation** seiner Mitarbeiter ab, die neben Erfahrungen in ihrem Beruf auch die Fähigkeit haben sollten, sich neuen Herausforderungen zu stellen. Die Mitarbeiter sollen daher möglichst viele der Tätigkeiten ausführen, die von dem Notar nicht persönlich wahrgenommen werden müssen.

99 Damit ist der Notar für seine besonders bedeutsamen Aufgaben freigestellt, z.B. für die

- Beratung der Mandanten,
- Erstellung von schwierigen und komplizierten Urkundenentwürfen und
- die Beurkundung selbst.

Für Dauermandate ist es unerlässlich, dass der zuständige Mitarbeiter in die Mandantenbindung einbezogen ist.

II. Verschwiegenheitspflicht und Datenschutz

1. Verschwiegenheitspflicht

§ 18 BNotO – Pflicht zur Verschwiegenheit 100

(1) Der Notar ist zur Verschwiegenheit verpflichtet. Diese Pflicht bezieht sich auf alles, was ihm bei Ausübung seines Amtes bekannt geworden ist. Dies gilt nicht für Tatsachen, die offenkundig sind oder ihrer Bedeutung nach keiner Geheimhaltung bedürfen.

(...)

(4) Die Pflicht zur Verschwiegenheit bleibt auch nach dem Erlöschen des Amtes bestehen.

Merke!

Die notarielle Verschwiegenheitspflicht ist eines der höchsten Güter des Notarberufs. Vertraulichkeit und Datenschutz sind Wesensmerkmale des Notaramts.

§ 18 Abs. 1 S. 2 BNotO stellt klar, dass sich die Pflicht zur Verschwiegenheit auf alles bezieht, was dem Notar bei Ausübung seines Amtes bekannt geworden ist. Dies gilt daher auch für Beratungsgespräche, Entwurfstätigkeiten und sonstige Betreuungstätigkeiten. Selbst beiläufige und auch solche Bemerkungen, denen die Beteiligten wenig oder gar keine Bedeutung beimessen, unterfallen der Verschwiegenheit.

Die Verschwiegenheit bezieht sich auch darauf, ob eine Person überhaupt den Notar aufgesucht hat, sowie auch darauf, dass eine Person den Notar nicht aufgesucht hat.

Die Verschwiegenheitspflicht beginnt mit der ersten **Kontaktaufnahme** und erlischt weder durch die Beendigung des notariellen Verfahrens noch durch Zeitablauf und auch nicht durch das Erlöschen des Notaramtes. Sie gilt auch für den amtlich bestellten **Vertreter**, den Notariatsverwalter und den mit der Verwahrung der Akten und Bücher betrauten Notar. In den Kreis der Schweigeverpflichteten fallen nicht nur die Notare oder ihnen insoweit gleichgestellte Amtsträger, sondern auch das bei dem Notar beschäftigte **Personal**, also insbesondere die Mitarbeiter des Notars und die Auszubildenden im Notariat. 101

Schließlich gilt die Verschwiegenheitspflicht gegenüber jedermann und auch gegenüber Behörden und Gerichten, bei letzten jedoch nur, soweit keine gesetzlichen Auskunfts- oder Mitteilungspflichten bestehen, wie z.B. gem. § 18 GrEStG, § 54 EStDV, § 34 ErbStG und inzwischen aufgrund der Geldwäscheprävention gem. § 43 Abs. 2 GwG und vor allem § 43 Abs. 6 GwG in Verbindung mit der Geldwäschegesetzmeldepflichtverordnung-Immobilien (GwGMeldV-Immobilien). 102

§ 26 BNotO – Förmliche Verpflichtung beschäftigter Personen 103

Der Notar hat die von ihm beschäftigten Personen bei ihrer Einstellung **nach § 1 des Verpflichtungsgesetzes förmlich zu verpflichten**. Hierbei ist auf die Bestimmungen des § 14 Absatz 4 und des § 18 *[BNotO]* besonders hinzuweisen. Hat sich ein Notar mit anderen Personen zur gemeinschaftlichen Berufsausübung zusammengeschlossen und besteht zu den Beschäftigten ein einheitliches Beschäftigungsverhältnis, so genügt es, wenn ein Notar die Verpflichtung vornimmt. Der Notar hat in geeigneter Weise auf die Einhaltung der Verschwiegenheitspflicht durch die von ihm beschäftigten Personen hinzuwirken. Den von dem Notar beschäftigten Personen stehen die Personen gleich, die im Rahmen einer berufsvorbereitenden Tätigkeit oder einer sonstigen Hilfstätigkeit an seiner beruflichen Tätigkeit mitwirken. Die Sätze 1 bis 3 gelten nicht für Notarassessoren und Referendare.

(Anmerkung: Die Einfügung stammt vom Verfasser).

Der Notar hat die Pflicht zur Verschwiegenheit auch den bei ihm beschäftigten Personen aufzuerlegen. Hierüber ist zu Beginn des Arbeits- bzw. Ausbildungsverhältnisses eine **förmliche Niederschrift** anzufertigen. Die Niederschrift über die Verpflichtung der bei ihm beschäftigten Personen hat der Notar bei den Generalakten (siehe Rdn 365 ff.) aufzubewahren (§ 46 Abs. 1 Nr. 7 DONot). 104

Bei einer Sozietät genügt es, wenn einer der Sozien die Verpflichtung vornimmt.

Der Notar muss die bei ihm Beschäftigten und diesen gleichgestellte Personen nicht nur förmlich verpflichten, sondern auch die Einhaltung der Verschwiegenheitsverpflichtung auf geeignete Weise überwachen,[14] etwa durch Nachschulung mit entsprechender Dokumentation.

105 *Praxistipp: Verpflichtung eines beim Notar Beschäftigten – BNotK-Muster*

Der unterzeichnete Notar (…) mit Amtssitz in (…) hat am (…) Frau/Herrn (…) gem. § 26 BNotO über deren/dessen Pflichten belehrt und gem. § 1 des Verpflichtungsgesetzes förmlich verpflichtet. Darüber wurde die folgende Niederschrift aufgenommen:

Die/Der Beschäftigte wurde von mir, dem Notar, auf die gewissenhafte Erfüllung ihrer/seiner Obliegenheiten verpflichtet.

Die/Der Beschäftigte wurde auf die Bestimmung des § 14 Abs. 4 BNotO hingewiesen. Ihr/Ihm wurde untersagt, Darlehen sowie Grundstücksgeschäfte zu vermitteln oder im Zusammenhang mit einer Amtshandlung des Notars eine Bürgschaft oder sonstige Gewährleistung für einen Beteiligten zu übernehmen.

Besonders wurde auch auf die Verpflichtung zur Wahrung des Amtsgeheimnisses nach § 18 BNotO hingewiesen und darauf, dass auch jede bei einem Notar beschäftigte Person über alles zur Verschwiegenheit verpflichtet ist, was ihr im Rahmen der Ausübung der Tätigkeit beim Notar bekannt geworden ist. Auf die strafrechtlichen Folgen der Verletzung der Pflichten wurde hingewiesen. Der/Dem Beschäftigten wurde sodann der Inhalt der folgenden Strafvorschriften des Strafgesetzbuches bekannt gegeben:

- § 133 Abs. 1, 3 – Verwahrungsbruch,
- § 201 – Verletzung der Vertraulichkeit des Wortes,
- § 203 – Verletzung des Privatgeheimnisses,
- § 204 – Verwertung fremder Geheimnisse,
- §§ 331 Abs. 1, 332 – Vorteilsannahme und Bestechlichkeit,
- § 353b Abs. 1 bis 3 – Verletzung des Dienstgeheimnisses,
- § 355 – Verletzung des Steuergeheimnisses,
- § 358 – Nebenfolgen.

Der/Dem Beschäftigten ist bekannt, dass die Strafvorschriften für sie/ihn gelten. Ihr/Ihm ist ferner bekannt, dass die Strafvorschriften, sofern ihre Anwendung eine förmliche Verpflichtung voraussetzt, aufgrund der heutigen Verpflichtung für sie/ihn gelten.

Die/Der Beschäftigte erklärte, von dem Inhalt der vorgenannten Bestimmungen der Bundesnotarordnung und des Strafgesetzbuches Kenntnis erhalten zu haben.

Der Notar hat sie/ihn durch Handschlag zur Wahrung des Amtsgeheimnisses und zur gewissenhaften Erfüllung aller anderen Obliegenheiten verpflichtet.

(Alternative für den Fall eines einheitlichen Beschäftigungsverhältnisses zu mehreren Notaren): Der Notar wies die/den Beschäftigte(n) darauf hin, dass es bei einem einheitlichen Beschäftigungsverhältnis zu mehreren Notaren gem. § 26 S. 3 BNotO genügt, wenn einer von ihnen die Verpflichtung vornimmt.

Sie/Er unterzeichnete dieses Protokoll zum Zeichen der Genehmigung und bestätigte den Empfang einer Abschrift dieser Niederschrift.

(…)

(Unterschrift der/des Verpflichteten)

(…)

(Unterschrift des Notars)

14 Siehe hierzu Rundschreiben Nr. 4/2018 der Bundesnotarkammer.

2. Datenschutz

Der Notar ist auch verpflichtet, die Vorgaben der **Datenschutzgrundverordnung** (DSGVO) einzuhalten. Datenschutz ist etwas anderes als Geheimnisschutz, denn er umfasst auch Bereiche, die § 18 BNotO nicht erfasst, wie etwa die Daten der Mitarbeiter und Auszubildenden im Notariat oder Daten von Dienstleistern und Lieferanten. Der Geheimnisschutz richtet sich zudem nicht gegen den Beteiligten (Mandanten), während das Datenschutzrecht jegliche Daten und damit auch die des Beteiligten erfasst. Schutzgut der DSGVO sind insbesondere die personenbezogenen Daten. Das sind alle Informationen, die sich auf eine identifizierte oder identifizierbare natürliche Person beziehen (Art 4 Nr. 1 DSGVO). 106

> *Merke!*
>
> Personenbezogen ist somit jede Information, die sich auf einen (lebenden) Menschen bezieht oder (ggf. unter Verfügbarmachung von Zusatzkenntnissen) beziehen lässt. Personenbezogene Daten sind z.B. Namen, Geburtsdatum, Adressen, E-Mail-Adressen, Steueridentifikationsnummern und Bankverbindungen (IBAN). Bei Unsicherheit empfiehlt es sich in der Praxis stets, Personenbezug und damit Anwendbarkeit des Datenschutzrechts zu unterstellen.

Unter der Verarbeitung von Daten ist gem. Art. 4 Nr. 2 DSGVO jeder Umfang mit **personenbezogenen Daten** gemeint, wie 107

- das Erheben,
- die Speicherung,
- die Verwendung,
- die Offenlegung durch Übermittlung,
- die Löschung oder
- die Vernichtung.

Es kommt dabei nicht darauf an, **wie** diese Daten verarbeitet werden. Sowohl analoge Verarbeitungsvorgänge (die handschriftliche Aufnahme personenbezogener Daten) als auch elektronische Verarbeitungen werden erfasst. Es ist somit im Ergebnis davon auszugehen, dass bei **sämtlichen notariellen Amtstätigkeiten** jeweils personenbezogene Daten durch den Notar verarbeitet werden.

Der Datenschutz ist nicht nur vom Notar einzuhalten, sondern auch von seinen **Mitarbeitern** und Auszubildenden. Daher verlangen die Art. 29, 32 Abs. 4 DSGVO auch, dass sämtliche mit der Datenverarbeitung betrauten Mitarbeiter und Auszubildenden – unabhängig von einer Verpflichtung nach § 26 BNotO i.V.m. § 1 Verpflichtungsgesetz – auf das **Datengeheimnis** zu verpflichten sind. Die Verpflichtung auf den Datenschutz sowie nach dem Verpflichtungsgesetz hat kumulativ zu erfolgen, kann aber auch in einem Vorgang verbunden werden. 108

Für jedes Notariat als öffentliche Stelle ist zwingend ein betrieblicher **Datenschutzbeauftragter** zu bestellen (Art. 37 Abs. 1 DSGVO). Die Bestellung obliegt jeweils dem einzelnen Amtsträger. Für mehrere Notare kann ein Datenschutzbeauftragter bestellt werden. Bestellt werden können sowohl interne (also Mitarbeiter des Notars) als auch externe Beauftragte (z.B. fachkundige Dienstleister). Da es **keine Ausnahmen** von der Verpflichtung zur Bestellung eines Datenschutzbeauftragten gibt, müssen also auch „kleine“ Anwaltsnotariate einen Datenschutzbeauftragten bestellen. 109

Die DSGVO verlangt zwingend eine entsprechende berufliche Qualifikation und Fachwissen des Beauftragten *„auf dem Gebiet des Datenschutzrechts und der Datenschutzpraxis“* (Art. 37 Abs. 5 DSGVO). Die Aufgaben des Datenschutzbeauftragten werden in Art. 39 DSGVO aufgelistet. Generell hat der Datenschutzbeauftragte darauf hinzuwirken, dass die Vorgaben des Datenschutzrechts bekannt sind und auch eingehalten werden. Er ist Weisungen des Notars nicht unterworfen.

Der Notar ist auch zur Information der **Mandanten** entsprechend der DSGVO verpflichtet. Die insoweit zu erteilenden Informationen sollten auf der Website des Notars an einer gut 110 sichtbaren Stelle eingestellt werden (ist heute üblich). Darüber hinaus empfiehlt es sich, dem Mandanten mit dem ersten Antwortschreiben bei Mandatsbeginn oder bei einer ersten persönlichen Kontaktaufnahme ein entsprechendes Hinweisblatt auszuhändigen; nicht ausreichend ist die Aushändigung eines Hinweisblattes zum Beurkundungstermin.

> *Praxistipp zum Datenschutz*
>
> Aus der Anlage zum Rundschreiben der Bundesnotarkammer Nr. 5/2018 ist eine entsprechende Formulierungshilfe ersichtlich.
>
> Weiterführende Informationen und Hilfen zum Datenschutz finden sich im internen Bereich der BNotK-Homepage unter dem Menüpunkt „*Datenschutz*":
>
> *https://www.bnotk.de/intern/datenschutz*

111 Lediglich ausnahmsweise, z.B. soweit der Notar Daten erhebt, die für die Ausübung der notariellen Amtstätigkeit nicht erforderlich sind, bedarf es der „gesonderten" Einwilligung der Beteiligten gem. Art. 6 Abs. 1 lit. a) DSGVO. Das dürfte angesichts der Pflicht des Notars, im Rahmen des § 17 Abs. 1 BeurkG den Sachverhalt aufzuklären, nur selten der Fall sein. Sollte es ausnahmsweise einer Einwilligung bedürfen, sind die Anforderungen des Art. 7 DSGVO zu beachten. Eine Einwilligung sollte nur in diesen Ausnahmefällen eingeholt werden; andernfalls erweckt der Notar die Fehlvorstellung, dass die Zulässigkeit der Verarbeitung von der widerruflichen Einwilligung des Betroffenen abhängig ist.

112 Für die Inanspruchnahme von **externen Dienstleistern** ist § 26a BNotO zu beachten. § 26a BNotO gilt jedoch nicht für die die Geschäfts- oder Notaranderkonten des Notars führenden Banken.[15]

III. Auszubildende – Ausbildungsmethodik

1. ReNoPat-Ausbildungsverordnung

113 Um qualifiziertes Personal zu erhalten, ist es zielführend, selbst auszubilden. Die Ausbildung zur/zum Notarfachangestellten ist in der Verordnung über die Berufsausbildungen zum Rechtsanwaltsfachangestellten und zur Rechtsanwaltsfachgestellten, zum Notarfachangestellten und zur Notarfachangestellten, zum Rechtsanwalts- und Notarfachangestellten und zur Rechtsanwalts- und Notarfachangestellten sowie zum Patentanwaltsfachangestellten und zur Patentfachanwaltsangestellten (**ReNoPat-Ausbildungsverordnung – ReNoPatAusbV**) geregelt.[16]

Die Ausbildung dauert drei Jahre. Sie kann aber verkürzt werden, insbesondere wenn wegen einer früheren Ausbildung oder aufgrund eines höheren Schulabschlusses die Ausbildung voraussichtlich in kürzerer Zeit erfolgreich absolviert werden kann. Die Ausbildung erfolgt im dualen System, d.h. die Ausbildung erfolgt praktisch im Ausbildungsnotariat und theoretisch in der Berufsschule.

114 Die Ausbildungsinhalte werden nach der aktuellen Ausbildungsverordnung nicht isoliert nebeneinander vermittelt, sondern in **Lernfeldern**, die Auszubildenden erlernen dabei z.B. einen Vorgang (eine Akte) von Anfang an zu begleiten bis hin zur Aktenablage. Das **Lernfeldkonzept** sieht einen handlungsorientierten Unterricht vor, der auf die Vermittlung von Handlungskompetenz abzielt. Die Auszubildenden sollen in der Berufsschule z.B. nicht mehr im Familienrecht unterrichtet werden, sondern lernen „*Beurkundungen im Familienrecht vorzubereiten und abzuwickeln*". Ausgehend von lerntheoretischen und didaktischen Erkenntnissen soll dieser „ganzheitliche" Ansatz das Lernen auf dem Weg zur beruflichen Handlungsfähigkeit fördern.

15 Frenz/Miermeister/*Bremkamp*, 5. Aufl. 2020, BNotO § 26a Rn 25 bzw. BeckOK BNotO/*Hushahn*, 9. Ed. 1.2.2024, BNotO § 26a Rn 12.

16 Verordnung vom 29.8.2014 (BGBl I, S. 1490); gültig seit dem 1.8.2015.

Der Umgang mit Informations- und Kommunikationssystemen ist angesichts seiner Bedeutung kein abgrenzbares Unterrichtsfach, sondern integrierter Bestandteil sämtlicher Lernfelder. 115

Merke!

Neben der geschilderten betrieblichen und der schulischen Ausbildung ist es unerlässlich, dass der Auszubildende die ihm insoweit vermittelten Kenntnisse immer wieder durch „Eigenschulung", d.h. durch Nacharbeit in Lehrbüchern, Schulunterlagen etc. vertieft, gegebenenfalls auch in seiner Freizeit.

Rechtsanwaltsfachangestellte können sich auf Notarfachangestellte umschulen lassen bzw. eine entsprechende „Erweiterung" vornehmen. Dabei werden bereits bestandene Prüfungsteile angerechnet. 116

Dem Ausbildungsvertrag ist nach § 11 Abs. 1 Satz 2 Nr. 2 BBiG i.V.m. § 5 Abs. 2 ReNoPatAusbV insbesondere ein Ausbildungsplan als sachliche und zeitliche Gliederung beizufügen und damit dem Auszubildenden auszuhändigen. Ein Vorschlag für einen solchen **betrieblichen Ausbildungsplan** wird von vielen Notarkammern ihren Mitgliedern zur Verfügung gestellt. Bei der Notarkasse A.d.ö.R. in München gibt es darüber hinaus noch einen vom Berufsverband der bayerischen Notariatsbeamten und fachkundigen Mitarbeiter der Notarkasse e.V. erarbeiteten, sehr umfangreichen **Ausbildungsleitfaden** mit konkreten und beispielhaften Ausbildungssachverhalten für die verschiedenen Ausbildungsjahre, was allen weiteren ausbildenden Stellen i.S.d. § 71 Abs. 4 BBiG – soweit dort nicht schon vorhanden – zur Nachahmung empfohlen sei. 117

Der betriebliche Ausbildungsplan ist eine sehr wertvolle Hilfe für eine gute und erfolgreiche Ausbildungsarbeit im jeweiligen Ausbildungsnotariat.

2. Ausbildungsmethodik

Zum Vermitteln des Ausbildungswissens im Notariat, ist es für die Ausbilder sicherlich sinnvoll, sich zunächst mit der **Lehrmethodik** zu befassen. Nicht mehr so Stand der Technik ist die altbekannte „Vier-Stufen-Methode" (Vorbereiten – Vormachen und erklären – Nachmachen und erklären lassen – Üben und festigen), da diese den Azubi beim Lernprozess passiv hält. 118

Praxistipp

Es hat sich bewährt, den Auszubildenden erfahrene und versierte Mitarbeiter zur Seite zu stellen. Wenn möglich, ist es sinnvoll, dass die oder der Auszubildende ein Zimmer mit diesem Mitarbeiter teilt. Einzelzimmer sind für Azubis grundsätzlich ungeeignet.

Vielmehr sollte man sich heute auf die Verwendung von Lehrmethoden konzentrieren, die dem Azubi einen eigenen Lernprozess ermöglichen und handlungsorientiert sind. 119

a) Lernauftrag

Dies ist der klassische Fall, dass dem Auszubildenden eine **einzelne Aufgabe** gestellt wird. Dies kann z.B. die Durchführung einzelner Bearbeitungsschritte an einer frisch beurkundeten Urkunde sein (z.B. das Erstellen des Ausfertigungs-Laufblattes eines Grundstückskaufvertrages anhand der vom Azubi selbst zu prüfenden Angaben in der Urkunde). Der Azubi erhält hierbei nur die **notwendige Informationsquelle**, nicht gleich die maßgeblichen Informationen. 120

b) Lehrgespräch

Das Lehrgespräch soll den Azubi in die Lage versetzen und dazu bringen, **Inhalte zukünftig allein und eigenständig umzusetzen**. Bei einem guten Lehrgespräch gibt der Ausbilder das Thema bekannt, erläutert eventuell noch notwendige Grundlagen und steuert sodann das Selbst-darauf-kommen des Azubis durch geeignete Fragen, die als Denkanstöße dienen. Aus 121 den Antworten erhält der Ausbilder sogleich Feedback, ob der Azubi die Inhalte verstanden hat oder nicht bzw. die Lerninhalte angemessen sind oder noch nicht bzw. nicht mehr. Der Azubi ist hierbei also dauernd aktiv und erlangt aufgrund des (hoffentlich) selbst erarbeiteten Erkenntnisgewinns positive Motivation.

c) Leittextmethode

122 Diese Methode dient dazu, **komplexe Sachverhalte oder Projekte zu bearbeiten** bzw. zu erlernen. Der Ausbilder gibt dem Azubi hierbei nur einen roten Faden in Form eines Leittextes, nicht jedoch konkrete Lösungsmöglichkeiten vor. Im Vorfeld verfasst der Ausbilder den Leittext und führt den Azubi in die Aufgabe ein.

Bei dieser Methode werden Selbstständigkeit und eigenes Denken gefordert und gefördert.

Wichtig ist, dass zuvor dem Azubi das zur Aufgabenstellung passende Grundwissen vermittelt wurde.

123 *Praxistipp: Mustermappen für Azubis*

Es ist sicherlich für die Ausbildung unterstützend, für einzelne Urkundenarten „Mustervorgänge“ als Beispielsvorlage (**Mustermappe**) anzulegen. Diese kann z.B. bei einer Grundschuldbestellung aus den folgenden Mustern bestehen:

- Kopie einer bereits beurkundeten Grundschuldbestellung, sinnvollerweise als Vorlagemuster für jede Bank, für die regelmäßig Grundschulden in der Kanzlei bestellt werden;
- Kopie eines typischen Ausfertigungs-Laufzettels und Kostenblattes;
- Kopien der nach der Beurkundung anzufertigenden Ausfertigungs- und Beglaubigungsvermerke;
- Kopien der Schreiben, die regelmäßig an die Beteiligten, das Grundbuchamt und an die Bank versendet werden;
- Kopien üblicher Kostenberechnungen.

IV. Fortbildungsmöglichkeiten für Notarfachangestellte

124 Es darf aber nicht übersehen werden, dass die Ausbildung nur die Grundlage für das spätere Berufsleben ist und auch nach der Ausbildung eine stetige Weiterbildung erforderlich ist, um den täglichen Anforderungen und den vielen Veränderungen im Notariat gewachsen zu sein.

Die **fachspezifischen Fortbildungsmöglichkeiten** für NoFas und ReNos sind heute immer noch meist regional geprägt und daher unterschiedlich und vielfältig. Die regionalen Fortbildungen sind Spiegelbild der unterschiedlichen Notariatsverfassungen und führen zu unterschiedlichen Abschlüssen. Aber inzwischen entwickeln sich auch die bundesweiten Angebote.

1. Regionale Fortbildungen

125

- In Bayern und in der Pfalz gibt es den **Inspektor im Notardienst**, der den Zugang zur Beschäftigung im öffentlichen Dienst bei der Notarkasse A.d.ö.R. München ermöglicht. Diese Weiterbildung ist kostenlos, wenn man im Bereich der Notarkasse arbeitet und sich nach der Prüfung in deren Dienst übernehmen lässt.
- In den ostdeutschen Bundesländern Brandenburg, Mecklenburg-Vorpommern, Sachsen, Sachsen-Anhalt und Thüringen gibt es die Fortbildung zum **Leitenden Notarmitarbeiter** der Ländernotarkasse A.d.ö.R. Leipzig in Zusammenarbeit mit der HWR Berlin.
- In den Bereichen der Notarkammer Koblenz, der Saarländischen Notarkammer und der Rheinischen Notarkammer besteht die Möglichkeit der zweistufigen Fortbildung zum **Notarfachassistenten** und zum **Notarfachreferenten**.
- In den Bundesländern mit Anwaltsnotariat besteht bei den meisten Notarkammern die Fortbildungsmöglichkeit zum **Notarfachwirt**.

2. Bundeweite Fortbildungsangebote

Beispiele: 126

- Bundeweite universitäre **Bachelor-Abschlüsse**:
  - Staatlicher Hochschulabschluss „**Bachelor Rechtswissenschaft für Notarfachwirte**" durch berufsbegleitendes WINGS-Fernstudium an der Hochschule Wismar.
  - **Neu:** Seit Herbst 2023 bietet die private FOM Hochschule den berufsbegleitenden Studiengang **Wirtschaftsrecht Vertiefung Notariat** an, der mit einem Bachelor abgeschlossen wird.
  - **Neu:** Die BNotK setzt nun in Kooperation mit der privaten SRH Hochschule Heidelberg einen berufsbegleitenden Studiengang unter dem Titel „**Recht im Notariat (LL.B.)**" um, der erstmals zum 1.10.2024 angeboten wird.
- **Künftig:** Der sog. **Bachelor Professional** ist der bundesweite außeruniversitäre Fortbildungsweg, der auf die Ausbildung zum Notarfachangestellten aufsetzt. Aktuell wird immer noch an der erforderlichen bundeseinheitlichen Rechtsverordnung gearbeitet, mit deren Inkrafttreten nun hoffentlich im Jahr 2025 gerechnet werden kann. Bis wann dann die ersten Anbieter diese Aufstiegsfortbildung umsetzen, wird abzuwarten sein.

V. Mitarbeiterbesprechungen, Qualitätsmanagement

In jedem Notariat gilt es Fehler zu vermeiden oder abzustellen. Immer wieder geht es um 127
die effektivste Bearbeitung der Vorgänge und Urkunden, der Anwendung neuer Gesetze und Gerichtsentscheidungen und um Fragen oder Beanstandungen aus dem Mandantenkreis. Zur Lösung dieser Komplexe bieten sich Mitarbeiterbesprechungen an, an denen neben dem Notar/den Notaren auch die für das jeweilige Thema relevanten Mitarbeiter und gern auch die Auszubildenden – und sei es nur zur Horizonterweiterung – teilnehmen.

> *Praxistipp: Qualitätsbewusstsein*
>
> Ein Qualitätsbewusstsein setzt immer die Veränderung der inneren Einstellung und der Verhaltensweisen voraus. Das fängt bei der Führung an (äußert sich der Notar über Mandanten despektierlich, darf er sich nicht wundern, wenn auch bei seinen Mitarbeitern eine wenig wertschätzende Haltung gegenüber der Kundschaft besteht, was wiederum nachlässiges Arbeiten befördert) und muss sich bei den Mitarbeitern fortsetzen.

Themen solcher als **regelmäßige Einrichtung durchzuführende Mitarbeiterbesprechun- 128
gen** können insbesondere sein:

- Information über gesetzliche Neuerungen und Gerichtsentscheidungen und deren Umsetzung in die Praxis, ggf. auch der entsprechenden Änderung der Textmuster;
- Hinweise aus Rundschreiben der Notarkammer;
- Besprechung von Problemen und Fehlern sowie Suche nach Wegen zu deren Behebung;
- Besprechung von häufigen Vollzugshindernissen im Grundbuch- und Registerverfahren, ggf. auch Erstellung entsprechender Merkblätter für die Mitarbeiter (Praxishilfen);
- Prüfung, ob einmal Vereinbartes auch eingehalten wird, ggf. auch Anpassung von Stellenbeschreibungen und Kanzleianweisungen (Arbeitsanweisung);
- Hinweise zu Mandanten oder laufenden Akten;
- Statement zum aktuellen Arbeitsstatus (Stress oder Unterforderung).

Bei entsprechend auftretenden **Diskussionen** ist darauf zu achten, dass nicht die Kritik im Vordergrund steht, sondern die **Problemanalyse** mit der entsprechenden Suche nach Problemlösungen.

VI. Mitarbeitermotivation – Mitarbeiterführung

Jeder Notar ist jeden Tag auf gute Leistungen seiner Mitarbeiter angewiesen. Die gewünsch- 129
te optimale Leistung der Mitarbeiter zu erreichen, ist aber schwierig. Allein die pünktliche Überweisung eines angemessenen Gehaltes reicht hier nicht aus. Jeder einzelne Mitarbeiter

muss in seiner Individualität gesehen und respektiert werden; hierzu gehören regelmäßiger zwischenmenschlicher Ausdruck der Wertschätzung, Lob und Dankeschön.

Für eine erfolgreiche Ausbildung und auch für den späteren Berufserfolg ist es darüber hinaus sehr wichtig, dass der Auszubildende eine etwa vorhandene „Abwehrhaltung" der Art *„ich erledige nur das, was ich als Auszubildender erledigen muss"* aufgibt. Es hat sich gezeigt, dass eine solche Einstellung die Ausbildung blockiert und eingrenzt. Wichtiger ist für eine erfolgreiche Ausbildung, auch einmal Arbeiten und Tätigkeiten zu verrichten, die nicht unbedingt im aktuellen Ausbildungsplan aufgezeigt sind. Dies gilt im Übrigen für alle Mitarbeiter im Notariat, wird dauernd nur auf die eigene Zuständigkeit geachtet und Mithilfe wegen Nichtzuständigkeit verweigert, ist das Büroklima schnell vergiftet.

130 Den Notaren und Notarinnen sei mit auf den Weg gegeben: Zur Führung von Mitarbeitern ist man selten allein von sich heraus befähigt. Führung ist auch keine naturgegebene Frage der Persönlichkeit, sondern eine Frage der richtigen Einstellung, der richtigen Verhaltensweisen und der richtigen Methodik im Umgang mit Mitarbeitern. Der Notar sollte sich im eigenen Interesse an einem gut funktionierenden Notariat mit dieser Thematik intensiv beschäftigen.[17]

131 *Praxistipp: Fehlerkultur*

Wenn ein Mitarbeiter einen Fehler macht, empfiehlt es sich, im Gespräch mit dem Mitarbeiter das Augenmerk vor allem darauf zu legen, wie der Fehler künftig vermieden werden kann; Vorhaltungen sind regelmäßig wenig förderlich.

Es ist selbstverständlich, dass Kritikgespräche unter vier Augen durchzuführen sind.

E. Notarielle Nebenakten

I. Allgemeines

132 **§ 40 NotAktVV – Nebenakten**

(1) Zu allen Amtsgeschäften können Nebenakten geführt werden. Eine Nebenakte muss geführt werden, soweit dies zur Vornahme eines Amtsgeschäfts geboten ist. Die Nebenakten können als Sammelakten geführt werden, wenn ein sachlicher Grund hierfür besteht und die geordnete Aktenführung sichergestellt ist.

(...)

133 Alle im Notariat Arbeitenden haben bei ihrer notariellen Tätigkeit vornehmlich mit den papiergeführten notariellen **Nebenakten** bzw. **Handakten**[18] zu tun. Diese regelmäßig in einem Aktendeckel, Aktenhefter, Dokumenten- oder Umlaufmappe verwahrten Handakten sind das **zentrale Arbeitsmittel** im Notariat. Die eigentlichen notariellen Urkunden, also die Urschriften, sind (hoffentlich) regelmäßig bereits sicher verwahrt in einer zusätzlichen Schutzhülle in der Handakte oder noch besser in der Urkundensammlung und (selten „oder") sowieso in der elektronischen Urkundensammlung (§ 2 NotAktVV).

134 In die Handakten kommen der **Schrift- und Kommunikationsverkehr** eines Amtsgeschäfts sowie **Notizen, Vermerke und Arbeitsanweisungen**. Die Führung der Handakte beginnt regelmäßig mit Ausdrucken den ersten Informationen der Beteiligten, der Geldwäscheeinschätzung – sofern sich der Vorgang im GwG-Anwendungsbereich bewegt – und der Annahme des Auftrages. Es geht dann weiter über die gefertigten Entwürfe und Schriftstücke zu gegebenen Hinweisen und Belehrungen zu Laufzettel und Kostenvermerken nach der Beurkundung. Sodann folgen die Dokumente der gesamten Abwicklung bis schließlich die Vollzugsnachrichten bzw. Erledigungsvermerke kommen.

17 Literaturempfehlung: *Dehe/Zintl*, Mitarbeiterführung für Notare, Ein Leitfaden für die Praxis.

18 Der Begriff „Handakte" findet sich nicht in einem hier relevanten Gesetz.

Hinweis: Handakte versus Nebenakte 135

Die Handakte wird in der Praxis auch meist als „Nebenakte“ bezeichnet. Der **Nebenakten-Begriff der NotAktVV** ist aber enger!

Mit der Nebenakte sind nur die relevanten Unterlagen gemeint, die nach der Entscheidung des Notars in der Nebenakte verbleiben sollen. Damit gehören zur Nebenakte i.S.d. NotAktVV nicht die Unterlagen, die während des laufenden Vorgangs anfallen, aber keine Relevanz haben bzw. entwickeln, so z.B. einzelne Arbeitsanweisungen, Mailverkehr zur Terminfindung, Kurz- oder Standardbriefe ohne inhaltliche Bedeutung. Insbesondere in Notariaten mit wenig Archivraum werden die unbedeutenden Unterlagen nach Abwicklung des Amtsgeschäfts aus der der Handakte aussortiert und vernichtet, sodass letztlich nur die eigentliche Nebenakte verwahrt wird.

§ 40 Abs. 1 NotAktVV beinhaltet einerseits eine vollumfängliche **Erlaubnis** zur Nebenaktenführung, andererseits aber auch eine **Verpflichtung** hierzu, nämlich dann, wenn die Führung der Nebenakte für die Funktionsfähigkeit der jeweiligen notariellen Tätigkeit notwendig oder zumindest sinnvoll ist. 136

Auch zum Nachweis, dass der **jeweilige Vorgang korrekt abgewickelt** wurde, ist die Nebenakte für den Notar von erheblicher (haftungsbeschränkender) Bedeutung. Findet sich in der Nebenakte eine textliche Anweisung der Beteiligten zu einem bestimmten Handeln (z.B. Nichtvollzug eines in der Urkunde enthaltenen Antrages) oder einen Beleg zu einer wichtigen Belehrung, die per Mail oder Brief erteilt wurde, kann ein späteres „Sich-nicht-erinnern“ eines Mandanten, wenn ein Sachverhalt sich später nicht so entwickelt hat, wie sich der Mandant das vorstellte, sehr hilfreich sein. 137

Praxistipp

Wurde ein wichtiger Hinweis „nur“ mündlich gegebenen, ist eine Aktennotiz hierüber das Mindeste, besser erfolgt nochmals eine kurze schriftliche Mitteilung an den bzw. die Beteiligte/n.

Aus § 40 Abs. 1 S. 3 NotAktVV ist der Umkehrschluss zu ziehen, dass Nebenakten im Grundsatz jeweils vorgangsbezogen zu führen sind, also für jedes einzelne Amtsgeschäft eine Nebenakte. Als sog. **Sammelakten** können die Nebenakten mehrerer Amtsgeschäfte geführt werden, wenn ein sachlicher Grund hierfür besteht und die geordnete Aktenführung sichergestellt ist. Für die Verwahrungsgeschäfts dürfen keine Sammelakten verwendet werden, § 41 Abs. 1 S. 2 NotAktVV. 138

Beispiele zu Sammelakten

Sammelakten werden regelmäßig verwendet für den Kaufvertrag und die hierzu gehörende Finanzierungsgrundschuld des Käufers, auch wenn diese nicht am gleichen Tag beurkundet wurden.

Bei Bauträger- oder Aufteilerobjekten wird häufig eine „Allgemeinakte“ (meist assoziiert zur ursprünglichen Urkunde über die WEG-Begründung oder Grundstücksparzellierung) angelegt, in der z.B. eine Übersicht der jeweils noch verfügbaren bzw. bereits verkauften Einheiten, Hinweise zum Gesamtprojekt und Mitarbeiter-Anweisungen zur Erstellung der einzelnen Bauträgerverträge, Vorlagen für Laufzettel und Kostenblätter etc. verwahrt werden.

Auch der Schriftverkehr zu den regelmäßig wiederkehrenden Unterschriftsbeglaubigungen einer örtlichen Bank unter Grundbucherklärungen (Löschungen, Pfandfreigaben und Rangrücktritte) ist meist leichter aufzufinden, wenn eine Sammelverwahrung praktiziert wird.

In vielen Notariaten ist es üblich, mit einem **Aktenregister** zu arbeiten. Mehr oder weniger jede Amtstätigkeitsanfrage wird hier eingepflegt, sodass hierzu auch dem gesamten Büro 139 bereits dann Informationen zur Verfügung stehen, wenn noch keine Beurkundung erfolgt ist bzw. noch keine leicht (im Computer) auffindbaren Daten angelegt wurden. Insbesondere in größeren Notariaten erleichtert dies der Posteingangsstelle oft die Zuordnung eingehender Nachrichten.

In dem Aktenregister werden neben der fortlaufenden Nummer und dem aktuellen Datum meist die Familiennamen der Rechtsuchenden, der Gegenstand und der zuständige Sachbearbeiter sowie ggf. weitere Informationen (z.B. den Ablageort) vermerkt.

Im **Anwaltsnotariat** ist es zweckmäßig, die überaus wichtige Trennung von Notariats- und die Anwaltsakten durch deutlich unterschiedliche Aktendeckel (insbesondere durch unterschiedliche Farben) zu unterscheiden.

II. Inhalt und Aufbau (Ordnung) von Nebenakten

140 **§ 35 BNotO – Führung der Akten und Verzeichnisse**

(1) Der Notar (…) ist befugt, in den Akten und Verzeichnissen die zur Durchführung der Amtsgeschäfte erforderlichen personenbezogenen Daten, einschließlich solcher besonderer Kategorien, zu verarbeiten. Dies umfasst insbesondere
1. **Kontaktdaten** der Beteiligten,
2. Daten, die zur **Identifizierung** der Beteiligten erhoben wurden, und
3. Daten, die **für den Gegenstand des Amtsgeschäfts erforderlich** sind oder die **auf Wunsch der Beteiligten aufgenommen** werden sollen.

§ 40 NotAktVV – Nebenakten

(…)

(2) Nebenakten können insbesondere enthalten
1. die Kontaktdaten der Beteiligten,
2. Daten, die zur Identifizierung der Beteiligten erforderlich sind, einschließlich **Kopien vorgelegter Ausweisdokumente**,
3. **Schriftverkehr** mit den Beteiligten, mit den Gerichten und den Behörden sowie andere Dokumente, die nicht zur Urkundensammlung zu nehmen sind,
4. **personenbezogene Daten** besonderer Kategorien, insbesondere Informationen zur Gesundheit der Beteiligten, soweit diese zur Erfüllung von Amtspflichten erforderlich sind, und
5. weitere **Informationen**, die zur Erfüllung der **beurkundungsrechtlichen Pflichten** oder sonst **zur Vornahme des Amtsgeschäfts** erforderlich sind.

(Anmerkung: Die Hervorhebungen stammen vom Verfasser).

141 Unter **Nr. 1** fallen z.B.
- die Anschrift,
- Telefonnummern und
- E-Mail-Adressen.

Meist finden sich diese Daten in den vom Notariat den Beteiligten zur Verfügung gestellten **Fragebögen**. Eine moderne Form der Datenaufnahme und zugleich eine Erleichterung (sofern die entsprechende Datenschnittstelle zur Notariatssoftware vorhanden ist) stellt die Zurverfügungstellung entsprechender **Homepage-Eingabemasken** auf der Notar-Webseite dar, wo die Beteiligten ihre Daten selbst eingeben können. Selbstverständlich müssen diese Daten dann trotzdem noch mit den Ausweispapieren abgeglichen werden; **Ausweisscanner** mit Datenimport haben hier eine fehlervermeidende und arbeitserleichternde Wirkung.

142 Zu **Nr. 2** gehören insbesondere Dokumente zu geldwäscherechtlichen Identifikationspflichten.

Unter **Nr. 4** fallen etwa
- Vermerke und Dokumente (z.B. ärztliche Atteste) im Hinblick auf die Prüfung der Geschäftsfähigkeit gem. §§ 11 und 28 BeurkG sowie
- Daten zur Gesundheit sowie zu religiösen und weltanschaulichen Überzeugungen, die eine Relevanz für das betreffende Urkundsthema (z.B. Patientenverfügung) haben.

Beispiele für Unterlagen nach **Nr. 5** sind 143

- Familienstammbäume oder Darstellungen der Verwandtschaftsverhältnisse,
- Angaben zu persönlichen Nähebeziehungen,
- Angaben zu Einkommens- und Vermögensverhältnissen oder zur Lebensplanung (relevant vor allem bei Eheverträgen),
- speziell im Anwaltsnotariat: eine Kennzeichnung über die Durchführung der Prüfung (Kontrolle) zu den Mitwirkungsverboten (§ 6 DONot).

Die vom Notar gem. § 19 Abs. 6 GNotKG in Kopie oder als Ausdruck zu seinen Akten zu 144
nehmende Kostenberechnung kann zur **Urkundensammlung** oder zur **Nebenakte** genommen werden,[19] wenn sie nicht **elektronisch** aufbewahrt wird.

Die Nebenakte sollte jeweils sachgerecht, zum Vorgang passend, aufgebaut sein. Ein passen- 145
der Aufbau kann sein:

- ein **Vorblatt** mit
  - der UVZ-Nr. und/oder der Registernummer des Aktenregisters,
  - den Daten der Beteiligten,
  - Angabe der betroffenen Behörden und Gerichte,
  - einer Kennzeichnung, dass eine Prüfung der Mitwirkungsverbotes im Sinne des § 6 DONot erfolgt ist (und das Ergebnis ausdruckt und die Nebenakte gelegt wurde, wenn kein Beteiligtenverzeichnis geführt wird).
- ein **Bearbeitungsblatt** (Laufzettel oder Verfügungsbogen),
  - in dem alle Arbeitsschritte z.B. zu einem beurkundeten Kaufvertrag so vermerkt sind, dass ein Blick hierauf den aktuellen (taggenauen) Bearbeitungsstand der Akte wiedergibt und das die
  - **Fristen- und Wiedervorlagentermine** ausweist,
- eine **Arbeitskopie der Urkunde**,
- ein **Kosten**- und Ausfertigungsblatt, in dem
  - die der/die Geschäftswert/e, die einzelnen möglichen Kostenparagraphen bzw. Nummern des Kostenverzeichnisses eingetragen bzw. angekreuzt werden können,
  - ggf. verauslagte Kosten, z.B. für Grundbuchauszüge, Registereinsichten etc. vermerkt werden,
  - der Kostenschuldner vermerkt wird,
  - die zu fertigenden Ausfertigungen und Abschriften angegeben werden.

Je nach Büroorganisation besitzt die Nebenakte eine **Aktentasche** für wichtige bzw. zu 146
schützende Unterlagen. Hierin werden einsortiert

- Unterlagen des Mandanten, die nach der Bearbeitung zurückgegeben werden,
- später zu versendende beglaubigte Abschriften und Ausfertigungen der errichteten Urkunde(n),
- eingehende Genehmigungen und Bescheinigungen von Behörden, z.B. die steuerliche Unbedenklichkeitsbescheinigung,
- die Urschrift (diese nur solange die Aufbewahrung in der Nebenakte sinnvoll ist, im Übrigen sollte sie so schnell wie möglich in die Urkundensammlung.

Die Nebenakte ist spätestens dann als vollständige Akte mit den obigen Vorgaben anzulegen, 147
wenn der Mandant einen **Urkundenentwurf** in Auftrag gegeben hat. Insbesondere sind in das Kostenblatt schon jetzt etwaige Auslagen wie Porto etc., Kosten für Handelsregister- und Grundbuchauszüge einzutragen. Kommt es später nicht zur Beurkundung, kann anhand des Kostenblattes abgerechnet werden.

> *Merke!*
>
> Die einzelnen Arbeitsschritte sind immer wieder auf ihre Effizienz zu überprüfen und gegebenenfalls – bei neuen Erkenntnissen – für alle Mitarbeiter zu ändern.

19 Notarkasse, Streifzug durch das GNotKG, Rn 2488.

III. Form der Nebenaktenführung

1. Grundsätze

148 **§ 35 NotAktVV – Führung der Akten und Verzeichnisse**

(1) Der Notar ist verpflichtet, Akten und Verzeichnisse so zu führen, dass deren Verfügbarkeit, Integrität, Transparenz und Vertraulichkeit gewährleistet sind. (...)

(2) Der Notar kann Akten und Verzeichnisse in Papierform oder elektronisch führen, soweit die Form nicht durch oder aufgrund eines Gesetzes vorgeschrieben ist. (...)

(3) Akten und Verzeichnisse in Papierform darf der Notar außerhalb seiner Geschäftsstelle nur bei der Notarkammer oder mit Genehmigung der Aufsichtsbehörde führen. Seine Verfügungsgewalt muss gewahrt bleiben. Außer im Fall der Führung bei der Notarkammer darf eine gemeinsame Führung nur im Zusammenschluss mit anderen Notaren erfolgen. Die Genehmigung nach Satz 1 ist zu erteilen, wenn sichergestellt ist, dass die Anforderungen des Absatzes 1 und des Satzes 2 eingehalten werden. Die Genehmigung kann mit Nebenbestimmungen verbunden werden. Vor der Erteilung oder der Aufhebung der Genehmigung ist die Notarkammer anzuhören. Die Führung bei der Notarkammer ist der Aufsichtsbehörde mitzuteilen.

(5) Zur Führung der Akten und Verzeichnisse dürfen nur Personen herangezogen werden, die bei dem Notar oder im Fall des Absatzes 3 Satz 3 bei dem Zusammenschluss der Notare beschäftigt sind. Absatz 3 Satz 1 und Absatz 4 bleiben unberührt.

(...)

149 Zu den vom Notar zu führenden Akten gehören insbesondere die Nebenakten. Daher hat er auch für diese zu gewährleisten, dass deren

- **Verfügbarkeit** – Nebenakten müssen unproblematisch schnell in die Hand zu bekommen sein;
- **Integrität** – hier geht es um Unversehrtheit und Unverändertheit durch Schutz vor Beschädigung (Umwelteinflüsse oder Vandalismus) und manipulationssichere Verwahrung;
- **Transparenz** – Nebenakten müssen einfach auffindbar und übersichtlich strukturiert;
- **Vertraulichkeit** – Schutz vor unbefugter Einsicht

gewährleistet ist.

Sie sind daher im Grundsatz **nur** in der notariellen Geschäftsstelle haben. Papier-Nebenakten darf der Notar außerhalb der Geschäftsstelle nur bei der Notarkammer oder mit Genehmigung der Aufsichtsbehörde an einer anderen Stelle aufbewahren (in angemessener Zeit erreichbares Auslagerungs-Archiv, wenn an der Geschäftsstelle hierfür kein Platz vorhanden ist).

2. Nebenakte in Papierform

150 **§ 42 NotAktVV – Führung in Papierform**

Werden die Nebenakten in Papierform geführt, müssen die aufgenommenen Dokumente nachvollziehbar geordnet sein.

Werden Sammelakten geführt, so ist erforderlichenfalls durch besondere Vorkehrungen dafür zu sorgen, dass die Verfügbarkeit aller Inhalte sichergestellt ist und die Dokumente, die zu einzelnen Amtsgeschäften gehören, aufgefunden werden können.

Eine dem § 42 NotAktVV entsprechende Vorschrift gibt es für die elektronisch geführte Nebenakte nicht, da dort die Ordnung durch ein von der BNotK vorgegebenes Schema vorgegeben ist.

Die Ordnung der Unterlagen und Dokumente in der Nebenakte erfolgt meist in einer Mischung aus sachlichen und chronologischen Gesichtspunkten.

151 Die Nebenakte ist so zu beschriften und aufzubewahren, dass sie bei Bedarf ohne zeitraubendes Suchen sofort greifbar ist.

Praxistipp: Umsetzung

Die Nebenakte ist auf dem „Aktendeckel" mit einer passenden Aktenaufschrift zu versehen. Regelmäßig bietet es sich an, den **Geschäftsgegenstand** (z.B. Kaufvertrag, Testament, Scheidungsvereinbarung) sowie die **Namen (Firma bzw. Familienname) der Urkundsbeteiligten** und – vielleicht als Klammerzusatz – sonst mit der Sache befasster Personen (z.B. **Rechtsanwalt, Steuerberater, Makler**) zu benennen.

Selbstverständlich sind die **UVZ-Nr.** und – falls verwendet – die **Aktenregister-Nr.** auf dem Umschlag zu vermerken, ebenso der zuständige **Sachbearbeiter** (sofern nicht schon durch die Aktendeckelfarbe erkennbar).

3. Elektronische Nebenakte

§ 43 NotAktVV – Elektronische Führung 152

(1) Werden die Nebenakten elektronisch geführt, müssen die **Nebenakten** und die darin aufgenommenen Dokumente durch einen **strukturierten Datensatz** beschrieben sein. Hat die Bundesnotarkammer in ihrem **Verkündungsblatt nähere Angaben** zu dem strukturierten Datensatz sowie zu den **Dateiformaten** bekannt gemacht, die bei der Führung der Nebenakten zu verwenden sind, so sind diese zu beachten. Die Bekanntmachung im Verkündungsblatt kann zu technischen Einzelheiten auf eine Veröffentlichung im Internet Bezug nehmen.

(2) Eine elektronisch geführte Nebenakte muss jederzeit in das **Dateiformat** überführt werden können, das **für Dokumente in der elektronischen Urkundensammlung** vorgeschrieben ist.

(Anmerkung: Die Hervorhebungen stammen vom Verfasser).

Aktuell gilt die zweite Bekanntmachung der BNotK zu § 43 NotAktVV,[20] nämlich die **Nebenakten-Datensatz-Bekanntmachung-2023**. Darin ist bestimmt, dass 153

- bei der Führung einer elektronischen Nebenakte der strukturierte Datensatz zugrunde gelegt werden muss, der dem auf *www.bnotk.de/veroeffentlichungen* veröffentlichten **Schema** in der **jeweils gültigen Fassung** entspricht und
- für die aufzunehmenden Dokumente **allgemein gebräuchliche Dateiformate**[21] verwendet werden müssen (Bezug genommen; dazu zählen insbesondere Dateiformate von Word (z.B. .docx), OpenOffice (z.B. .odt) und Adobe (z.B. .pdf).

Sinn dieser Vorgabe ist, dass die Nebenakten bei einem **Amtswechsel** (genauer: einem 154 Wechsel der Verwahrzuständigkeit) unproblematisch vom neuen Aktenverwahrer übernommen und auch gelesen werden können, auch wenn dieser eine andere Software zur elektronischen Nebenaktenführung verwendet. Das von der BNotK veröffentlichte **Schema** wirkt dabei wie ein verbindliches, immer gleiches Inhaltsverzeichnis für die elektronische Nebenakte und beinhaltet insbesondere

- Aktenzeichen,
- Name und Amtssitz des Notars,
- zugehörige UVZ-Nr.,
- Beteiligtendaten und
- die hier zugeordneten Dokumente.

Außerdem schreibt § 43 Abs. 2 NotAktVV vor, dass es jederzeit möglich sein muss, dass die 155 elektronische Nebenakte in das **Dateiformat** überführt wird, das für die Dokumente in der elektronischen Urkundensammlung vorgeschrieben ist, also in das Dateiformat PDF/A-1b.[22]

Die **elektronische Nebenakte** darf der Notar gem. § 35 Abs. 1 S. 1 BNotO zur Gewährleis- 156 tung der Verfügbarkeit und Integrität nur auf einem EDV-System innerhalb seiner Amtsstelle gespeichert werden. Die in § 35 Abs. 4 BNotO vorgesehene Möglichkeit der Speicherung im

20 DNotZ 2023, 481.

21 So auch in § 4 Abs. 1 NotAktVV genannt.

22 § 35 Abs. 4 NotAktVV i.V.m. der Urkundenarchiv-Dateiformat-Bekanntmachung-2022, DNotZ 2021, 916.

Elektronischen Notariatsaktenspeicher (s. § 78k BNotO) gibt es diesen noch nicht. Die Nutzung von Cloud-Lösungen ist nicht zulässig.[23]

4. Hybride Aktenführung

157 **§ 44 NotAktVV – Führung in Papierform und elektronische Führung**

(1) Werden die Nebenakten zu einzelnen Amtsgeschäften in Papierform und zu anderen Amtsgeschäften elektronisch geführt, so ist durch geeignete Vorkehrungen sicherzustellen, dass die jeweiligen Nebenakten problemlos auffindbar und zugänglich sind.

(2) Wird die Nebenakte zu einem Amtsgeschäft teilweise in Papierform und teilweise elektronisch geführt, so ist durch geeignete Vorkehrungen die Transparenz, die Vollständigkeit und die Verfügbarkeit des Akteninhalts sicherzustellen.

Für Verwahrungsgeschäfts ist eine hybride Aktenführung jedoch nicht zulässig, § 41 Abs. 3 S. 1 NotAktVV. Für einen Wechsel der Aktenführungsart bei Verwahrungsgeschäften s. § 41 Abs. 3 S. 2 bis 5.

IV. Ablage der Nebenakte

158 Nach der Durchführung des Urkundsgeschäfts ist der Vorgang zu archivieren – soweit nicht bereits während des Abwicklungsprozesses geschehen – und die Nebenakte zur Ablage fertig zu machen. Eine diesbezügliche Arbeitsanweisung für die Mitarbeiter kann wie folgt aussehen:

Muster 2.1: Übersicht zum Archivieren

Übersicht zur Verbindung und zum Import von Dokumenten zur Urschrift sowie zur dauerhaften Verwahrung von Dokumenten in der elektronischen Nebenakte

Folgende Unterlagen sind unmittelbar mit der **Urschrift** zu verbinden (mittels Tacker oder Schnur) und bei der **elektronischen Urkunde** im elektronischen Urkundsarchiv zu hinterlegen:

- Steuervermerke;
- Nachtragsvermerke;
- Genehmigungen/Vollmachtbestätigungen von Vertragsbeteiligten;
- sonstige Zustimmungen Dritter außerhalb der Urkunde, insbesondere
  - Sanierungsgenehmigungen (§ 144 BauGB);
  - Verwalterzustimmungen;
  - Genehmigungen nach § 2 GrdStVG (RLP) bzw. § 3 ASVG (BaWü);
  - Genehmigungen der Umlegungsstelle (§ 51 BauGB);
  - betreuungsgerichtliche Genehmigungen;
  - familiengerichtliche Genehmigungen;
  - nachlassgerichtliche Genehmigungen;
  - ZTR-Bestätigungen (wird als Anlage zur beglaubigten Archiv-Abschrift direkt mit dem Hauptdokument importiert).

Geldwäscheunterlagen sind grundsätzlich in der papiergeführten Nebenakte zu verwahren. Eingescannte Ausweise sind immer bei den Beteiligten **im Notarprogramm in der EDV** zu hinterlegen, ansonsten ebenfalls in der papiergeführten Nebenakte. Neu eingeholte Transparenzregisterauszüge und Übersichten zur Eigentümer- und Kontrollstruktur sind neben der papiergeführten Nebenakte auch bei dem jeweiligen Beteiligten **im Notarprogramm in der EDV** zu importieren.

Folgende Dokumente, sind in die elektronische Nebenakte **im Notarprogramm in der EDV** zu importieren, insbesondere wenn es sich bei dem beurkundeten Rechtsgeschäft um eine

23 Vertiefende Literatur: *Siegel/Berthold*, Elektronische Nebenakten im Notariat, DNotZ 2023, 645.

GmbH-Gründung, eine **Geschäftsanteilsabtretung** oder einen **Kaufvertrag über Grundbesitz** handelt:

- Vorkaufsrechtszeugnisse,
- Zahlungsbestätigungen von Beteiligten oder Dritten (z.B. Kreditinstituten),
- auflagenfreie Übersendung und Entlassungen aus Treuhandaufträgen von Banken,
- Einzahlungsbestätigungen bei einer GmbH-Gründung,
- Bestätigung des Bedingungseintritts bei einer Geschäftsanteilsabtretung,
- Bestätigung des Eintritts einer aufschiebenden Bedingung beim Kaufvertrag,
- Belehrungen außerhalb der Urkunde (auch entsprechende Emails),
- Atteste (über Geschäftsfähigkeit).

Im Einzelfall (gerade bei **Testamenten**, **Erbverträgen** oder **Übergaben**) ist immer auch zu überlegen, ob einzelne Unterlagen (dann einfach in die elektronische Nebenakte *im Notarprogramm in der EDV* importieren) oder die gesamte Akte (dann als Papierakte!) dauerhaft aufbewahrt wird. Bei einer **dauerhaften Aufbewahrung** das entsprechende Musterblatt auf der papiergeführten Akte anbringen und von Notar unterzeichnen lassen.

Soweit für einzelne Nebenakten eine dauerhafte Verwahrung angeordnet wird, sollte die Dauer der Verwahrungsfrist immer mindestens 15 Jahre betragen, ggf. (z.B. bei Testamenten oder Erbverträgen junger Menschen) auch länger (30 Jahre). Die **maximale Aufbewahrungsdauer beträgt 30 Jahre**!

Muster 2.2: Dauerhafte Aufbewahrung

Anordnung einer dauerhaften Aufbewahrung

Die Nebenakte zur Urkunde

UVZ-Nr.

soll dauerhaft aufbewahrt werden, und zwar bis zum Ablauf des 31.12 des Jahres

, den

(*Notar*)

Eine Checkliste zur Vorbereitung der Nebenakte zur Ablage kann dann schließlich wie folgt aussehen: 159

Checkliste zur Archivierung von Urkunden und Nebenakten

Vom Sachbearbeiter zu prüfen/zu erledigen:

- ☐ Urkunde(n) vollständig vollzogen?
- ☐ Dauerhafte Verwahrung der Nebenakte nicht notwendig oder vermerkt?
- ☐ Kosten bewertet?
- ☐ Geldwäscheunterlagen vollständig/Geldwäschevorblatt abschließend abgezeichnet?
- ☐ Vermerkblatt von Notar unterschrieben?
- ☐ Hängeordner raus?
- ☐ Urschrift und Dokumente für elektronisches Urkundenarchiv liegen in (*z.B. blaue Hülle*)?
  (ggf. streichen)
- ☐ Dokumente für Import in elektronische Nebenakte *im Notarprogramm in der EDV* liegen (*z.B. rote Hülle*)?
  (ggf. streichen)
- ☐ Sonstige Originale (nicht: Fremd-Löschungsbewilligungen) entnommen (+ ggf. für Nebenakte kopiert und an Beteiligte zurückgeschickt)?
- ☐ Bemerkungen/Besonderheiten (z.B. für Zuarbeiter):

Vom Zuarbeiter zu erledigen:
- ☐ Urschrift/Dokumente (*z.B. blaue Hülle*) wurden in elektr. Urkundenarchiv importiert?
- ☐ Dokumente (*z.B. rote Hülle*) wurden in elektronische Nebenakte *im Notarprogramm in der EDV* importiert?
- ☐ Urschrift ist genäht und wurde in Urkundensammlung abgelegt?
- ☐ Sonstige Originale wurden aus Akte entnommen?
- ☐ Alle Vorgänge *im Notarprogramm in der EDV* archiviert oder entfernt?
- ☐ Alle Vorgänge in XNP gelöscht?
- ☐ Verwahrdauer auf Nebenakte gestempelt?

V. Aufbewahrungsfrist

1. Für Nebenakten seit dem 1.1.2022

160 **§ 35 BNotO – Führung der Akten und Verzeichnisse**

(…)

(6) (…) Im Übrigen ist die verwahrende Stelle verpflichtet, **nach Ablauf der Aufbewahrungsfristen** die in Papierform geführten **Akten und Verzeichnisse zu vernichten** und die elektronisch geführten Akten und Verzeichnisse **zu löschen**. Die Sätze 1 und 2 gelten nicht, solange im Einzelfall eine weitere Verwahrung durch die verwahrende Stelle erforderlich ist.

§ 50 NotAktVV – Aufbewahrungsfristen

(1) Für Unterlagen, die ab dem 1.1.2022 erstellt werden, gelten folgende Aufbewahrungsfristen:
(…)
7. für die in der **Nebenakte** verwahrten Dokumente **7 Jahre**, (…)

(2) **Die Aufbewahrungsfristen beginnen**: (…)
4. für die in der **Nebenakte** verwahrten Dokumente **mit dem Kalenderjahr, das auf den Abschluss des Amtsgeschäfts** folgt, zu dem die Nebenakte geführt wurde, und (…)

§ 52 NotAktVV – Sonderbestimmungen für Nebenakten

(1) Werden die Nebenakten für mehrere Amtsgeschäfte gemeinsam geführt, darf ihr gesamter Inhalt bis zum Ablauf der Aufbewahrungsfrist des letzten Amtsgeschäfts aufbewahrt werden.

(2) Der Notar kann im **Einzelfall**, für einzelne **Arten von Rechtsgeschäften** oder für einzelne **Arten von Amtsgeschäften** eine längere Aufbewahrungsfrist für die Nebenakten bestimmen, wenn er hieran ein **berechtigtes Interesse** hat oder ein berechtigtes Interesse der Beteiligten oder des Rechtsverkehrs anzunehmen ist. Der Notar hat eine solche Aufbewahrungsfrist nach pflichtgemäßem Ermessen zu bestimmen; sie darf **höchstens 30 Jahre** betragen. Eine nachfolgend für die Verwahrung zuständige Stelle ist an die Bestimmung einer längeren Aufbewahrungsfrist gebunden.

(3) Ordnet der Notar nach § 35 Absatz 6 Satz 3 der Bundesnotarordnung an, dass eine Nebenakte nach Ablauf der Aufbewahrungsfrist im Einzelfall weiter aufzubewahren ist, so ist dies mit dem **Grund der weiteren Aufbewahrung auf der Akte zu vermerken**. Wird die Nebenakte elektronisch geführt, sind die Anordnung der weiteren Aufbewahrung und der Grund für die Anordnung in einer dem Vermerk gleichwertigen Form zu dokumentieren.

(Anmerkung: Die Hervorhebungen stammen vom Verfasser).

161 Nebenakten sind sieben Jahre aufzubewahren und nach Ablauf dieser Frist zu vernichten.

162 Der Notar kann nach pflichtgemäßem **Ermessen**
- im Einzelfall,
- für einzelne Arten von Rechtsgeschäften oder
- für einzelne Arten von Amtsgeschäften

eine längere Aufbewahrungsfrist für die Nebenakten bestimmen, maximal 30 Jahre.

Hinweis: Längere Aufbewahrungsfristen

Eine längere Aufbewahrungsfrist bietet sich z.B. in erb-, familien- und gesellschaftsrechtlichen Angelegenheiten grundsätzlich oder im Fall einer sich abzeichnenden Regressgefahr im Einzelfall an.

Eine **Verlängerung** der Aufbewahrungsfrist ist zu erwägen, wenn der Inhalt der Nebenakte für Zwecke der Auslegung, Dokumentation und Beweiserbringung des Sachverhalts, der Verhältnisse bei der Urkundenerrichtung und der Entwicklungen bei der Abwicklung, hier insbesondere bei Leistungsstörungen oder Änderungsanordnungen relevant sein kann. Dabei kann eine längere Aufbewahrung aus Sicht der Beteiligten oder des Notars – insbesondere im Hinblick auf die jeweilige persönliche Haftung – oder des Rechtsverkehrs von Bedeutung sein.

Praxistipp: Aufbewahrungsfrist auf der Nebenakte dokumentieren 163

Eine einfache Lösung für die Standard-Nebenakte, die maßgebliche Aufbewahrungsdauer zu dokumentieren, ist es, bei der ersten Verbringung der Nebenakten in die Nebenaktensammlung das Ablaufjahr der Aufbewahrungsdauer aufzustempeln, z.B. mit folgendem Aufdruck: „Diese Nebenakte ist aufzubewahren bis Ende ______ (*7. Kalenderjahr nach dem aktuellen Kalenderjahr*)“.

Da das Jahr, in dem die erste Ablage der Nebenakte erfolgt, regelmäßig mit dem Jahr des Abschlusses der letzten Amtstätigkeit korrespondiert, kann immer für ein Jahr ein Stempel mit der gleichen Jahreszahl verwendet werden.

2. Für Nebenakten-Altfälle

§ 51 NotAktVV – Aufbewahrungsfristen für Altbestände 164

(1) Für Unterlagen, die vom 1.1.1950 bis zum 31.12.2021 erstellt wurden, gelten folgende Aufbewahrungsfristen: (…)

4. für die in der Nebenakte verwahrten Dokumente 7 Jahre, (…)

(2) Die Aufbewahrungsfristen beginnen (…)

3. für die in der Nebenakte verwahrten Dokumente mit dem Kalenderjahr, das auf den Abschluss des Amtsgeschäfts folgt, zu dem die Nebenakte geführt wurde, (…)

(3) Werden bei den Nebenakten beglaubigte Abschriften von Verfügungen von Todes wegen aufbewahrt, die auf Wunsch des Erblassers oder der Vertragsschließenden zurückbehalten wurden und von denen keine beglaubigte Abschrift in der Urkundensammlung verwahrt wird, so gelten für diese abweichend von Absatz 1 Nummer 4 und Absatz 2 Nummer 3 die Bestimmungen des Absatzes 1 Nummer 3 [*Anm.: 100 Jahre*] und des Absatzes 2 Nummer 2 [*Anm.: Beginn mit dem Kalenderjahr, das auf die Beurkundung folgt*] entsprechend.

(4) Vor dem 1.1.1950 entstandene Unterlagen sind dauernd aufzubewahren. Eine Pflicht zur Konservierung besteht nicht. (…)

(Anmerkung: Die Hinweise stammen vom Verfasser).

VI. Vernichtung der Nebenakte

Die Nebenakten müssen nach der Aufbewahrungsfrist **vernichtet** werden, sofern nicht im Einzelfall ihre weitere Aufbewahrung angeordnet ist. Die Aktenvernichtung muss dabei in „sicherer“ Weise endgültig erfolgen. Unter Beachtung der **Verschwiegenheitspflicht** (§ 18 BNotO) kann der Notar insoweit eine zuverlässige Firma mit der Aktenvernichtung beauftragen. Auch die elektronisch geführte Nebenakte muss nach der Aufbewahrungsfrist „vernichtet“ werden, d.h., die hier vorhandenen Daten sind zu **löschen**.[24] 165

24 Siehe hierzu auch das Rundschreiben Nr. 5/2018 der Bundesnotarkammer, hier insbesondere auch zu den Vorgaben an die Notariatssoftware zur Löschung von personenbezogenen Daten.

VII. Nebenakten zu Verwahrungsgeschäften

166 **§ 41 NotAktVV – Sonderbestimmungen für Verwahrungsgeschäfte**

(1) Zu jedem Verwahrungsgeschäft ist eine Nebenakte zu führen. Die Führung von Sammelakten ist für Verwahrungsgeschäfte nicht zulässig.

(...)

Die Erläuterungen zu den speziellen Nebenakten für Verwahrungsgeschäfts finden sich unten unter Rdn 355 ff.

Hinweis: Zwei Nebenakten bei Verwahrung

Bei einem Urkundsgeschäft mit Verwahrung sind zwei Nebenakten zu führen, eine Nebenakte zur Urkunde und eine gesonderte zum Verwahrungsgeschäft. Ein typisches Beispiel für einen solche Vorgang ist ein Kaufvertrag mit Hinterlegung des Kaufpreises oder eines Kaufteils, etwa wg. eines fehlenden und noch nicht aufgebotenen Grundschuldbriefes.

F. Fristen, Wiedervorlagen, Termine und Auskünfte

I. Behandlung der Fristen und Wiedervorlagen im Notariat

167 Im Notariat sind Fristen besonders zu beachten und zeitlich sinnvolle **Wiedervorlagen** zur Routine zu machen, damit keine Vorgänge längere Zeit unbearbeitet bleiben oder dadurch möglicherweise Schäden entstehen. Man führt hierzu – inzwischen wohl regelmäßig mit der EDV – einen Fristenkalender, oft im Terminkalender integriert.

168 Als **Fristen** sind insbesondere sorgfältig **mit rechtzeitigem Vorlauf** zu notieren.

Beispiele

- Zwischenverfügungen in Grundbuchsachen gem. § 18 GBO,
- Erbausschlagungen (§ 1944 BGB),
- Gültigkeitsdauer eines Europäischen Nachlasszeugnisses (sechs Monate ab Ausstellung mit Eingang beim Grundbuchamt),
- Übermittlung der Gesellschafterliste an das Handelsregister bei einem durch Zeitablauf bestimmtem Wirksamwerden einer Geschäftsanteilsabtretung bei einer GmbH (§ 40 Abs. 2, 16 GmbHG),
- Umwandlungsvorgänge (§§ 16, 17 UmwG) z.B. Anmeldung einer Verschmelzung (§ 17 Abs. 2 UmwG).
  Das Registergericht darf die Verschmelzung nur eintragen, wenn die Bilanz auf einen höchstens acht Monate vor der Anmeldung liegenden Stichtag aufgestellt worden ist; Stichtag somit in der Regel der 31. August.

Praxistipp: Umsetzung

Im Fristenkalender ist nicht nur der Tag des Ablaufs der Frist, sondern auch eine Vorfrist zu notieren. D.h., dass die Nebenakte je nach Anweisung eine oder mehrere Wochen vor dem eigentlichen Fristablauf dem Sachbearbeiter bzw. dem Notar vorgelegt werden sollte, damit geprüft werden kann, welche Maßnahmen zur Erledigung der Frist noch zu treffen sind.

169 Als **Wiedervorlagen** werden Fristen eingetragen, um den Sachstand eines Urkundsgeschäfts in der Abwicklung zu überprüfen und ggf. Erinnerungen bzw. Reklamationen zu versenden und ggf. auch die Beteiligten hiervon zu informieren.

II. Vergabe und Durchführung von Besprechungs- und Beurkundungsterminen, sonstige Telefonie

Merke! 170

Für alle Mitarbeiter gilt am Telefon und im persönlichen Gespräch freundlich, hilfsbereit und höflich zu sein.

Ein schlechter Empfang der Mandanten weist auf eine mangelhafte Organisation des Notariats hin und beeinträchtigt somit auch das Vertrauen der Mandanten in die sonstige Arbeit des Notariats.

Auf die Einhaltung der **Verschwiegenheitspflicht** ist bei Telefongesprächen in zweierlei Hinsicht besonders zu achten. Auskünfte zu laufenden Vorgängen dürfen selbstverständlich nur erteilt werden, wenn man sich Gewissheit darüber verschafft hat, dass es sich bei dem Gesprächspartner tatsächlich um eine auskunftsberechtigte Person handelt. Ferner ist auch darauf ein Augenmerk zu richten, dass Telefonate nicht von Dritten mitgehört werden; es verbietet sich also in aller Regel, Telefonate in Anwesenheit anderer Mandanten zu führen. 171

Eingehende Telefongespräche sind von der **Telefonzentrale** bzw. dem hierfür zuständigen Sekretariat im Regelfall sofort an den zuständigen Mitarbeiter (Sachbearbeiter) weiterzuleiten. Kann der Mitarbeiter das Telefongespräch, etwa wegen einer anderweitigen, dringenden Tätigkeit (Vorbereitung einer Urkunde), nicht annehmen, so ist ein späterer Rückruf in Aussicht zu stellen und dem zuständigen Mitarbeiter die Rückrufbitte zu übermitteln. Dies kann durch eine schriftliche Notiz („Telefonnotiz") oder durch Zuleitung einer bürointernen E-Mail geschehen. 172

▼

Muster 2.3: Telefonnotiz

Telefonat wurde entgegen genommen durch:

Datum und Uhrzeit des Anrufs:

Telefonnummer des Anrufers:

Aktenzeichen oder Urkundennummer im Notariat:

Sachbearbeiter im Notariat:

Grund des Anrufes:

Rückruf erbeten: □ ja □ nein

Tag und Uhrzeit des Rückrufes:

Rückruf erledigt durch:

Notizen zum Rückruf (was ist zu erledigen – welche Auskunft wurde erteilt):

▲

Ad-hoc Termine kommen im Notariat schon wegen des **Übereilungsschutzes** wohl nur noch für Unterschriftsbeglaubigungen ohne Entwurf in Frage. Aber auch hier ist Vorsicht geboten. Unterschriftsbeglaubigungen ohne vorherige Durchsicht des mitgebrachten Schriftstücks sollten nicht durchgeführt werden. So haben z.B. Dienstbarkeitsbestellungen (etwa Geh- und Fahrrechte, Leitungsrechte) unter Umständen weitreichende – auch wirtschaftliche – Folgen. Die Dienstbarkeit (beschränkte persönliche Dienstbarkeit, Grunddienstbarkeit) kann durch Zwangsvollstreckungsmaßnahmen vorrangiger Grundpfandrechts- oder Reallastgläubiger erlöschen (§§ 52 Abs. 1, 44, 91 ZVG). 173

Zu **anstehenden Besprechungs- und Beurkundungsterminen** kann das Folgende empfohlen werden: Bereits am Vortag der anstehenden Termine sind die auf den folgenden Tag vorzulegenden Nebenakten herauszusuchen und diese darauf zu prüfen, ob für eine anstehende Beurkundung alle erforderlichen Daten, aktualisierte Grundbuch- und Handelsregisterauszü- 174 ge etc. vorliegen und ob von den Mandanten gewünschte Ergänzungen und Änderungen in den Urkundenentwurf eingepflegt bzw. noch einzufügen sind.

175 Es hat sich bewährt, vor der Beurkundung den Entwurf noch einmal – zumindest in den wichtigen, ggf. individuellen Punkten – von dem Entwurfsersteller durchlesen zu lassen. Nach der Entwurfserstellung und nach einiger Zeit hat man einen anderen Blick auf den Urkundentext. Übersehene oder auch vergessene Gestaltungen können dann noch eingepflegt werden.

176 *Praxistipp: Umsetzung*

Einen Tag vor der Beurkundung:

- Prüfung, ob der Grundbuchauszug auf aktuellem Stand ist;
- Prüfung, ob Vertretungsnachweise von Gesellschaften auf aktuellem Stand sind;
- Prüfung, ob eventuell vorzulegende Vertretungsnachweise wie Vollmachten im Original (bei Beglaubigung der Vollmacht) oder in Ausfertigung angefordert sind;
- Prüfung, ob sämtliche zu beurkundende Anlagen (z.B. Mieterlisten, Listen über mitverkauftes Inventar) oder Verweisungsurkunden (§ 13a BeurkG) vorhanden und zur Akte genommen sind;
- Prüfung, ob die Personalien aller Beteiligten vollständig sind und insbesondere die Steuer-Identifikationsnummern mitgeteilt wurden;
- Prüfung ob die Unterlagen für etwaige Finanzierungsgrundpfandrechte vorliegen und bearbeitet wurden;
- Prüfung, ob die erforderlichen GwG-Unterlagen (eventuell besteht ein Beurkundungsverbot!) vorliegen;
- nochmalige Durchsicht des Entwurfstextes, insbesondere ob Änderungs- oder Ergänzungswünsche eingepflegt sind;
- Ausfüllen des Laufzettels und Kostenblattes *mit Bleistift* (es können sich noch Änderungen während der Beurkundung ergeben); das frühe Erstellen (eventuell auch deutlich früher als nur am Tag vor der Beurkundung) dieser beiden wichtigen Abwicklungspapiere schärft den Blick für Probleme, die beim vorliegenden Sachverhalt in der Abwicklung auftreten könnten, und für kostenrechtliche Auswirkungen der Urkundsgestaltung, die erst bei der Kostenfestsetzung bewusst werden, sodass hierauf noch vor der Beurkundung eingegangen werden kann;
- auch bei Unterschriftsbeglaubigungen ohne Entwurf Vorlage des zu unterzeichnenden Schriftstücks vorab per Telefax oder E-Mail zur Vorprüfung im Notariat, insbesondere bei Registeranmeldungen und Eintragungsbewilligungen für das Grundbuchamt auch im Hinblick auf den Prüfvermerk des beglaubigenden Notars gem. § 378 Abs. 3 FamFG bzw. § 15 Abs. 3 GBO.

177 Überlange **Wartezeiten** sind zu vermeiden. Der Notar legt daher mit seinen Mitarbeitern anhand von Erfahrungswerten fest, wie lange für eine Beurkundung benötigt wird oder wieviel Zeit für ein Vorgespräch – je nach Gegenstand – einzuplanen ist. Daher ist es erforderlich, dass auch die Mitarbeiter am Empfang (Telefon) über die insoweit notwendigen Informationen bzw. Kenntnisse verfügen.

Praxistipp: Umsetzung

Telefonate wie auch persönliche Gespräche mit Mandanten erfordern jeweils die ungeteilte Aufmerksamkeit beider Gesprächspartner. Sofern es die jeweilige Terminsituation nicht zulässt – dies gilt häufig auch, wenn Mandanten unangemeldet eine Besprechung wünschen –, ist es sinnvoll, einen späteren Rückruftermin oder einen gesonderten Besprechungstermin zu vereinbaren.

III. Auskünfte und Gesprächsnotizen

178 Es spricht für die Kompetenz des Notariats, wenn die Mitarbeiter in der Lage sind, auch ohne große Aktensuche Auskunft über den Sachstand der Angelegenheit zu erteilen. Das

Erteilen einer Auskunft ist einfacher, wenn sich die Nebenakten einsortiert im Aktenschrank befinden und nicht in großen Stückzahlen auf dem Schreibtisch des Mitarbeiters.

Praxistipp: Umsetzung

Auskünfte ohne die Vorlage der Nebenakte sollten nicht erfolgen, da hier fehlerhafte Auskünfte vorprogrammiert sind.

Auf die Einhaltung der **Verschwiegenheitspflicht** ist bei der Erteilung von Auskünften immer zu achten. Im Telefongespräch muss der Mitarbeiter sich durch entsprechende Fragestellungen Gewissheit darüber verschaffen, ob dem Anrufer die gewünschten Auskünfte erteilt werden dürfen. Bei der persönlichen Vorsprache ist darauf zu achten, dass diese nicht im Beisein anderer Mandanten geführt wird, etwa im Wartezimmer des Notariats. **179**

Nach jedem Mandantengespräch sollte unbedingt über den Gesprächsinhalt eine schriftliche Aktennotiz gefertigt werden. **180**

Muster 2.4: Aktennotiz

Gespräch am:

mit:

Telefonnummer des Mandanten:

Aktenzeichen oder Urkundennummer im Notariat:

Sachbearbeiter im Notariat:

Grund und Ergebnis des Gesprächs:

Unterschrift:

G. Rechnungswesen

I. Einführung

Die **Lohnbuchhaltung** erfordert ein Fachwissen, das im Notariat regelmäßig nicht vorhanden ist, auch wegen sich ständig ändernder Gesetzesvorschriften und Beitragssätzen. Die Lohnbuchhaltung wird daher häufig ausgelagert. **181**

Hingegen ist die **übliche Finanzbuchhaltung** im Notariat selbst durchzuführen. Die angebotenen Notariatsprogramme enthalten entsprechende, regelmäßig einfach zu bedienende Module, in die auch das Mahn- und Vollstreckungswesen integriert ist. Die Buchhaltung ist daher von mindestens zwei entsprechend geschulten Mitarbeitern (insbesondere ist für eine Vertretung in Urlaubs- und Krankheitsfällen zu sorgen) regelmäßig und zeitnah durchzuführen. **182**

Praxistipp: Umsetzung

Um Kostenausfällen von Notargebühren vorzubeugen, sollte grundsätzlich Folgendes beachtet werden:

- Bereits mit dem Erstvollzug der Urkunde sind auch die Notargebühren einschließlich bereits angefallener Auslagen, z.B. für Grundbucheinsichten, anzufordern.
- Vollzugs- und Betreuungsgebühren sollten sofort als Vorschuss in der ersten Notarkostenberechnung mit angefordert werden.
- Es ist ein allgemeines Mahnwesen vorzuhalten, wonach die offenen Notargebühren bei entsprechender Wiedervorlage – etwa einen Monat nach der Rechnungsstellung – angemahnt werden.
- Urkunden, Ausfertigungen und Abschriften können nach billigem Ermessen bis zur Kostenzahlung zurückbehalten werden. Dies gilt jedoch nicht, soweit § 53 BeurkG

(Vollzugspflicht des Notars) und gesetzliche Mitteilungspflichten der Zurückbehaltung entgegenstehen.

- Muss die Kostenberechnung vollstreckt werden, sollte die Vollstreckung erst einen Monat nach der Zustellung der vollstreckbaren Kostenberechnung begonnen werden.
- Soweit aufgrund Aktenlage erkennbar ist, dass die Einforderung der Notarkosten auch durch einfachen Gerichtsvollzieherauftrag nicht zum Erfolg führen wird, kann ein Rechtsanwalt mit der Zwangsvollstreckung beauftragt werden.

II. Kostenvorschuss

183 Der Notar hat seine **Kostenforderungen** durch eine **Kostenberechnung** einzufordern, § 19 Abs. 1 GNotKG. Der Notar kann seine Tätigkeit auch von der Zahlung eines zur Deckung der Kosten ausreichenden **Vorschusses** abhängig machen, § 15 GNotKG. Der Vorschuss kann bis zur Höhe der bei normalem Verlauf der Dinge zu erwartenden Kosten (d.h. Gebühren und Auslagen, Umsatzsteuer) gefordert werden. Zu beachten sind jedoch die Fälle gem. § 16 GNotKG, bei denen die Einforderung eines Kostenvorschusses untersagt ist.

184 In der Praxis machen Notare von der Möglichkeit, einen Vorschuss zu verlangen, eher selten Gebrauch.

Sinnvoll ist die Einforderung eines Kostenvorschusses häufig bei Kleinbeträgen, wenn eine **Zahlungsunfähigkeit** oder mangelnde Zahlungsbereitschaft des Kostenschuldners zu befürchten ist, und schließlich in den Fällen, in denen der Kostenschuldner keinen (Wohn-)Sitz im Inland hat, da eine vom Notar für vollstreckbar erklärte Kostenberechnung im Ausland nicht als Vollstreckungstitel anerkannt wird.

III. Vollstreckung in eigener Sache

185 **§ 19 GNotKG – Einforderung der Notarkosten**

(1) Die Notarkosten dürfen nur aufgrund einer dem Kostenschuldner mitgeteilten, von dem Notar unterschriebenen oder mit seiner qualifizierten elektronischen Signatur versehenen Berechnung eingefordert werden. Der Lauf der Verjährungsfrist ist nicht von der Mitteilung der Berechnung abhängig.

(2) Die Berechnung muss enthalten

1. eine Bezeichnung des Verfahrens oder Geschäfts,
2. die angewandten Nummern des Kostenverzeichnisses,
3. den Geschäftswert bei Gebühren, die nach dem Geschäftswert berechnet sind,
4. die Beträge der einzelnen Gebühren und Auslagen, wobei bei den jeweiligen Dokumentenpauschalen (Nummern 32000 bis 32003) und bei den Entgelten für Post- und Telekommunikationsdienstleistungen (Nummer 32004) die Angabe des Gesamtbetrags genügt, und
5. die gezahlten Vorschüsse.

(3) Die Berechnung soll enthalten

1. eine kurze Bezeichnung des jeweiligen Gebührentatbestands und der Auslagen,
2. die Wertvorschriften der §§ 36, 40 bis 54, 97 bis 108, 112 bis 124, aus denen sich der Geschäftswert für die jeweilige Gebühr ergibt, und
3. die Werte der einzelnen Gegenstände, wenn sich der Geschäftswert aus der Summe der Werte mehrerer Verfahrensgegenstände ergibt (§ 35 Absatz 1).

(4) Eine Berechnung ist nur unwirksam, wenn sie nicht den Vorschriften der Absätze 1 und 2 entspricht.

(…)

§ 89 GNotKG – Beitreibung der Kosten und Zinsen

Die Kosten und die auf diese entfallenden Zinsen werden aufgrund einer mit der Vollstreckungsklausel des Notars versehenen Ausfertigung der Kostenberechnung (§ 19) nach den Vorschriften der Zivilprozessordnung beigetrieben; § 798 der Zivilprozessordnung gilt entsprechend. In der

Vollstreckungsklausel, die zum Zweck der Zwangsvollstreckung gegen einen zur Duldung der Zwangsvollstreckung Verpflichteten erteilt wird, ist die Duldungspflicht auszusprechen.

Der Notar ist bezüglich seiner **Notarkosten**, die er nach öffentlich-rechtlichen Vorgaben erhebt, **nicht auf den gerichtlichen Klageweg verwiesen**, wenn der Schuldner nicht zahlt. 186

Die **Vollstreckung** der Notarkosten kann nur aus einer ordnungsgemäßen Notarkostenberechnung gem. § 19 GNotKG betrieben werden.

Praktisch wird zur Vollstreckung eine Kopie der Notarkostenrechnung (§ 89 GNotKG spricht zwar von einer Ausfertigung, dies ist aber keine Ausfertigung i.S.d. ZPO) gefertigt und mit einer Vollstreckungsklausel versehen. Die Vollstreckungsklausel ist vom Notar zu unterschreiben und mit dem Farbdruck- oder Prägesiegel zu versehen.

Bevor der Notar die Kostenberechnung vollstrecken kann, muss die **vollstreckbare Ausfertigung der Kostenberechnung** dem Kostenschuldner zunächst durch den Gerichtsvollzieher zugestellt werden (Titel, Klausel, Zustellung). Nachdem erfolgter Zustellung, muss der Notar noch zwei Wochen warten (§ 89 GNotKG, § 798 ZPO), bevor er mit der Vollstreckung beginnen kann. 187

Praxistipp 188

Um auch die Zinsen vollstrecken zu können und auch im Hinblick auf ein dem Kostenschuldner zu gewährendes rechtliches Gehör sowie um eine mögliche Haftung nach § 90 Abs. 1 S. 2 GNotKG auszuschließen, sollte die **Vollstreckung erst einen Monat nach der Zustellung** der vollstreckbaren Ausfertigung der Kostenberechnung an den Kostenschuldner beginnen.

Die Erteilung der vollstreckbaren Ausfertigung ist analog zu § 734 ZPO in den Nebenakten bei einer dort verbliebenen Abschrift der Kostenberechnung zu vermerken.

§ 88 GNotKG – Verzinsung des Kostenanspruchs 189

Der Kostenschuldner hat die Kostenforderung zu verzinsen, wenn ihm eine vollstreckbare Ausfertigung der Kostenberechnung (§ 19) zugestellt wird, die Angaben über die Höhe der zu verzinsenden Forderung, den Verzinsungsbeginn und den Zinssatz enthält. Die Verzinsung beginnt einen Monat nach der Zustellung. Der jährliche Zinssatz beträgt fünf Prozentpunkte über dem Basiszinssatz nach § 247 des Bürgerlichen Gesetzbuchs.

Zinsen kann der Notar einen Monat nach Zustellung der vollstreckbaren Ausfertigung verlangen (§ 88 Satz 2 GNotKG). 190

Der **Nurnotar** kann auch einen Rechtsanwalt mit der Beitreibung der Kosten beauftragen. Dann gehören die **Anwaltsgebühren** zu den notwendigen Kosten der Zwangsvollstreckung und sind vom Schuldner zu tragen (§ 788 ZPO).

Formulierungsbeispiel: Vollstreckungsklausel 191

Die vorstehende Ausfertigung meiner Kostenberechnung erteile ich mir gem. § 89 GNotKG zum Zwecke der Zwangsvollstreckung gegen den Kostenschuldner (…) *(vollständiger Name mit Vorname, Geburtsdatum und Anschrift)* wegen der bezeichneten Gesamtforderung in Höhe von (…) EUR *(Gesamtbetrag der Kostenberechnung einschließlich Umsatzsteuer)* nebst Zinsen daraus in Höhe von jährlich fünf Prozentpunkten über dem Basiszinssatz nach § 247 BGB, beginnend einen Monat nach der Zustellung dieser vollstreckbaren Ausfertigung an (…) *(Bezeichnung des Kostenschuldners wie oben)*.

H. Notarielle Akten und Verzeichnisse

I. Rechtsgrundlagen

192 **§ 55 BeurkG – Verzeichnis und Verwahrung der Urkunden**

(1) Der Notar führt ein elektronisches Verzeichnis über Beurkundungen und sonstige Amtshandlungen (Urkundenverzeichnis).

(2) Das Urkundenverzeichnis und die elektronische Urkundensammlung sind vom Notar im Elektronischen Urkundenarchiv (§ 78h der Bundesnotarordnung) zu führen.

(3) Die im Urkundenverzeichnis registrierten Urkunden verwahrt der Notar in einer Urkundensammlung, einer elektronischen Urkundensammlung und einer Erbvertragssammlung.

§ 59a BeurkG – Verwahrungsverzeichnis

(1) Der Notar führt ein elektronisches Verzeichnis über Verwahrungsmassen, die er nach § 23 der Bundesnotarordnung und nach den §§ 57 und 62 entgegennimmt (Verwahrungsverzeichnis).

(2) Das Verwahrungsverzeichnis ist im Elektronischen Urkundenarchiv (§ 78h der Bundesnotarordnung) zu führen. (…)

193 Der Notar muss

- ein **elektronisches Urkundenverzeichnis** (die frühere Urkundenrolle),
- eine **Urkundensammlung**,
- eine **elektronische Urkundensammlung**,
- eine **Erbvertragssammlung** und
- ein **elektronisches Verwahrungsverzeichnis**

führen.

Das Urkundenverzeichnis, das Verwahrungsverzeichnis und die elektronische Urkundensammlung sind im **Elektronischen Urkundenarchiv** (§ 78h BNotO) zu führen. Körperlich sind also nur noch die Urkundensammlung und die Erbvertragssammlung.

194 Die zentralen praktischen Regelungen für die notariellen Akten und Verzeichnisse sind in der **Verordnung über die Führung notarieller Akten und Verzeichnisse (NotAktVV)** enthalten, die seit dem 1.1.2022 in Kraft getreten ist.

195 Ebenfalls von Bedeutung ist die seit dem 1.1.2022 vollständig neu gefasste Dienstordnung für Notarinnen und Notare (DONot).

196 **§ 35 BNotO – Führung der Akten und Verzeichnisse**

(…)

(2) Der Notar kann Akten und Verzeichnisse in Papierform oder elektronisch führen, soweit die Form nicht durch oder aufgrund eines Gesetzes vorgeschrieben ist. (…)

(3) Akten und Verzeichnisse in Papierform darf der Notar außerhalb seiner Geschäftsstelle nur bei der Notarkammer oder mit Genehmigung der Aufsichtsbehörde führen. Seine Verfügungsgewalt muss gewahrt bleiben. Außer im Fall der Führung bei der Notarkammer darf eine gemeinsame Führung nur im Zusammenschluss mit anderen Notaren erfolgen. (…)

(4) Elektronische Akten und Verzeichnisse darf der Notar außerhalb der Geschäftsstelle nur im Elektronischen Urkundenarchiv oder im Elektronischen Notariatsaktenspeicher führen.

(5) Zur Führung der Akten und Verzeichnisse dürfen nur Personen herangezogen werden, die bei dem Notar oder im Fall des Absatzes 3 Satz 3 bei dem Zusammenschluss der Notare beschäftigt sind. Absatz 3 Satz 1 und Absatz 4 bleiben unberührt.

Die notariellen Akten und Verzeichnisse sind in der **Geschäftsstelle** zu führen, **elektronische** Akten und Verzeichnisse darf der Notar außerhalb der Geschäftsstelle nur im **Elektronischen Urkundenarchiv** oder im **Elektronischen Notariatsaktenspeicher** führen.

Dritte Personen oder Stellen dürfen nicht mit der Führung der Akten und Verzeichnisse beauftragt werden.

II. Basisanwendung XNP der BNotK

Für die im Elektronischen Urkundenarchiv zu führenden Akten und Verzeichnisse ist die **Basisanwendung XNP** der BNotK mit den hierzu zur Verfügung gestellten Modulen *„Urkundenverzeichnis" (UVZ)* und *„Verwahrungsverzeichnis" (VVZ)* zu verwenden. **197**

Für die einzugebenden Daten sind dort entsprechenden **Eingabe- und Freitextfelder** vorgegeben, sodass man in vielen Bereichen weitgehend durch die notwendigen Eingaben geführt wird. Im Programm ist eine umfassende Hilfe integriert.

Am 27.10.2021 hat die BNotK gem. §35 Abs. 4 Satz 2 NotAktVV durch die **Urkundenarchiv-Dateiformat-Bekanntmachung-2022** veröffentlicht,[25] dass für die Einstellung elektronischer Fassungen der Urschrift, aller weiterer vom Notar erstellter Dokumente und für andere Dokumente das **Dateiformat PDF/A-1b** zu verwenden ist. **198**

III. Überblick der notariellen Verzeichnisse, Akten und Übersichten

1. Verzeichnisse

> **§ 1 NotAktVV – Verzeichnisse** **199**
>
> Der Notar führt die folgenden Verzeichnisse:
> 1. das Urkundenverzeichnis,
> 2. das Verwahrungsverzeichnis.

Die konkreten Regelungen zu den in **§ 1 NotAktVV** genannten Verzeichnissen finden sich **200**
- zum **Urkundenverzeichnis** in den §§ 7 ff. NotAktVV (siehe Rdn 205 ff.) und
- zum **Verwahrungsverzeichnis** in den §§ 21 ff. NotAktVV (siehe Rdn 307 ff.).

Ebenfalls von allen Notaren ist eine **Protokollliste** der getätigten **isolierten Grundbucheinsichten** gem. **§ 133a GBO** zu führen (siehe Rdn 504 ff.).

§ 6 DONot scheibt (insbesondere) den **Anwaltsnotaren** vor, dass sie ein **Beteiligtenverzeichnis** zur Sicherstellung der Einhaltung von Mitwirkungsverboten (siehe Rdn 486 ff.) zu führen haben, sofern nicht ein anderes (computergestütztes) System zur Konflikterkennung genutzt wird.

Die Notare im Bereich der *Notarkasse* in München (Bayern und Landesteil Pfalz von Rheinland-Pfalz) und der *Ländernotarkasse* in Leipzig (Brandenburg, Mecklenburg-Vorpommern, Sachsen, Sachsen-Anhalt und Thüringen) haben außerdem gem. **§ 113 Abs. 17 BNotO** ein **Kostenregister**[26] zu führen, nach den Vorgaben der jeweiligen **Abgabensatzung** zu führen. **201**

2. Akten

> **§ 2 NotAktVV – Akten** **202**
>
> Der Notar führt die folgenden Akten:
> 1. die Urkundensammlung,
> 2. die Erbvertragssammlung,
> 3. die elektronische Urkundensammlung,
> 4. die Sondersammlung,
> 5. die Nebenakten,
> 6. die Sammelakte für Wechsel- und Scheckproteste und
> 7. die Generalakte.

Die konkreten Regelungen finden sich **203**
- zur Urkundensammlung in § 31 NotAktVV (siehe Rdn 381 ff.);
- zur Erbvertragssammlung § 32 NotAktVV (siehe Rdn 401 ff.);
- zur elektronischen Urkundensammlung in §§ 34 ff. NotAktVV (siehe Rdn 436 ff.);

25 DNotZ 2021, 916.

26 Eine ausführliche Darstellung zum Kostenregister findet sich in *Bös/Jurkat/Neie/Strangmüller*, Praxishandbuch für Notarfachangestellte, § 3 C. (Rn 89 ff.).

- zur Sondersammlung in § 37 NotAktVV (siehe Rdn 427 ff.);
- zu den notariellen Nebenakten in §§ 40 ff. NotAktVV (siehe oben Rdn 132 ff.);
- zur Sammelakte für Wechsel- und Scheckproteste in § 45 NotAktVV (siehe Rdn 360 ff.);
- zur Generalakte in §§ 46, 47 NotAktVV (siehe Rdn 365 ff.).

3. Übersichten

204 Der Notar hat folgende Übersichten zu erstellen:

- jährliche Übersicht über Urkundsgeschäfte nach § 7 DONot (siehe Rdn 273 ff.);
- jährliche Übersicht über die Verwahrungsgeschäfte nach § 9 DONot (siehe Rdn 359 ff.).

Für diese Übersichtensind die **DONot-Muster** zu verwenden. Der Export der Übersicht über Urkundsgeschäfte kann aus dem UVZ-Modul vollautomatisch generiert werden, was aufgrund der im UVZ anzugebenden Urkundenarten und Geschäftsgegenstände leicht möglich ist. Auch die Eintragungen in der Übersicht über Verwahrungsgeschäfte können zum Großteil aus dem VVZ-Modul in XNP generiert werden.

I. Urkundenverzeichnis (UVZ)

205 **§ 55 BeurkG – Verzeichnis und Verwahrung der Urkunden**

(1) Der Notar führt ein elektronisches Verzeichnis über Beurkundungen und sonstige Amtshandlungen (Urkundenverzeichnis).

(2) Das Urkundenverzeichnis und die elektronische Urkundensammlung sind vom Notar im Elektronischen Urkundenarchiv (§ 78h der Bundesnotarordnung) zu führen.

(…)

§ 1 NotAktVV – Verzeichnisse

Der Notar führt die folgenden Verzeichnisse:
1. das Urkundenverzeichnis,
2. (…)

Der Notar hat ein **(elektronisches) Urkundenverzeichnis** über Beurkundungen und sonstige Amtshandlungen im **Elektronischen Urkundenarchiv** zu führen.

Bis zum 31.12.2021 waren stattdessen die **Urkundenrolle**, das **Namensverzeichnis** zur Urkundenrolle und das **Erbvertragsverzeichnis** bzw. die **Erbvertragskartei** zu führen; diese sind unverändert noch in den Notariaten zu verwahren.

I. Einzutragende und nicht einzutragende Urkunden

206 **§ 7 NotAktVV – Urkundenverzeichnis**

(1) In das Urkundenverzeichnis einzutragen sind
1. Niederschriften (§§ 8, 36 und 38 des Beurkundungsgesetzes),
2. elektronische Niederschriften (§ 16b des Beurkundungsgesetzes),
3. Vermerke im Sinne des § 39 des Beurkundungsgesetzes, die Folgendes enthalten:
   a) die Beglaubigung einer Unterschrift oder eines Handzeichens,
   b) die Beglaubigung der Zeichnung einer Namensunterschrift,
   c) die Feststellung des Zeitpunkts, zu dem eine Privaturkunde vorgelegt worden ist,
   d) sonstige einfache Zeugnisse im Sinne des § 39 des Beurkundungsgesetzes,
4. elektronische Vermerke im Sinne des § 39a des Beurkundungsgesetzes, die Folgendes enthalten:
   a) die Beglaubigung einer qualifizierten elektronischen Signatur,
   b) die Feststellung des Zeitpunkts, zu dem eine Privaturkunde vorgelegt worden ist,
   c) sonstige einfache Zeugnisse im Sinne des § 39 des Beurkundungsgesetzes,
5. Vollstreckbarerklärungen nach § 796c Absatz 1 und § 1053 Absatz 4 der Zivilprozessordnung und

6. Einigungen, Abschlussprotokolle, Vertragsbeurkundungen und Vertragsbestätigungen nach § 96 Absatz 3 Satz 1 und Absatz 5 Satz 2, § 98 Absatz 2 Satz 1 und § 99 Satz 1 des Sachenrechtsbereinigungsgesetzes.

(2) Nicht in das Urkundenverzeichnis einzutragen sind insbesondere

1. Niederschriften über Wechsel- und Scheckproteste,
2. Vermerke im Sinne des § 39 des Beurkundungsgesetzes, die im Zusammenhang mit einer anderen Beurkundung erstellt werden und
   a) die auf die betreffende Urschrift oder eine Ausfertigung der Urkunde oder ein damit zu verbindendes Blatt gesetzt werden oder
   b) deren elektronische Fassung zusammen mit einer elektronischen Urschrift verwahrt wird, und
3. elektronische Vermerke im Sinne des § 39a des Beurkundungsgesetzes, die im Zusammenhang mit einer anderen Beurkundung erstellt werden und
   a) deren Ausdruck mit einer Urschrift oder einer Ausfertigung der Urkunde verbunden wird oder
   b) die zusammen mit einer elektronischen Urschrift verwahrt werden.

Folgend **Beispiele** für die eintragungspflichtigen Urkunden gem. § 7 Abs. 1 Nr. 1–3, 6 NotAktVV: 207

- Niederschriften gem. § 8 BeurkG (**Beurkundung von Willenserklärungen**): Kaufvertrag oder Übertragung von Grundbesitz, Gesellschaftsvertrag einer GmbH oder AG, Testament, Erbvertrag, Erb- oder Pflichtteilverzichtsvertag, Ehevertrag, Scheidungsvereinbarung;
- Niederschriften gem. § 36 BeurkG (**Beurkundung anderer Erklärungen sowie sonstiger Tatsachen oder Vorgänge**);
- Gesellschafterversammlung einer GmbH, Hauptversammlung einer AG, Verlosung und Auslosung, Aufnahme eines Vermögensverzeichnisses, freiwillige Versteigerung;
- nicht jedoch Wechsel- und Scheckproteste gem. § 7 Abs. 2 NotAktVV;
- Niederschriften gem. § 38 BeurkG (**Eide, eidesstattliche Versicherungen**);
- Eidesstattliche Versicherung zum Nachweis des ledigen Standes oder eines verlorenen Ausweises, Erbscheinsantrag, Antrag auf Erteilung eines Testamentsvollstreckerzeugnisses;
- elektronische Niederschriften gem. § 16b BeurkG (**Beurkundung von Willenserklärungen mittels Videokommunikation**): Aktuell können das nur die Gründung einer GmbH (auch mit Sacheinlage) oder einer UG (haftungsbeschränkt) einschließlich der im Rahmen der Gründung gefassten Gesellschafterbeschlüsse, insbesondere zur Geschäftsführerbestellung sowie Beschlüsse über die Änderungen eines GmbH-Gesellschaftsvertrags sein;
- **Vollstreckbarerklärungen**;
- **Anwaltvergleich** gem. § 796c Abs. 1 ZPO bzw. Schiedsspruch eines Schiedsgerichts gem. § 1053 Abs. 4 ZPO.

Auch in das UVZ einzutragen sind **(Tatsachen-)Bescheinigungen** über Wahrnehmungen des Notars i.S.v. § 20 Abs. 1 BNotO. Dies sind etwa 208

- Bescheinigungen über den **Eintritt einer aufschiebenden Bedingung** oder den **Nichteintritt einer auflösenden Bedingung**, z.B. bei der **bedingten Abtretung** von Geschäfts- und Gesellschaftsanteilen,
- **Lebensbescheinigung**, mit welcher der Notar bescheinigt, dass eine vor ihm anwesende Person (noch) lebt,[27]
- **Prioritätsverhandlung**, auch Prioritätsbescheinigung oder Prioritätsfeststellung genannt, also das Zeugnis des Notars über die Vorlage z.B. einer musikalischen Komposition oder eines Softwareprogrammes zum Beweis der Priorität in urheberrechtlicher Hinsicht.

27 *Bös/Jurkat/Neie/Strangmüller*, Praxishandbuch für Notarfachangestellte, § 10 D. IV.

209 **Nicht** in das UVZ **eingetragen** werden gem. § 7 Abs. 2 NotAktVV

- Niederschriften über **Wechsel- und Scheckproteste** und
- papierne sowie elektronische **Vermerkurkunden**, die im Zusammenhang mit einer anderen Beurkundung erstellt werden und zur Urschrift oder einer Ausfertigung genommen werden. Hauptanwendungsfall: **Vertretungs- oder Registerbescheinigungen** nach § 21 BNotO **in oder zu einer Urkunde**.

210 Ebenfalls keine UVZ-Nr. erhalten

- **Beglaubigungsvermerke** gem. § 42 BeurkG (Beglaubigte Abschriften) und Ausfertigungsvermerke nach § 49 BeurkG (Ausfertigungen und vollstreckbaren Ausfertigungen mit Vollstreckungsklausel).
  Wohl aber sind die Erteilung von Ausfertigungen und – besonders wichtig – von vollstreckbaren Ausfertigungen einer Urkunde gem. § 15 NotAktVV **bei der Urkunde**, also unter der UVZ-Nr. der Urkunde, im UVZ **zu vermerken**.
- **Notarbestätigungen** (auch Rangbescheinigung), denn sie sind keine notariellen Urkunden, sondern lediglich nichtamtliche gutachterliche Stellungnahmen (weshalb auch kein Siegel beizufügen ist).
- **Eigenurkunden** des Notars,[28] wie insbesondere
  - **Identitätsfeststellungen** durch den Notar bei Verkauf oder Belastung einer amtlich noch nicht vermessenen Teilfläche nach Vorliegen des Fortführungsnachweises mit dem amtlichen Messungsergebnis,
  - die **Bewilligung der Eigentumsumschreibung** durch den Notar nach erfolgter Kaufpreiszahlung bei der sog. **Bewilligungslösung** bei einem Grundstückskaufvertrag,
  - die **Entgegennahme und Mitteilung** der familien- oder betreuungsgerichtlichen Genehmigung durch den Notar aufgrund Doppelvollmacht in der Urkunde.

211 *Hinweis: Fälle umstrittener Eintragungspflicht*

Die Eintragung von **bescheinigten Gesellschafterlisten** nach § 40 Abs. 2 GmbHG und **Satzungsbescheinigungen** nach § 54 GmbHG oder § 181 AktG im UVZ wird regional unterschiedlich gehandhabt. Hat die örtlich maßgebliche Landesjustizverwaltung gem. § 7 Abs. 2 Nr. 9 DONot bekanntgemacht, dass **Bescheinigungen** des Notars in die **Übersicht über Urkundsgeschäfte** mit aufzunehmen sind, ergibt sich schon daraus die Eintragungspflicht.

Die Handhabung bei **isolierten** (also nicht unter § 7 Abs. 2 Nr. 2 und 3 DONot fallende) **Vertretungs- oder Registerbescheinigungen** nach § 21 BNotO ist ebenfalls umstritten.

II. Nummernvergabe (UVZ-Nr.)

1. Allgemeines, Urkundenverzeichnisnummer (UVZ-Nr.)

212 **§ 3 NotAktVV – Urschriften, Ausfertigungen, Abschriften und elektronische Urkunden**

(...)

(3) Auf jeder Urschrift, Ausfertigung oder Abschrift einer Urkunde sind die Urkundenverzeichnisnummer und die Jahreszahl anzugeben. Satz 1 gilt für das nach § 39a des Beurkundungsgesetzes erstellte elektronische Dokument entsprechend. Auf dem nach § 16b des Beurkundungsgesetzes erstellten elektronischen Dokument müssen die Urkundenverzeichnisnummer und die Jahreszahl nicht angegeben werden.

§ 8 NotAktVV – Führung des Urkundenverzeichnisses

(1) Das Urkundenverzeichnis wird getrennt nach Kalenderjahren geführt. Die Eintragungen jedes Kalenderjahres sind mit fortlaufenden Nummern zu versehen.

(2) Die Beurkundungen und sonstigen Amtshandlungen sind in der Reihenfolge des Datums ihrer Vornahme einzutragen. Ist eine Eintragung versehentlich unterblieben, so ist sie unter der

28 Rundschreiben der Landesnotarkammer Bayern Nr. 2008/6 vom 13.6.2008.

nächsten fortlaufenden Nummer nachzutragen. Ist eine Eintragung versehentlich mehrfach erfolgt, so ist die wiederholte Eintragung als gegenstandslos zu kennzeichnen.

Das UVZ ist **getrennt nach Kalenderjahren** zu führen und die Eintragungen innerhalb des jeweiligen Jahres mit ununterbrochenen **fortlaufenden Nummern** zu versehen. Jeder im UVZ einzutragender Vorgang erhält somit eine **individuelle UVZ-Nr.**, die dann auf jeder Urschrift, Ausfertigung oder Abschrift der Urkunde anzugeben ist. 213

Hinweis

Jeder Notar wird bei der Ersteinrichtung des XNP-Moduls „*Urkundenverzeichnis*" vom Programm aufgefordert, das von ihm gewünschte **UVZ-Nummernformat** einzustellen.

2. Reihenfolge der Eintragungen

a) Reihenfolge des Datums

Die Beurkundungen und sonstigen Amtshandlungen sind in der **Reihenfolge des Datums** ihrer Vornahme im UVZ einzutragen. 214

Praxistipp: UVZ-Nummern in der chronologischen Reihenfolge

Es ist zwar ratsam jede Urkunde unmittelbar nach Abschluss der Amtshandlung mit der UVZ-Nr. zu versehen, die Nummerierung muss aber nicht der Reihenfolge der Beurkundungen innerhalb eines Tages folgen.

Somit ist es keine Katastrophe, wenn z.B. die Finanzierungsgrundschuld (versehentlich) eine frühere UVZ-Nr. erhält als der am selben Tag beurkunde Kaufvertrag.

b) Vergessene Eintragung

Ist versehentlich eine **Eintragung unterblieben**, ist sie gem. § 8 Abs. 2 S. 2 NotAktVV unter der **nächsten fortlaufenden Nummer**, aber **unter dem richtigen Datum** nachzutragen. Dies soll unverzüglich geschehen, nachdem das Versehen bemerkt wird. 215

Hinweis

Beim Nachtragen einer vergessenen Eintragung ist darauf zu achten, dass als **Datum** der **richtige frühere Tag** eingetragen wird, also der Tag der Beurkundung bzw. Amtshandlung, nicht das aktuelle Datum.

c) Mehrfache Eintragung einer Urkunde

Ist eine Urkunde versehentlich mehrfach eingetragen worden, ist gem. § 8 Abs. 2 Satz 3 NotAktVV die wiederholte Eintragung **als gegenstandslos** zu kennzeichnen. Hieraus ergibt sich auch, dass die versehentlich belegte Nummer nicht mehr für ein anderes Amtsgeschäft verwendet werden kann.[29] 216

Praxistipp

Im XNP-Modul UVZ gibt es hierfür die hinterlegte Funktion „*UVZ-Nr. nicht vergeben*" (siehe hierzu nachfolgende Rdn).

d) Nicht vergebene UVZ-Nr.

Wurde eine UVZ-Nr. versehentlich übersprungen und findet eine weitere Beurkundung an diesem Tag statt, kann die übersprungene UVZ-Nr. unproblematisch für diese spätere **Urkunde des gleichen Tages** verwendet werden, denn die Urkunden eines Tages müssen nicht in der chronologischen Reihenfolge ihrer Entstehung in das UVZ eingetragen werden (arg.: § 8 Abs. 2 Satz 1 NotAktVV). 217

29 Begründung zu § 8 Abs. 2 NotAktVV gem. BR-Drucks 420/20 (neu), S. 38.

Findet an diesem Tag allerdings keine weitere Amtshandlung mehr statt, für die eine UVZ-Nr. zu vergeben ist, so muss die nicht vergebene UVZ-Nr. frei bleiben und kann **nicht** am folgenden Arbeitstag vergeben werden. Im XNP-Modul UVZ gibt es hierfür die Funktion *„UVZ-Nr. nicht vergeben"*.

e) Versehentliche Doppelvergabe einer UVZ-Nr.

218 Die Vergabe der UVZ-Nr. sollte möglichst unmittelbar nach Errichtung der Urkunde bzw. unmittelbar nach Vornahme der sonstigen Amtshandlung erfolgen und diese Nummer dann direkt auf der Urkunde oder dem sonstigen Dokument vermerkt werden. Dies vermeidet Fehler.

219 Ist versehentlich **dieselbe UVZ-Nr. doppelt verwendet** worden, also auf zwei verschiedenen Urkunden vermerkt worden, ist

- wenn die Urkunde **noch nicht in die elektronische Urkundensammlung eingestellt** wurde, die falsch vermerkte UVZ-Nr. auf der Papierurkunde so durchzustreichen, dass sie lesbar bleibt (§ 3 Abs. 2 NotAktVV), und die im UVZ für diese Urkunde tatsächlich vergebene, richtige UVZ-Nr. daneben oder darüber aufzubringen. Hierfür ist die nächste freie UVZ-Nr. des Urkundenverzeichnisses zu verwenden.[30]
- wenn die Urkunde **bereits in die elektronische Urkundensammlung eingestellt** wurde, muss die Korrektur der UVZ-Nr. durch einen entsprechenden Vermerk auf einem gesonderten Blatt niedergelegt werden. Das gesonderte Blatt ist sodann ebenfalls zu scannen, als *„sonstiges Dokument"* in die elektronische Urkundensammlung einzustellen und anschließend mit der Urschrift mit Schnur und Prägesiegel zu verbinden, § 35 Abs. 3 S. 2 und 3 NotAktVV.

> *Hinweis: Veränderungsverbot nach Einstellung in die elektronische Urkundensammlung*
>
> Nach Einstellung einer Urkunde in die elektronische Urkundensammlung dürfen gem. § 35 Abs. 3 S. 1 NotAktVV **keine Vermerke** auf der Urschrift mehr vorgenommen werden.

220 Die Vergabe von Zwischennummern, etwa durch Hinzufügen eines Kleinbuchstabens, ist im UVZ nicht möglich.

> *Praxistipp*
>
> Ist die Urkunde mit der falsch vermerkten UVZ-Nr. **bereits im Umlauf**, wurden also bereits Ausfertigungen und Abschriften hiervon erteilt und ausgehändigt oder versandt oder wurde eine Vermerkurkunde nach § 39 BeurkG (z.B. Unterschriftsbeglaubigung) bereits ausgehändigt oder versandt, und können diese Urkunden nicht nochmals zur Korrektur zurückgeholt werden, ist ernsthaft zu erwägen, auch bei der ersten Urkunde einen Hinweis auf die Doppelverwendung der UVZ-Nr. anzubringen. Dies kann dann durch einen vom Notar niederzulegenden Vermerk auf einem gesonderten Blatt geschehen, in dem auf die Doppelverwendung der UVZ-Nr. hingewiesen werden.
>
> In der Urkundenverwaltung des verwendeten Notarprogrammes sollte auf jeden Fall eine entsprechende Bemerkung auch bei der richtigen Urkunde erfolgen.

f) Fehlervermeidung

221 Es ist ratsam für jede Urkunde bzw. Amtshandlung unmittelbar nach Abschluss der Amtshandlung die UVZ-Nr. zu vergeben und auch gleich die Urkunde damit zu versehen.

Die Nummernvergabe sollte entweder gleich im UVZ selbst oder im verwendeten Notarprogramm erfolgen, da die gängigen **Notarprogramme** ebenso wie das **UVZ-Modul** programmgesteuert gewährleisten, dass keine Nummer doppelt vergeben wird und auch – sofern nicht eine manuelle Eingabe erfolgt – keine Nummer übersprungen wird. Im UVZ-Modul wird bei

30 Merkblatt der BNotK zu UVZ und VVZ, Stand: 23.12.2021, S. 8.

der Erfassung der UVZ-Nr. automatisch die **nächste freie UVZ-Nr.** vorgeschlagen und bei manueller Eingabe **gewarnt bzw. interveniert**, wenn

- eine **Lücke** in der Nummerierung,
- ein Fehler im **Format** der UVZ-Nr. oder
- eine **bereits vergebene** UVZ-Nr.
- verwendet werden soll.

Die Verwendung eines weiteren Nummernbuches, egal, ob auf Papier oder in einem Tabellendokument ist heute nicht mehr sinnvoll, sondern nur Mehraufwand und fehleranfällig. **222**

Da das UVZ-Modul noch nicht alle notwendigen Funktionen einer praxisfähigen Namensverwaltung hat (keine Anbindung an die Finanzbuchhaltung oder die Urkundenerstellung) muss letztendlich sowieso in beiden Programmen die Nummer eingepflegt werden. Besitz das Notarprogramm die genannte Sicherungsfunktion zur korrekten Nummernvergabe und darüber hinaus eine funktionierende Schnittstelle zur Übergabe der UVZ-Daten an XNP, ist es sicherlich am sinnvollsten, zunächst die UVZ-Nr. über das Notarprogramm zu vergeben und später die UVZ-Nr. zusammen mit den weitern notwendigen Daten an XNP zu übergeben. **223**

> *Praxistipp: Umsetzung*
>
> Im Notariat sollte fortwährende Aufgabe eines verantwortlichen Mitarbeiters (samt Vertretung) sein, mindestens wöchentlich im UVZ-Modul zu prüfen, ob bei den Urkunden, die älter als z.B. eine Woche sind, alle UVZ-Nr. lückenlos vergeben sind und die Eintragungen auch den Status *„Eingetragen“* haben.
>
> Lücken bei den UVZ-Eintragungen findet man, wenn man im UVZ-Modul eine neue Eintragung durch Klick auf *„Neu“* beginnt, denn dabei wird von der Software die **kleinste noch offene UVZ-Nr.** angezeigt. Nach dem Erhalt dieser Information bricht man den Vorgang ab und ermittelt, ob die angezeigte Nummer eine länger zurückliegende Lücke bei den UVZ-Nr. zu Tage bringt.

3. Zeitpunkt der Eintragungen

§ 18 NotAktVV – Zeitpunkt der Eintragungen **224**

> Eintragungen in das Urkundenverzeichnis sind zeitnah, spätestens 14 Tage nach der Beurkundung oder der sonstigen Amtshandlung vorzunehmen. Sofern technische Probleme dies verhindern, sind die Eintragungen unverzüglich nach Behebung der technischen Probleme vorzunehmen.

Der Begriff „zeitnah“ bedeutet, dass die Eintragungen so bald wie möglich erfolgen müssen. Deadline ist nach 14 Tagen. Besondere Rechtsfolgen hat eine verspätete Eintragung allerdings nicht.

Das UVZ-Modul in XNP ist so gestaltet, dass die Eintragungen zunächst vorbereitet werden, diese Vorbereitung kann man auch *„Speichern“*. Diese Vorbereitung ist dann noch nicht fest eingetragen, sondern kann noch geändert und ergänzt werden. Die vorgeschriebene **Eintragung i.S.d. § 18 NotAktVV** ist dann erst erfolgt, wenn man die **Funktion** *„Eintragen“* wählt. Somit kann die Eintragung durch eine Verantwortliche Person, dies muss nicht der Notar sein, vorgenommen werden, nachdem sie zuvor durch Zuarbeiter vorbereitet wurde. **225**

> *Hinweis: 14-Tage-Eintragungsfrist gilt auch für spätere Eintragungen*
>
> § 18 NotAktVV gilt auch für spätere Eintragungen, wie insbesondere Ausfertigung oder vollstreckbare Ausfertigungen, die erst später, etwa nach dem Vorliegen erforderlicher Genehmigungen gefertigt werden. Daher sollte auf dem Ausfertigungs-Laufzettel auch vorgesehen sein, dass der ausfertigende Mitarbeiter die entsprechende Eintragung auch im UVZ vornimmt.

4. Querverweise bei Nachtragsurkunden (Verbindungen)

226 **§ 17 NotAktVV – Sonstige Angaben**

(1) Wird durch eine [*Nachtrags*]Urkunde der Inhalt einer anderen [*Vor*]Urkunde berichtigt, geändert, ergänzt oder aufgehoben, so ist bei den Eintragungen zu diesen Urkunden auf die jeweils andere Eintragung zu verweisen.

(2) Zu jeder Eintragung können weitere Angaben aufgenommen werden, soweit diese der Erfüllung der Amtspflichten dienen. Solche Angaben sind strukturiert zu erfassen, soweit die Bundesnotarkammer dies vorsieht.

(Anmerkung: Die kursiven Einfügungen stammen vom Verfasser).

227 Durch Abs. 1 der Norm soll gewährleistet werden, dass bei einem **späteren** Heranziehen einer Urkunde immer auch alle **Veränderungen** erkannt werden, also immer der endgültige Regelungsinhalt ermittelt wird. Außerdem erleichtern sie einfach das schnelle Auffinden aller maßgeblichen Urkunden zu einem Sachverhalt.

Praxistipp: Querverweis = Verbinden

Die gem. § 17 Abs. 1 NotAktVV vorgeschriebenen wechselseitigen Verweise vor Nachtrags- und Vorurkunde werden auch „**Querverweis**" genannt. In XNP heißen Sie nun „**Verbindungen**"

228 Im Einzelnen ist man sich gar nicht so einig, welche Urkunden konkret unter die Verpflichtung des § 17 Abs. 1 NotAktVV fallen. Nach dem Gesetzestext sind eigentlich nur Nachtragsurkunden erfasst, die berichtigen, ändern, ergänzen oder aufheben. Spätere Auflassungsurkunden könnte man immerhin noch unter dem Stichwort „*ergänzen*" einordnen, aber z.B. eine Annahmeerklärung zu einer vorherigen Angebotsurkunde erfüllt keinen der vier Begriffe. Man ist sich aber einig, dass **Urkunden, die in einem engeren sachlichen Zusammenhang zueinander stehen,**[31] auch mit Querverweisen versehen werden dürfen.

Beispiele zu verbindender Urkunden

Verbindungen im UVZ-Modul von XNP **müssen/sollten** insbesondere gesetzt werden bei

- jeder **Nachtragsurkunde** (z.B. Änderung des Kaufpreises, Ergänzung eines vergessenen Stellplatzgrundstücks, Beseitigung von Abwicklungshindernissen);
- **Auflassung** zu einem Grundstückskauf- und Bauträgervertrag bzw. Einigung bei einem Erbbaurechtsvertrag;
- **Identitätserklärung und/oder Messungsanerkennung** bei einem Kaufvertrag über ein noch nicht gebildetes Sondereigentum oder ein Grundstücksteilfläche (wenn mit einer vorläufigen Teilungserklärung ohne Abgeschlossenheitsbescheinigung und amtlichen Aufteilungsplänen bzw. ohne amtlichen FN oder zumindest den FN-Entwurf beurkundet wurde);
- **Aufhebung** eines Vertrages (z.B. Grundstückskaufvertrag, Erbvertrag), aber auch beurkundete **Rücktrittserklärung** (insbesondere beim Erbvertrag);
- **Annahmeurkunde** zu einem Kauf oder Verkaufsangebot;
- Adoptionsantrag und spätere Einwilligungen.

Beispiele nicht zu verbindender Urkunden

Urkunden, die zwar wirtschaftlich zusammenhängen, aber nicht inhaltlich, sind nicht mit Querverweisen zu versehen, so z.B.

- Finanzierungsgrundschuld zu einem Kaufvertrag; kein inhaltlicher, nur ein wirtschaftlicher Zusammenhang);

31 BeckOK-BeurkG/*Echternach*, 10. Ed. 1.3.2024, NotAktVV § 17 Rn 4.

- Bauträgerverträge mit Verweis auf eine gesondert beurkundete Baubeschreibung (oft Bestandteil der Urkunde über die WEG-Begründung); hier besteht zwar ein inhaltlicher Zusammenhang aufgrund der Verweisung, der spätere Bauträgervertrag ist für die ursprüngliche WEG-Begründung und die Baubeschreibung irrelevant). Es erscheint überlegenswert, die Querverweise dann anzubringen, wenn aufgrund entsprechenden Vorbehalts für den Aufteiler in der WEG-Begründung im Bauträgervertrag ein Sondernutzungsrecht der verkauften Einheit zugewiesen wird (dann könnte man die Zuweisung auch finden, wenn sie noch nicht im Grundbuch eingetragen wurde); eine solche Praxis ist dem Autor allerdings nicht bekannt.

Das Vorgehen zur Herstellung der Verbindung ist unterschiedlich je nachdem, ob die Vorurkunde bereits im UVZ erfasst ist oder es sich um eine ältere Vorurkunde handelt, die noch in der Urkundenrolle eingetragen wurde: **229**

- **Umsetzung, wenn die Vorurkunde bereits im UVZ erfasst ist**: Die Querverweise im UVZ werden geschaffen über die Registerkarte „*Verbindungen*" im UVZ-Modul von XNP. Hier genügt es, die UVZ-Verbindung bei einer der beiden Urkunden zu erfassen, das Programm setzt den Gegenverweis dann selbstständig.
- **Umsetzung, wenn die Vorurkunde noch in der Urkundenrolle erfasst wurde**: Ist die Vorurkunde vor dem 1.8.2022 beurkundet worden und folglich nicht im UVZ, sondern in der Urkundenrolle eingetragen, ist ein Verbindungen-Verweis in XNP nicht möglich. Die Vorgabe des § 17 Abs. 1 NotAktVV wird in diesem Fall in der Form umgesetzt, dass bei der Nachtragsurkunde unter der Registerkarte „*Bemerkungen*" **im UVZ** ein entsprechender Eintrag verfasst, z.B. „Auflassung zum Bauträgervertrag vom (…), UR-Nr. (…)". In der **Urkundenrolle** ist bei dem Eintrag der Vorurkunde wie vor dem 1.8.2022 ein Nachtragsverweis zu ergänzen.

Neben den Querverweisen ist die Vorschrift des § 44b BeurkG zu beachten, dergemäß solche Querverweise auch bei den Urschriften der betreffenden Urkunden anzubringen sind (siehe hierzu unten Rdn 392), sofern die Urkunden nicht zusammen verwahrt werden. Vor der Einführung des elektronischen Urkundenarchives am 1.8.2022 wurden diese Verweise auf die Urkunde selbst geschrieben. Dies ist im Hinblick auf den unbedingt erforderlichen Gleichlauf der beiden Urschriften (Papier und elektronisch) nunmehr nach dem Einstellen der elektronischen Urschrift verboten, Zäsurprinzip gem. § 35 NotAktVV, siehe Rdn 460 ff. **230**

Praxistipp: Bemerkungen anstelle von Querverweisen bei Urkunden des Sozius

Die Vorgabe des § 17 Abs. 1 NotAktVV zu **Querverweisen** gilt in einer Sozietät **für jeden Notar getrennt**. Beurkundet der eine Sozius die Vorurkunde und der andere die Nachtragsurkunde, sind keinerlei Verweise oder Verbindungen vorgeschrieben.

Um allerdings die Auffindbarkeit der im gleichen Büro beurkundeten Vorurkunden und Nachträge zu erhöhen, ist es sinnvoll, anstelle der (nicht möglichen) Verbindung in XNP, dort bei der Registerkarte „*Bemerkungen*" einen Vermerk aufzunehmen. Dieser kann bei der Vorurkunde lauten: „Nachtrag siehe UVZ-Nr. (…)", bzw. bei der Nachtragsurkunde „Nachtrag zum Bauträgervertrag UVZ-Nr. (…)". Anders als bei der Funktion „*Verbinden*" wird die Gegenbemerkung natürlich nicht vom Programm gesetzt, vielmehr müssen beide Bemerkungen gesondert erfasst werden.

III. Angaben im UVZ

§ 9 NotAktVV – Angaben im Urkundenverzeichnis **231**

Die Eintragung im Urkundenverzeichnis enthält folgende Angaben:

1. das Datum und den Ort oder die Orte der Beurkundung oder der sonstigen Amtshandlung (§ 10),
2. die Amtsperson (§ 11),
3. die Beteiligten (§ 12),
4. den Geschäftsgegenstand (§ 13),
5. die Urkundenart (§ 14),

6. gegebenenfalls Angaben zu Ausfertigungen (§ 15),
7. gegebenenfalls weitere Angaben zu Verfügungen von Todes wegen (§ 16) und
8. gegebenenfalls sonstige Angaben (§ 17).

1. Datum und Ort der Amtshandlung

a) Datum

232 Das einzugebende Datum ist bei **Niederschriften** nach §§ 8, 16b, 36 oder 38 BeurkG der **Tag der Beurkundung**.

Bei einer **Vermerkurkunde** nach §§ 39, 39a BeurkG, also insbesondere bei Unterschriftsbeglaubigungen, ist das **Datum der Amtshandlung** anzugeben, also der Tag der Erstellung, konkret der Tag, an dem der **Notar den Vermerk** unterschreibt, anzugeben.

Diese Daten werden also dem Urkundeneingang der Niederschrift bzw. dem notariellen Vermerk entnommen.

> *Praxistipp: Richtige Datumsangabe verwenden*
>
> Der Tag, an dem die Unterschrift vor dem Notar geleistet oder anerkannt wurde, spielt hier keine Rolle. Es ist darauf zu achten, dass das **Datum (Ort und Tag) bei der Unterschrift des Notars** und nicht versehentlich das Datum bei der Unterschrift des Rechtsuchenden verwendet wird.

233 Wurde eine Urkunde bei der Vergabe einer UVZ-Nr. vergessen und sind bereits Urkunden des Folgetages (ohne Lücke bei der fortlaufenden Nummerierung) eingetragen, ist die **vergessene Urkunde** unter der **nächsten fortlaufenden Nummer**, aber **unter dem richtigen Datum** nachzutragen. Dies hat **unverzüglich** zu geschehen, nachdem das Versehen bemerkt wird, § 8 Abs. 2 NotAktVV.

> *Hinweis*
>
> Beim Nachtragen einer vergessenen Eintragung ist darauf zu achten, dass als **Datum** der **richtige frühere Tag** eingetragen wird, also der Tag der Beurkundung bzw. Amtshandlung, nicht das aktuelle Datum.

b) Ort

234 **§ 10 NotAktVV – Ortsangabe**

Ist das Amtsgeschäft in der Geschäftsstelle vorgenommen worden, genügt als Ortsangabe die Angabe „Geschäftsstelle". Andernfalls ist die genaue Bezeichnung des Ortes oder der Orte, an dem oder an denen das Amtsgeschäft vorgenommen wurde, einzutragen. Hierbei ist soweit möglich die Anschrift anzugeben.

235 Hat der Notar, wie üblich, in der **Geschäftsstelle** amtiert, ist die Angabe „*Geschäftsstelle*" im UVZ-Modul bei den „*Grunddaten*" einzugeben.

Hat der Notar einen Auswärtstermin wahrgenommen, ist die genaue Bezeichnung des Ortes oder der Orte, an dem oder an denen das Amtsgeschäft vorgenommen wurde, einzutragen.

Die Gesetzesbegründung zur NotAktVV führt hierzu wörtlich aus: „*Der Ort des Amtsgeschäfts wird nun auch im Plural genannt, um klarzustellen, dass bei verschiedenen Orten eines Amtsgeschäfts – etwa Wahrnehmung der Unterschriftsleistung an verschiedenen Orten – alle Orte einzutragen sind. Soweit die Postanschrift des Ortes bekannt ist, ist diese nach Satz 3 anzugeben. Insbesondere bei größeren Anwesen (beispielsweise Altenheimen oder Kliniken) kann es sich aber auch anbieten, genauere Angaben zum Ort des Amtsgeschäfts zu machen. Soweit der Ort über keine Anschrift verfügt, können zum Beispiel Flurstücke benannt werden oder beschreibende Angaben erfolgen.*"[32]

32 BR-Drucks 420/20 (neu), S. 39.

Diese genaue Ortsangabe ermöglicht es der Aufsichtsbehörde des Notars, die Einhaltung der Vorgaben der §§ 10, 10a und 11 BNotO (Amtssitz, Amtsbereich, Amtsbezirk) sowie die richtige Gebührenerhebung der Zusatzgebühren nach Nr. 26002 und 26003 KV GNotKG zu prüfen.

> *Praxistipp: § 10 NotAktVV ist strenger als §§ 9 Abs. 2, 39 BeurkG*
>
> Die gem. § 10 NotAktVV in das UVZ einzutragende Ortsangabe muss nach den Ausführungen des Gesetzgebers genauer sein als die in die Urkunde selbst aufzunehmende Ortsangabe. Es kann deshalb nicht vorausgesetzt werden, dass die Angabe in der Urkunde einfach für das UVZ übernommen werden kann!

2. Angaben zur Amtsperson

§ 11 NotAktVV – Angaben zur Amtsperson 236

Zur Amtsperson sind anzugeben
1. der Familienname,
2. der Vorname oder die Vornamen, soweit diese im Rahmen der amtlichen Tätigkeit üblicherweise verwendet werden, und
3. die Amtsbezeichnung

Diese Vorgabe gilt für jede notarielle Amtsperson, also **Notar, Notarvertreter und Notariatsverwalter.**[33] Damit wird gewährleistet, dass aus für jede Eintragung ersichtlich ist, wer die konkrete Amtshandlung vorgenommen hat. Bis zur Einführung des UVZ waren der Beginn und das Ende jeder **Vertretung** in der Urkundenrolle (§ 33 Abs. 5 Satz 1 DONot a.F.) zu vermerken, Dies infolge dieser Angabe bei der einzelnen UVZ-Nr. nicht mehr erforderlich.

Bei **mehreren Vornamen** sind die nicht geführten Vornamen wegzulassen. Dies gilt genauso auch nach § 2 Abs. 3 der Notarverzeichnis- und -postfachverordnung (NotVPV) für die verpflichtende Eintragung der Amtspersonen in das Notarverzeichnis, wodurch die Übereinstimmung der Angaben im Notarverzeichnis und im UVZ hergestellt wird.

3. Angabe zu den Beteiligten

§ 12 NotAktVV – Angabe der Beteiligten 237

(1) Als Beteiligte sind einzutragen
1. bei **Niederschriften** nach den §§ 8 und 38 des Beurkundungsgesetzes und elektronischen Niederschriften (§ 16b des Beurkundungsgesetzes) die **Erschienenen, deren Erklärungen beurkundet worden sind,**
2. bei **Beglaubigungen** (§§ 39 bis 41 des Beurkundungsgesetzes) diejenigen, welche die Unterschrift, die qualifizierte elektronische Signatur, das Handzeichen oder die Zeichnung **vollzogen oder anerkannt** haben,
3. bei **Vollstreckbarerklärungen** (§ 796c Absatz 1 und § 1053 Absatz 4 der Zivilprozessordnung) die **Parteien,**
4. bei Amtshandlungen nach § 96 Absatz 3 Satz 1 und Absatz 5 Satz 2, § 98 Absatz 2 Satz 1 und § 99 Satz 1 des Sachenrechtsbereinigungsgesetzes die **Beteiligten im Sinne des Sachenrechtsbereinigungsgesetzes,**
5. bei allen **übrigen Beurkundungen** (§§ 36, 39, 39a und 43 des Beurkundungsgesetzes) **diejenigen, welche die Beurkundung veranlasst haben.**

Sind mehr als 20 Beteiligte einzutragen, genügt auch eine **zusammenfassende Bezeichnung**, es sei denn, dass die Beteiligten in den Fällen der §§ 8, 16b oder 38 des Beurkundungsgesetzes Erklärungen zur Niederschrift abgegeben haben.

33 Und auch Notariatsabwickler (§ 114 Absatz 4 der Bundesnotarordnung), die noch Geschäfte der früheren Notare im Landesdienst in Baden-Württemberg abwickeln.

(2) Zu den Beteiligten **sind anzugeben**
1. der Vorname oder die **Vornamen**,
2. der **Familienname**,
3. der **Geburtsname**, wenn dieser nicht der Familienname ist,
4. das **Geburtsdatum** und
5. der **Wohnort**.

Sofern dies zur **Unterscheidung** der Beteiligten erforderlich ist, sind **weitere Angaben** aufzunehmen. Haben Beteiligte in **Vertretung für eine andere Person** gehandelt und wurde dabei in eine Niederschrift oder elektronische Niederschrift statt des Wohnorts eines Beteiligten ein **Dienst- oder Geschäftsort** aufgenommen, so tritt dieser auch im Urkundenverzeichnis an die Stelle des Wohnorts. Bei Beteiligten, die **keine natürlichen Personen** sind, sind statt der in Satz 1 genannten Angaben ihr **Name** und ihr **Sitz** anzugeben.

(3) Zu den Beteiligten **kann angegeben** werden
1. die **Anschrift**,
2. die **steuerliche Identifikationsnummer**,
3. die Wirtschafts-Identifikationsnummer und
4. die **Registernummer**.

(4) Haben Beteiligte in Vertretung für eine andere Person gehandelt, sind neben den Beteiligten **auch die vertretenen Personen aufzuführen**. Absatz 2 Satz 1, 2 und 4 und Absatz 3 gelten insoweit entsprechend. Sind mehr als 20 vertretene Personen aufzuführen, genügt auch eine zusammenfassende Bezeichnung. **Vertretende und vertretene Personen sollen jeweils als solche gekennzeichnet werden**.

(5) In **gesellschaftsrechtlichen Angelegenheiten** ist die **Gesellschaft** auch dann **einzutragen**, wenn sie nicht Beteiligte ist. Absatz 2 Satz 4 und Absatz 3 gelten entsprechend.

(Anmerkung: Die Hervorhebungen stammen vom Verfasser).

a) Wer ist Beteiligter im Sinne des UVZ?

238 Die Definition, wer als Beteiligter in die Niederschrift aufzunehmen ist, ist in § 6 Abs. 2 BeurkG enthalten. Ganz streng genommen sind somit Beteiligte nur **natürliche Personen, die persönlich vor dem Notar Erklärungen abgeben**, sei es im eigenen Namen oder als Vertreter im fremden Namen (**formeller Beteiligtenbegriff**).

Der **Vertretene** gehört also eigentlich nicht zu den Beteiligten, die zwingend mit detaillierten persönlichen Daten in die Niederschrift aufzunehmen sind, es genügt, wenn sich ihre Person aus dem Zusammenhang ergibt (z.B.: „(…) *hier handelnd für seine Mutter* (…)“).

Dies mag überraschen, da es in der notariellen Praxis Übung ist, neben den formell Beteiligten auch die Vertretenen sogleich im Urkundeneingang mit aufzuführen. Darüber hinaus wird es aus Gründen der Rechtssicherheit unerlässlich sein, nicht nur diesen Wirksamkeitsbedingungen zu genügen, sondern auch die „nur“ materiell an der Sache Beteiligten jeweils im Urkundeneingang aufzuführen.[34]

239 *Hinweis: Alle Beteiligten im Urkundeneingang mit ihrer Funktion aufführen*

Mag § 9 Abs. 1 Nr. 1 BeurkG i.V.m. § 6 Abs. 2 BeurkG im Interesse der Aufrechterhaltung der Wirksamkeit der notariellen Urkunde auch zurückhaltend sein, **eine „gute Urkunde“ bezeichnet im Urkundeneingang alle formell und alle materiell an der Urkunde beteiligten natürlichen und juristischen Personen sowie die Art der Vertretung**.

Dies dient der Klarheit und somit dem schnelleren und besseren Verständnis der Urkunde und erleichtert insbesondere den Mitarbeitern, welcher für die Eintragungen in das UVZ zuständig sind, die relevanten Beteiligten zu ermitteln, ohne die Urkunde durchlesen zu müssen.

34 Nichtamtliche Begründung zum endabgestimmten Entwurf der DONot vom 24.11.2021, abrufbar über die Homepage der BNotK.

Gemäß § 12 Abs. 1 i.V.m. Abs. 4 NotAktVV sind **alle vorgenannten Personen** sind auch **in das UVZ als Beteiligte einzutragen**.

> *Achtung!* 240
>
> **Dolmetscher und Zeugen** sind als zur Beurkundung hinzugezogene oder mitwirkende Personen nicht Beteiligte im engen formalen Sinne. Sie sind zwar regelmäßig im Urkundeneingang der der Urkundenniederschrift angegeben (was sie gem. §§ 16 Abs. 3, 22, 24, 25, 29 BeurkG auch sollen), sie sind aber **nicht in das UVZ einzutragen**![35]

b) Vertreter

§ 12 Abs. 4 S. 1 NotAktVV schreibt vor, dass **auch vertretene Personen im UVZ** aufzuführen 241
sind. Dies gilt sowohl für die **gesetzliche** als auch für eine **rechtsgeschäftliche** Vertretung. Wird ein Beteiligter bei einer Beurkundung also von einem **Bevollmächtigten** aufgrund einer Vollmacht vertreten, sind sowohl der **Vollmachtgeber** als auch der **Bevollmächtigte** in das UVZ einzutragen. Gleiches gilt auch bei **vollmachtloser Vertretung**.

> *Praxistipp: Umsetzung*
>
> Vertretende und vertretene Personen sind gem. § 12 Abs. 4 S. 4 NotAktVV im UVZ jeweils als solche **zu kennzeichnen**.
>
> Zusätzlich bietet die Software inzwischen auch die klarstellende Möglichkeit, das **Handeln im eigenen Namen** anzugeben, wovon Gebrauch gemacht werden sollte, damit beim Check vor dem verbindlichen „*Eintragen*" leichter zu erkennen ist, dass an alle Eintragungen gedacht wurde. Im UVZ gibt es hierfür in der Registerkarte „*Beteiligte*" entsprechende Ankreuzkästchen.
>
> Eine **Mehrfachauswahl** ist selbstverständlich möglich, sodass eine in mehreren Funktionen handelnde Person nur einmal angelegt werden muss.

Nach § 5 Abs. 1 S. 5 DONot kann **in der Urkunde** bei Personen, die geschäftlich oder 242
dienstlich auftreten, anstelle von Wohnort und Anschrift die **Geschäfts- bzw. Dienstanschrift (inkl. Ort)** angegeben werden. So insbesondere auch bei Personen, die beruflich oder gewerblich eine Vertretung für eine natürliche Person ausüben, z.B. **Rechtsanwälte, Steuerberater**. Auch bei Parteien kraft Amtes, die dies freiberuflich bzw. gewerblich betreiben, wie insbesondere die **Insolvenzverwalter**, ist dies opportun. Ggf. bietet sich auch der Begriff „**kanzleiansässig**" an.

Die in der Urkunde verwendete Angabe ist auch in das UVZ zu übernehmen, § 12 Abs. 2 S. 3 NotAktVV.

> *Hinweis: Notariatsmitarbeiter mit Dienstort angeben*
>
> Notariatsmitarbeiter, die aufgrund der Vollzugsvollmacht für Urkundsbeteiligte handeln, sind dienstlich tätig und mit der Notariatsadresse anzugeben, sofern sich dies nicht schon aufgrund der Bezeichnung als „*Notariatsmitarbeiter an dieser Notarstelle*" erübrigt. Jedenfalls verbietet sich die Angabe des Wohnortes oder gar der Wohnanschrift.

Geben **andere Bevollmächtigte** Erklärungen ab, sind sie als formell Beteiligte im Grund- 243
satz vollständig entsprechend den vorstehenden Bestimmungen zu bezeichnen, insbesondere ist die **Privatadresse** mitaufzuführen. So z.B. bei **Testamentsvollstreckern** oder **Nachlassverwaltern**, die dieses Amt nicht gewerblich betreiben.

> *Hinweis: Anschriften ermitteln, auch wenn keine Angabe in der Urkunde enthalten ist*
>
> **§ 5 Abs. 1 Satz 4 DONot** erlaubt, dass **in der Urkunde** die **Angabe** der Anschrift, also **der Wohnanschrift** (nicht der Geschäftsanschrift) **einer natürlichen Person unterblei-**

35 BeckOK-BeurkG/*Echternach*, 9. Ed. 1.9.2023, NotAktVV § 12 Rn 4.

ben kann, wenn die Urkunde zur Übermittlung an das Handelsregister oder ein ähnliches Register bestimmt ist. **Für das UVZ sind aber gleichwohl die Daten** (Wohnanschrift oder Dienst- bzw. Geschäftsanschrift) **zu ermitteln und einzutragen**.

c) Eintragung natürlicher Personen

244 § 5 Abs. 1 S. 1 und 2 DONot bestimmen, wie beteiligte **natürliche Personen in Urkunden** zu bezeichnen sind. § 12 Abs. 2 S. 1 und Abs. 3 NotAktVV bestimmen, wie diese **Personen in das UVZ** einzutragen sind.

Stimmen die Vorgaben weitgehend überein, so sind diese in den Urkunden anzugeben und auch in das UVZ einzutragen. Im Einzelnen:

- der Vorname oder die Vornamen,
- der Familienname,
- der Geburtsname (wenn dieser nicht dem Familiennamen gleicht),
- das Geburtsdatum,
- der Wohnort.

245 Die DONot bestimmt, dass in der Urkunde auch die die Anschrift (Straße und Hausnummer sowie ggf. Adresszusätze wie „Seniorenheim (…)“ oder eine Stockwerksangabe) anzugeben ist (ausgenommen bei Urkunden, die zur Übermittlung an das Handelsregister bestimmt sind, § 5 Abs. 1 S. 4 DONot), § 12 Abs. 3 NotAktVV stellt dies frei.

Hinweis: „Anschrift“ i.S.d. DONot

Während der übliche Sprachgebrauch unter „Anschrift“ die gesamte Adresse mit Straße, Hausnummer und Ort samt PLZ versteht, meint die DONot mit „Anschrift“ lediglich die Straßenangabe mit Hausnummer **ohne Wohnort**.

246 Weiterhin können (§ 12 Abs. 3 und Abs. 4 Satz 2 NotAktVV) angegeben werden:

- die steuerliche Identifikationsnummer,
- *die Wirtschafts-Identifikationsnummer* und
- die Registernummer.

Praxistipp: Umsetzung

Es ist kein Grund ersichtlich, warum nicht alle vorgenannten Daten, sofern sie denn vorliegen, in das UVZ eingetragen werden sollten, denn dann sind sie bei einem etwaigen nächsten Mal bereits vollständig verfügbar.

Die Wirtschafts-Identifikationsnummern soll als Identifikationsmerkmal für Steuerzwecke eingeführt werden, bislang wurden jedoch noch keine solchen Nummern vergeben.

d) Bezeichnung juristischer Personen

247 § 5 Abs. 2 DONot enthält die Vorgabe, wie **Gesellschaften** und **juristischen Personen des öffentlichen Rechts in Urkunden** zu bezeichnen sind, nämlich mit

- Namen bzw. Firma,
- ihrer Rechtsform (was sich bei Gesellschaften schon ausreichend aus dem Rechtsformzusatz der Firmierung ergibt),
- Dienst- oder Geschäftsanschrift,
- Sitz (wenn von der Anschrift abweichend),
- **registerführender Stelle und Registernummer** (sofern in einem öffentlichen Register eingetragen).

§ 12 Abs. 2 Satz 4 NotAktVV i.V.m. § 12 Abs. 2 Satz 1 NotAktVV bestimmt hierzu, dass nur **Name bzw. Firma und Sitz in das UVZ** einzutragen sind, die weiteren Angaben sind gem. § 12 Abs. 3 NotAktVV fakultativ, sollten aber natürlich auch mit aufgenommen werden.

Umsetzung in der Praxis: UVZ-Eintragungen bei GmbH & Co. KG

Ist eine **GmbH & Co. KG** an der Beurkundung beteiligt, müssen in das UVZ mit den jeweils zwingend notwendigen Daten eingetragen werden:

- die KG (GmbH & Co. KG) selbst,
- die Komplementär-GmbH und
- der Geschäftsführer der Komplementär-GmbH.[36]

e) Sammelbezeichnungen

Sind **mehr als 20 Beteiligte** einzutragen, genügt nach § 12 Abs. 1 S. 1 NotAktVV eine **zusammenfassende Bezeichnung**. 248

Die Sammelbezeichnung ist jedoch nicht zulässig, wenn diese Beteiligten in den Fällen der §§ 8, 16b oder 38 BeurkG **Erklärungen zur Niederschrift** abgegeben haben.

Beispiel: HR-Anmeldung bei Kommanditgesellschaft

Typischer Anwendungsfall für eine zulässige Sammelbezeichnung ist eine **Handelsregisteranmeldung** bei einer **Publikums-KG.**

Hinweise

Sammelbezeichnungen sind – wenn überhaupt – erst **ab 21 Beteiligten** zulässig. Bei mehr als 20 **vertretenen** Personen ist eine **Sammelbezeichnung** dieser Personen im UVZ zulässig, auch dann, wenn für diese Erklärungen zu einer Niederschrift nach den §§ 8, 16b oder 38 BeurkG abgegeben wurden.[37] § 12 Abs. 4 NotAktVV verweist nämlich nicht auf Abs. 1 und enthält auch in seinem Satz 3 keine § 12 Abs. 1 Satz 1 NotAktVV entsprechende Einschränkung.

f) Gesellschaftsrechtliche Angelegenheiten

Bei gesellschaftsrechtlichen Angelegenheiten ist gem. § 12 Abs. 5 NotAktVV **immer** auch die **Gesellschaft im UVZ** einzutragen. 249

Bei einer Handelsregisteranmeldung sind somit nicht nur die die Handelsregisteranmeldung unterzeichnenden Personen (also Gesellschafter, Geschäftsführer oder Vorstandsmitglieder oder Prokuristen) als Beteiligte hinzuzufügen, sondern auch die **Gesellschaft** mit deren **Firma** und deren **Sitz** anzugeben.

4. Angabe des Geschäftsgegenstandes

§ 13 NotAktVV – Angabe des Geschäftsgegenstands 250

> Der Geschäftsgegenstand ist **stichwortartig** und **hinreichend unterscheidungskräftig** zu bezeichnen. Hat die Bundesnotarkammer für den Geschäftsgegenstand eine **bestimmte Formulierung** vorgesehen, so ist diese zu verwenden.

(Anmerkung: Die Hervorhebungen stammen vom Verfasser).

Der Geschäftsgegenstand ist **stichwortartig** und **hinreichend unterscheidungskräftig** zu bezeichnen.

Die BNotK als Urkundenarchivbehörde hat entsprechend § 13 S. 2 NotAktVV für etliche Geschäftsgegenstände **bestimmte Formulierungen** bestimmt. Diese sind im UVZ-Modul im Registerblatt „*Grunddaten*“ im entsprechenden Auswahlfeld auszuwählen.

Es kann jeweils im Feld „*Zusatz Geschäftsgegenstand*“ ein Zusatz als Freitext beigefügt werden, z.B. wenn die Urkunde **mehrere Geschäftsgegenstände**, enthält. 251

36 *Faßbender*, Notariatskunde, § 2 Rn 22.
37 BR-Drucks 774/21, S. 28.

Praxistipps

Wenn keiner der vorformulierten Gegenstände passt, ist der unterste Gegenstand, nämlich „*Sonstiges*" zu wählen und im Freitextfeld der passende Gegenstand einzutragen. Leider ist die Liste in der Auswahlbox **nicht alphabetisch** sortiert.

Die Auswahl des richtigen Gegenstandes ist wichtig, damit die vom Notar dem Landgerichtspräsidenten jährlich zu übermittelnde **Übersicht über Urkundsgeschäfte** gem. § 7 DONot richtig erstellt wird.

Will man auf die gesamte aktuell gültige **Liste der vorgegebenen Gesellschaftsgegenstände** zugreifen, findet sich diese in XNP, wenn man bei den „*Grunddaten*" einer zu erfassenden Urkunde die **Hilfe** (das Fragezeichensymbol im Kreis) anklickt. In der Hilfe ist sie dann bei den Erläuterungen zum Geschäftsgegenstand zu finden.

Liste der vorgegebenen Geschäftsgegenständen im XNP-Modul (Stand: 1.1.2022)

- Adoptionsantrag
- Anfechtung der Annahme einer Erbschaft
- Anfechtung der Erbausschlagung
- Antrag auf Erteilung eines Erbscheins (mit EV)
- Antrag auf Erteilung eines Europäischen Nachlasszeugnisses (mit EV)
- Antrag auf Erteilung eines Testamentsvollstreckerzeugnisses
- Auflassung
- Ausgliederung
- Bauträgervertrag
- Beteiligungsvertrag
- Betreuungsverfügung/Patientenverfügung
- Dienstbarkeitsbestellung
- Ehevertrag
- Ehe- und Erbvertrag
- Eidesstattliche Versicherung
- Einbringungsvertrag
- Erbauseinandersetzungsvertrag
- Erbausschlagung
- Erbbaurechtsvertrag
- Erbbaurechtskaufvertrag
- Erbteilskaufvertrag
- Erbteilsübertragung
- Erbvertrag
- Erb-/Pflichtteils-/Zuwendungsverzichtsvertrag
- Genehmigung/Vollmachtbestätigung
- Geschäftsanteilsübertragungsvertrag
- Geschäftsanteilsverpfändung
- Gesellschafterbeschluss
- Gesellschafterliste
- Gesellschaftervereinbarung
- Grundbuchberichtigungsantrag
- Grundschuld-/Hypothekenbestellung (mit ZV-Unterwerfung)
- Grundschuld-/Hypothekenbestellung (ohne ZV-Unterwerfung)
- Gründung einer Gesellschaft
- Genossenschaftsregisteranmeldung
- Geschäftsanteilskaufvertrag
- Geschäftsanteilstauschvertrag
- Grundstückskaufvertrag
- Grundstückskaufvertrag (Angebot)
- Grundstückskaufvertrag (Annahme)

- Grundstückstauschvertrag
- Handelsregisteranmeldung
- Hauptversammlungsbeschluss
- Hofübergabe
- Identitätserklärung
- Kaufvertrag
- Löschungsbewilligung
- Löschungszustimmung
- Messungsanerkennung und Auflassung
- Miteigentümervereinbarung
- Nachlassverzeichnis
- Nachtrag/Änderungsurkunde
- Nießbrauchsbestellung
- Partnerschaftsregisteranmeldung
- Prioritätsverhandlung
- Registeranmeldung
- Registervollmacht
- Rücktritt vom Erbvertrag/Widerruf eines gemeinschaftlichen Testaments
- Satzungsbescheinigung
- Scheidungsfolgenvereinbarung
- Schenkungsvertrag
- Schuldanerkenntnis/Schuldversprechen
- Sorgeerklärung
- Spaltungsvertrag/Spaltungsplan
- Tauschvertrag
- Testament (Einzel)
- Testament (gemeinschaftlich)
- Teilungserklärung/Teilungsvertrag nach WEG
- Treuhandvertrag
- Überlassungsvertrag
- Überlassungsvertrag (Grundstück)
- Überlassungsvertrag (Wohnungs-/Teileigentum)
- Übernahmeerklärung (zur Kapitalerhöhung)
- Umwandlungsbeschluss
- Unternehmenskaufvertrag
- Vaterschaftsanerkennung
- Vereinsregisteranmeldung
- Vermächtniserfüllungsvertrag
- Vermögensauseinandersetzung
- Verschmelzungsvertrag
- Verwalterzustimmung
- Vorkaufsrechtsbestellung
- Vollmacht
- Vorsorgevollmacht
- Wohnungs-/Teileigentumskaufvertrag
- Wohnungs-/Teileigentumstauschvertrag
- Zustimmung
- Sonstiges

5. Angabe der Urkundenart

252 **§ 14 NotAktVV – Angabe der Urkundenart**

(1) Als Urkundenarten sind zu unterscheiden

1. Beglaubigungen von Unterschriften, Handzeichen oder qualifizierten elektronischen Signaturen **mit** Anfertigung eines **Urkundenentwurfs**,
2. Beglaubigungen von Unterschriften, Handzeichen oder qualifizierten elektronischen Signaturen **ohne** Anfertigung eines **Urkundenentwurfs**,
3. **Verfügungen von Todes wegen**,
4. **Vermittlungen** von Auseinandersetzungen und
5. sonstige **Beurkundungen und Beschlüsse**.

Ist die Beurkundung mittels **Videokommunikation** oder im Wege der **gemischten Beurkundung** (§ 16e des Beurkundungsgesetzes) erfolgt, so ist dies anzugeben.

(2) Die Bundesnotarkammer kann innerhalb der in Absatz 1 Satz 1 genannten Urkundenarten **weitere Differenzierungen** vorsehen.

(Anmerkung: Die Hervorhebungen stammen vom Verfasser).

253 Die korrekte Angabe der Urkundenart im UVZ ist sehr wichtig. Durch diese Angabe werden etliche Eingabemöglichkeiten in den Untermenüs des UVZ aktiviert oder deaktiviert, sodass man einerseits zu den für die angegebene Urkundenart vorgeschriebenen Eingaben geführt wird, andererseits für die gewählte Urkundenart nicht maßgebliche Eingabemasken nicht angezeigt werden oder Auswahlfelder deaktiviert (ausgegraut) sind.

> *Hinweis: Verfügungen von Todes wegen*
>
> Nur wenn „*Verfügungen von Todes wegen*" als Urkundenart bei beurkundeten **Testamenten, Gemeinschaftlichen Testamenten** und **Erbverträgen** richtig ausgewählt ist, wird dies bei der jährlich zu erstellenden „*Übersicht über Urkundsgeschäfte*" (siehe Rdn 273 ff.) richtig angegeben und nur dann wird die Auswahlbox „Verwahrter Erbvertrag" aktiviert.
>
> Die richtige Angabe bei „*Verwahrter Erbvertrag*" ist wiederum entscheidend dafür, dass ein notariell verwahrter **Erbvertrag** in der „*Übersicht über verwahrte Erbverträge*" ausgewiesen wird, was wiederum Voraussetzung dafür ist, dass der Notar seiner Pflicht nach § 351 FamFG (siehe Rdn 281) zu gegebener Zeit korrekt nachkommen kann.

254 Die BNotK als **Urkundenarchivbehörde** hat von der Möglichkeit des § 14 Abs. 2 NotAktVV Gebrauch gemacht, innerhalb der genannten Urkundenarten **weitere Differenzierungen** vorzusehen. Dies ist geschehen, um den Notaren die gem. § 7 DONot jährlich zu erstellende **Übersicht über Urkundsgeschäfte** zu erleichtern. Bei der Urkundenart „*(Sonstige) Beurkundungen und Beschlüsse*" sind nun gesondert vorgesehen:

- **Anträge** auf Erteilung eines **Erbscheins** oder eines **Europäischen Nachlasszeugnisses** (§ 7 Abs. 2 Nr. 7 DONot);
- **Auflassungserklärungen**, die in einer vom Rechtsgrund getrennten Urkunde beurkundet wurden (§ 7 Abs. 2 Nr. 8 DONot); dies betrifft insbesondere Urkunden über die **Messungsanerkennung und Auflassung** zum Teilflächenkauf und die **Identitätsfeststellung mit Auflassung** zum Bauträgervertrag, wenn dieser unter Verweis auf eine vorläufige Teilungserklärung beurkundet wurde;
- **Bescheinigungen** des Notars (§ 7 Abs. 2 Nr. 9 DONot), dies sind **bescheinigte Gesellschafterlisten** nach § 40 Abs. 2 GmbHG und **Satzungsbescheinigungen** nach § 54 Abs. 1 Satz 2 GmbHG bzw. § 181 Abs. 1 Satz 2 AktG. Bescheinigungen des Notars sind allerdings **nur dann** in der Übersicht über Urkundsgeschäfte extra aufzuführen, wenn die örtliche Landesjustizverwaltung dies entsprechend bekannt gemacht hat.

> *Hinweis*
>
> Mit der Auswahl eines der Geschäftsgegenstände
>
> - Antrag auf Erteilung eines Erbscheins (mit EV),
> - Antrag auf Erteilung eines Europäischen Nachlasszeugnisses (mit EV),

- Auflassung oder
- Messungsanerkennung und Auflassung

wird der Gegenstand in der Übersicht über Urkundsgeschäfte **gesondert ausgewiesen**, sodass diese den Anforderungen des § 7 Abs. 2 Nr. 7 und Nr. 8 DONot entspricht).[38]

6. Angaben zu Ausfertigungen

§ 15 NotAktVV – Angaben zu Ausfertigungen 255

Wird von einer Urkunde eine **Ausfertigung** erteilt, so ist zu vermerken, **wem** und **an welchem Tag** die Ausfertigung erteilt worden ist. Handelt es sich bei der Ausfertigung um eine **vollstreckbare Ausfertigung** oder eine **weitere vollstreckbare Ausfertigung**, so ist dies ebenfalls zu vermerken.

(Anmerkung: Die Hervorhebungen stammen vom Verfasser).

Bei Urkunden aus der Zeit vor dem 1.1.2022 finden sich diese Angaben „*Auf der Urschrift*" (§ 49 Abs. 4 BeurkG a.F.) bzw. meist auf einem angenähten gesonderten Blatt. Wird zu einer solchen älteren Urkunde eine (vollstreckbare) Ausfertigung erteilt, ist der Vermerk immer noch auf die Urschrift bzw. das angenähte Blatt zu setzen.

Praxistipp: Umsetzung

Für den Vermerk ist die Karteikarte „*Ausfertigungen*" im XNP-Modul „*Urkundenverzeichnis*" vorgesehen. Die Angaben sind mit großer Sorgfalt vorzunehmen, besonders bei den vollstreckbaren Ausfertigungen!

Als **Empfänger** ist die Person anzugeben, der die Ausfertigung erteilt wird, also auf deren Namen sie ausgestellt wird, auch wenn sie an jemand anderen versandt wird.

Bei einer (Vorsorge-)**Vollmacht** wird die Ausfertigungen für den **Bevollmächtigen** oft nicht an diesen, sondern an den Vollmachtgeber gesandt, damit dieser erst durch spätere Aushändigung der Vollmachtausfertigungen die Wirkungen des § 172 BGB zu einem ihm geeignet erscheinenden Zeitpunkt herbeiführen kann. Dieser Umstand der Versendung an eine andere Person kann in der Registerkarte „*Ausfertigungen*" bei „*Bemerkung*" gesondert erfasst werden.

7. Weitere Angaben bei Verfügungen von Todes wegen

§ 16 NotAktVV – Weitere Angaben bei Verfügungen von Todes wegen 256

(1) Ist Gegenstand der Eintragung eine Verfügung von Todes wegen, deren Verbringung in die besondere amtliche Verwahrung der Notar veranlasst hat (§ 34 Absatz 1 und 2 des Beurkundungsgesetzes), so ist zu dieser Eintragung **die Verbringung der Verfügung von Todes wegen in die besondere amtliche Verwahrung unter Angabe des Datums zu vermerken**.

(2) Ist Gegenstand der Eintragung ein **notariell verwahrter Erbvertrag**, so ist dies zu **vermerken**.

(3) **Zu der Eintragung** eines **notariell verwahrten Erbvertrags** sind **jeweils unter Angabe des Datums zu vermerken**

1. dessen **nachträgliche Verbringung in die besondere amtliche Verwahrung** des Amtsgerichts,
2. dessen **Rückgabe aus der notariellen Verwahrung** und
3. dessen **Ablieferung an das Amtsgericht** nach Eintritt des Erbfalls.

(Anmerkung: Die Hervorhebungen stammen vom Verfasser).

Dies betrifft alle Verfügungen von Todes wegen, also notariell beurkundete **Testamente, Gemeinschaftliche Testamente** und **Erbverträge**.

38 Zitat aus der Onlinehilfe zu XNP (Abruf 7.4.2024).

257 *Hinweis: Amtliche oder notarielle Verwahrung nach dem BeurkG*

§ 34 Abs. 1 BeurkG schreibt dem Notar vor, jedes notariell errichtete **Testament** in die **besondere amtliche Verwahrung beim Amtsgericht** zu bringen.

Für **Erbverträge** gilt das gem. § 34 Abs. 2 BeurkG dieser Norm entsprechend, sofern nicht die Vertragsschließenden die **besondere amtliche Verwahrung ausschließen**, woraufhin der Erbvertrag gem. § 34 Abs. 3 BeurkG ausdrücklich in der notariellen Verwahrung bleibt.

Praxistipp: Umsetzung

Im UVZ-Modul von XNP wird der nach § 16 Abs. 2 vorgeschriebene Vermerk auf der Registerkarte „*Grunddaten*" durch Auswahl von „*Verfügungen von Todes wegen*" bei „*Urkundenart*" und **Haken** bei „*Verwahrter Erbvertrag*" gesteuert.

258 Die Vorgaben des § 16 Abs. 3 NotAktVV sind bei einem notariell verwahrten Erbvertrag zu beachten! Hieran ist bei dessen

- **nachträglicher Verbringung** in die besondere amtliche Verwahrung beim Amtsgericht,
- **Rückgabe** aus der notariellen Verwahrung (wodurch er unwirksam wird) oder
- **Ablieferung** nach dem Tod eines Erblassers

unbedingt zu denken.

Praxistipp: Umsetzung

Der Vermerk der nachträglichen Änderungen bei einem notarielle verwahrten Erbvertrag funktioniert im UVZ-Modul von XNP „*Urkundenverzeichnis*" in der Weise, dass das **Haken** aus der Ankreuzmöglichkeit „*Verwahrter Erbvertrag*" **nachträglich entfernt** wird und in dem durch § 20 Abs. 1 Nr. 1 NotAktVV vorgeschriebenen **Korrekturvermerk**, der bei der Eintragung der nachträglichen Veränderung durch die Software erzeugt wird, die gem. § 16 Abs. 3 NotAktVV vorgeschriebenen Daten im Freitextfeld eingetragen werden. ergänzt werden.

Die Korrekturvermerke, die auch jeweils das Datum der Veränderung angeben müssen, können z.B.:

- „*Rückgabe aus der notariellen Verwahrung an die Vertragsschließenden am (…) auf deren Verlangen hin.*"
- „*Ablieferung an das Amtsgericht (…) am (…) nach Sterbefallnachricht bezüglich (…) (Name des Verstorbenen) vom (…).*"

In der **Onlinehilfe von XNP** findet sich u. A. der Artikel „**Besonderheiten bei Verfügungen von Todes wegen**", mit einer Vielzahl an hilfreichen Hinweisen für die Praxis.

8. Sonstige Angaben

259 **§ 17 NotAktVV – Sonstige Angaben**

(1) Wird durch eine [*Nachtrags*]**Urkunde** der Inhalt einer anderen [*Vor*]Urkunde berichtigt, geändert, ergänzt oder aufgehoben, so ist bei den Eintragungen zu diesen Urkunden auf die jeweils andere Eintragung zu **verweisen**.

(2) Zu jeder Eintragung können **weitere Angaben** aufgenommen werden, soweit diese der Erfüllung der Amtspflichten dienen. Solche Angaben sind strukturiert zu erfassen, soweit die Bundesnotarkammer dies vorsieht.

(Anmerkung: Die Hervorhebungen und kursiven Einfügungen stammen vom Verfasser).

a) Nachtragsbeurkundungen

Zu den Querverweisen bei Nachtragsurkunden (Nachtragsbeurkundungen) siehe unten Rdn 394 f. 260

b) Weitere Angaben

Zu den möglichen strukturierten weiteren Angaben gem. § 17 Abs. 2 S. 2 NotAktVV gehören Vermerke über **steuerliche Anzeigen** und **Zentralen Testamentsregister (ZTR) und Zentralen Vorsorgeregister (ZVR)**. Diese freiwilligen Angaben sind aufgrund der strukturierten Vorgabe nur an den dafür im UVZ-Modul vorgesehenen Stellen aufzunehmen. Werden solche Angaben noch nach der Ersteintragung vorgenommen, führt dies nicht zu einem vom Notar zu bestätigenden Korrekturvermerk, § 20 Abs. 2 Nr. 2 NotAktVV. 261

Hinweis

Die Erfassung der Anzeige gegenüber dem Finanzamt im UVZ ersetzt **nicht** den **Vermerk bei der Urschrift** (s. z.B. § 18 Abs. 4 GrEStG), weshalb in diesen Fällen ein gesondertes Steuervermerkblatt (siehe folgenden Formulierungsvorschlag) zu erstellen ist, das einerseits als Scan zusätzlich im UVZ-Modul von XNP bei der Registerkarte „*Dokumente*" und „*Sonstige Dokumente*" zu importieren (elektronische Fassung eins Papierdokumentes) ist und andererseits an die Papierurschrift anzunähen ist.

▼

Muster 2.5: Steuervermerkblatt

Vermerkblatt über die Erfüllung der steuerlichen Anzeigenpflichten

zu UVZ-Nr.

Die Anzeige an
- ☐ die Grunderwerbsteuerstelle beim
  - ☐ FA erfolgt am
  - ☐ FA erfolgt am
  - ☐ FA erfolgt am
- ☐ die Erbschaft-/Schenkungsteuerstelle beim
  - ☐ FA erfolgt am
  - ☐ FA erfolgt am
  - ☐ FA erfolgt am
- ☐ das Finanzamt am Sitz der Gesellschaft gem. § 54 EStDV an das
  - ☐ FA erfolgt am

▲

Weitere Angaben, die nicht bereits auf den dafür vorgesehenen Registerkarten (also in „strukturierter Form") vorgesehen sind, können unter der Registerkarte „*Bemerkungen*" erfasst werden. Dies aber nur, soweit dies zur Erfüllung der Amtspflichten dienlich ist. 262

Beispiel

Beurkundet ein Notarsozius die Vorurkunde und der andere Sozius die Nachtragsurkunde, sind Verbindungen nicht möglich. Um allerdings die Auffindbarkeit der im gleichen Büro beurkundeten Vorurkunden und Nachträge zu erhöhen, ist es sinnvoll in XNP bei der Registerkarte „*Bemerkungen*" jeweils einen Vermerk aufzunehmen. Dieser kann bei der Vorurkunde lauten: „*Nachtrag siehe UVZ-Nr. (...)*", bzw. bei der Nachtragsurkunde „*Nachtrag zum Bauträgervertrag UVZ-Nr. (...)*". Anders als bei der Funktion „*Verbinden*" wird die Gegenbemerkung natürlich nicht vom Programm gesetzt, vielmehr müssen beide Bemerkungen gesondert erfasst werden.

9. Persönliche Bestätigung

263 **§ 20 NotAktVV – Persönliche Bestätigung**

(1) 1Durch den **Notar persönlich bestätigt** werden müssen
1. **Änderungen und Zusätze**, die eine Eintragung im Urkundenverzeichnis betreffen, und
2. **Angaben zu Ausfertigungen** (§ 15), unabhängig davon, wann diese erteilt werden.

Der Inhalt von Änderungen oder Zusätzen und das Datum ihrer Vornahme müssen dauerhaft dokumentiert werden.

(2) **Einer persönlichen Bestätigung nach Absatz 1 bedürfen nicht**
1. die Löschung von Verzeichnisinhalten nach Ablauf der Aufbewahrungsfrist,
2. die Hinzufügung von weiteren Angaben zu Verfügungen von Todes wegen nach § 9 Nummer 7, soweit es sich um Angaben nach § 16 Absatz 1 handelt, und von weiteren Angaben nach § 9 Nummer 8 oder
3. **Änderungen und Zusätze sowie Angaben zu Ausfertigungen**, **bei denen** aus dem Urkundenverzeichnis jederzeit nachvollziehbar ist,
   a) **durch wen** sie erfolgt sind,
   b) **wann** sie erfolgt sind und
   c) **welchen Inhalt** sie haben.

(Anmerkung: Die Hervorhebungen stammen vom Verfasser).

264 § 20 Abs. 1 NotAktVV normiert den Grundsatz, dass
- **Änderungen** und **Zusätze**, die eine **Eintragung im Urkundenverzeichnis** betreffen, und
- **Angaben zu Ausfertigungen** (§ 15 NotAktVV), unabhängig davon, wann diese erteilt werden.

durch den **Notar persönlich** bestätigt werden müssen.

Allerdings erlaubt § 20 Abs. 3 NotAktVV, die (technische) **Berechtigung an Mitarbeitende vergeben** zu vergeben, Änderungen und Zusätze sowie Angaben zu Ausfertigung zu bestätigen.[39] **Hiervon hat die BNotK bislang jedoch nur bezüglich Vermerken über die Erteilung von Ausfertigungen Gebrauch gemacht**

> *Praxistipp: Umsetzung*
>
> Wurde dem entsprechenden Mitarbeiter die **Berechtigung zur Bestätigung von Ausfertigungen erteilt**, und trägt dieser eine nachträgliche Ausfertigungserteilung ein, wird diese Eintragung unmittelbar **mit ihrer Eintragung bestätigt** und sofort mit dem Status „*Bestätigt*“ versehen.
>
> Wird diese nachträgliche Ausfertigungserteilung hingegen von einem **Mitarbeiter ohne Berechtigung** vermerkt, wechselt der Status des UVZ-Eintrags auf „*Zu bestätigen*“.

265 Die durch § 20 Abs. 1 S. 2 NotAktVV vorgeschriebene dauerhafte Dokumentation der Vornahme von **Inhaltsänderungen oder Zusätzen** setzt die XNP-Software in der Weise um, dass die entsprechende Änderung in einem **bestätigungspflichtigen Korrekturvermerk mit Datum dokumentiert** wird. Anders als bei den Angaben zu Ausfertigungen kann diese Berechtigung technisch bislang **nicht auf Mitarbeiter delegiert** werden.

Ist eine Bearbeitung an einem bereits in das Urkundenverzeichnis eingetragenen UVZ-Eintrag erforderlich, so erzeugt das XNP-Modul einen **zu bestätigenden Korrekturvermerk**.

266 Die Dokumentation solcher Änderungen erfolgt in der Registerkarte „*Vermerke*“ **in der Form von Korrekturvermerken** und umfasst im Einzelnen:
- das Datum der Änderung,
- die ändernde Aktion,
- die Registerkarte, bei der die Änderung vorgenommen wurde,

39 Merkblatt der BNotK zu UVZ und VVZ, Stand: 23.12.2021, S. 12 i.V.m. S. 3 und 4; BeckOK-BeurkG/*Echternach*, 10. Ed. 1.3.2024, NotAktVV § 20 Rn 4.

- das geänderte Datenfeld,
- den alten Eintrag vor der Änderung,
- den neuen Eintrag nach der Änderung),
- den Grund der Änderung (dieser ist durch den ändernden Nutzer als Freitext einzugeben),
- das Datum der Bestätigung durch den Notar,
- die Person des bestätigenden Notars.

IV. Jahresabschluss UVZ – Export der Eintragungen

1. Durchführung des Jahresabschlusses

Nach Abschluss eines Kalenderjahres sind im Notariat einige besondere Handlungen vorzunehmen. Die Funktion „*Jahresabschluss*" im UVZ-Modul in XNP unterstützt dabei. 267

> *Praxistipps: UVZ-Jahresabschluss in XNP*
>
> In der XNP-Anwendung ist der „*Jahresabschluss*" in der linken vertikalen Navigationsleiste als Unterpunkt beim Modul „*Urkundenverzeichnis*" zu finden.
>
> In der BNotK-Onlinehilfe findet sich ein Erklärfilm zur Erstellung von Übersichten unter folgendem Link: *https://onlinehilfe.bnotk.de/einrichtungen/elektronisches-urkundenarchiv/urkundenverzeichnis-uvz/erklaerfilme.html#c21166.*[40]

Neben dem Export der **Eintragungen in das UVZ** und deren Änderungen (siehe unten § 19 NotAktVV) sind auch die folgenden weiteren Exporte, welche die Durchführung des Jahresabschlusses im Notariat erheblich erleichtern, möglich: 268

- **Übersicht über Urkundsgeschäfte** (§ 7 DONot),
- **Übersicht verwahrter Erbverträge**,
- **Übersicht über Beteiligte**.

Diese Exporte kann der Notar selbst oder ein dafür berechtigter Mitarbeiter erstellen. Es ist aber auch möglich, diese Jahresabschlussexporte wie früher durchzuführen, also insbesondere über die jeweilige Notarsoftware.

2. Export der UVZ-Eintragungen

> **§ 19 NotAktVV – Export der Eintragungen** 269
>
> (1) **Nach Abschluss jedes Kalenderjahres** sind die Eintragungen, die für dieses Kalenderjahr im Urkundenverzeichnis vorgenommen wurden, **zeitnah in eine Datei zu exportieren**. Die Datei ist mit der **qualifizierten elektronischen Signatur des Notars** zu versehen.
>
> (2) Die in die Datei exportierten Eintragungen sind bis zum Ablauf ihrer jeweiligen **Aufbewahrungsfristen** zu speichern. Die Speicherung hat im Elektronischen Urkundenarchiv zu erfolgen, wenn die Bundesnotarkammer eine besondere Funktion dafür vorsieht.
>
> (3) Werden an den Eintragungen im Urkundenverzeichnis **Änderungen** vorgenommen, sodass diese nicht mehr mit den in die Datei exportierten Eintragungen übereinstimmen, sind die Eintragungen **erneut zu exportieren**. Die Absätze 1 und 2 gelten insoweit entsprechend. Die Datei mit den früher exportierten Eintragungen bleibt gespeichert. Es genügt, wenn der erneute Export nur die Eintragungen umfasst, an denen die Änderungen vorgenommen wurden.

(Anmerkung: Hervorhebungen durch den Verfasser).

40 Stand April 2024.

a) Export für das vergangene Kalenderjahr

270 Die Vorgabe des § 19 NotAktVV ermöglicht **den jederzeitigen Zugriff** auf die Eintragungen der zurückliegenden Jahrgänge. Dies dient vor allem der Datensicherung, sollte der Zugriff auf den Datenbestand bei der BNotK gestört sein.[41]

Der Export ist durch die Amtsperson herzustellen und zu signieren, die im maßgeblichen Zeitpunkt nach Ablauf eines Kalenderjahres die für die Verwahrung zuständige Stelle ist. Dies gilt vor allem auch für im zu berichtenden Kalenderjahr zur Verwahrung übernommene Eintragungen eines vorhergehenden Amtsinhabers. Die Datei ist mit der **qualifizierten elektronischen Signatur** zu versehen.

Nach § 19 Abs. 2 NotAktVV ist die Datei bis zum Ablauf der **Aufbewahrungsfrist von 100 Jahren** (§ 50 Abs. 1 Satz 1 Nr. 1 NotAktVV) **zu speichern**.

Die Speicherung hat im Elektronischen Urkundenarchiv zu erfolgen, wenn die BNotK eine besondere Funktion dafür vorsieht, was aktuell noch nicht der Fall ist. Daher ist die **Datei vom Notar lokal zu speichern und aufzubewahren**. Zum Ende einer Amtstätigkeit ist sie an den Aktenverwahrer, regelmäßig der nachfolgende Notar an der Notarstelle, zu übergeben.

b) Export von Änderungen

271 Werden an den Eintragungen im Urkundenverzeichnis nach deren Export **Änderungen an den zuvor exportierten Daten** vorgenommen, sind die Eintragungen **erneut zu exportieren**. Die Datei mit den früher exportierten Eintragungen muss unverändert gespeichert und aufbewahrt bleiben.

272 Der erneute Export muss nur die Eintragungen umfassen, an denen **Änderungen vorgenommen** wurden und er muss erst nach dem Ende des Kalenderjahres, in dem die Änderung vorgenommen wurde, erstellt werden. Somit können in einer Änderungs-Exportdatei alle Änderungen des betreffenden Kalenderjahres zusammengefasst werden[42] und zwar alle Änderungen, die in diesem Kalenderjahr vorgenommen wurden, unabhängig davon, ob sie den UVZ-Jahrgang des Vorjahres oder frühere UVZ-Jahrgänge betrafen.[43]

> *Praxistipp: Änderungs-Export im XNP-Modul erstellen*
>
> Das XNP-Modul „*Urkundenverzeichnis*" unterstützt auch diesen Änderungs-Export. Hierzu ist beim Menüunterpunkt „*Jahresabschluss*" zusätzlich zu der Checkbox „*Jahresexport – Urkundenverzeichnis*" die Checkbox „*zzgl. Änderungen*" anzuhaken. Dann wird zusätzlich zum Jahresexport (siehe vorstehend Rdn 270) eine weitere Exportdatei generiert, die nur die Änderungen beinhaltet, die im vorherigen Kalenderjahr vorgenommen wurden (gleich, welches Kalenderjahr sie betreffen).

3. Übersicht über Urkundsgeschäfte

273 **§ 7 DONot – Übersicht über Urkundsgeschäfte**

(1) Die Notarin oder der Notar hat **nach Abschluss eines jeden Kalenderjahres** eine Übersicht über Urkundsgeschäfte **nach dem Muster 1** aufzustellen und der **Präsidentin oder dem Präsidenten des Landgerichts** sowie **der Notarkammer** bis **zum 31. Januar** zu übermitteln (§ 16).

41 BeckOK-BeurkG/*Echternach*, 10. Ed. 1.3.2024, NotAktVV § 19 Rn 1.

42 BeckOK-BeurkG/*Echternach*, 10. Ed. 1.3.2024, NotAktVV § 19 Rn 7.

43 *https://onlinehilfe.bnotk.de/einrichtungen/elektronisches-urkundenarchiv/urkundenverzeichnis-uvz/jahresabschluss-durchfuehren/exporte-und-uebersichten-zum-jahresabschluss.html*, dort unter Ziffer 2.2.

(2) Bei der Aufstellung der Übersicht ist zu beachten:

1. Es sind alle in das Urkundenverzeichnis eingetragenen **Beurkundungen und Beschlüsse** sowie die **Wechsel- und Scheckproteste** aufzunehmen; jede Urkunde ist nur einmal zu zählen.
2. Unter Nummer 1 sind alle in das Urkundenverzeichnis eingetragenen Beurkundungen und Beschlüsse aufzunehmen.
3. Unter Nummer 1 Buchstabe a sind alle **Beglaubigungen von Unterschriften, Handzeichen oder qualifizierten elektronischen Signaturen** aufzunehmen, wobei in Beglaubigungen **mit Anfertigung eines Urkundenentwurfs** und **ohne Anfertigung eines Urkundenentwurfs** aufzugliedern ist; Urkundenentwürfe sind nur dann aufzunehmen, wenn die Notarin oder der Notar Unterschriften oder Handzeichen darunter oder qualifizierte elektronische Signaturen des Entwurfs beglaubigt hat.
4. Unter Nummer 1 Buchstabe b sind alle **Verfügungen von Todes wegen** aufzunehmen.
5. Unter Nummer 1 Buchstabe c sind alle vom Gericht überwiesenen **Vermittlungen von Auseinandersetzungen (förmliche Vermittlungsverfahren)** und die in das Urkundenverzeichnis eingetragenen **Beurkundungen und Beschlüsse nach dem Sachenrechtsbereinigungsgesetz** (§ 7 Absatz 1 Nummer 5 NotAktVV) aufzunehmen.
6. Unter Nummer 1 Buchstabe d sind **sonstige Beurkundungen und Beschlüsse** aufzunehmen; hierunter fällt auch die Beurkundung eines Auseinandersetzungsvertrages, dem kein förmliches Verfahren vorausgegangen ist.
7. Unter Nummer 1 Buchstabe d Doppelbuchstabe aa sind alle in den sonstigen Beurkundungen und Beschlüssen enthaltenen **Anträge auf Erteilung eines Erbscheins oder eines Europäischen Nachlasszeugnisses** aufzunehmen.
8. Unter Nummer 1 Buchstabe d Doppelbuchstabe bb sind alle in den sonstigen Beurkundungen und Beschlüssen enthaltenen **Auflassungserklärungen** aufzunehmen, **die in einer vom Rechtsgrund getrennten Urkunde beurkundet wurden.**
9. Sofern die Landesjustizverwaltung dies entsprechend bekanntgemacht hat, sind unter Nummer 1 Buchstabe d in einem weiteren Doppelbuchstaben cc alle in den sonstigen Beurkundungen und Beschlüssen enthaltenen **Bescheinigungen** der Notarin oder des Notars aufzunehmen.
10. Unter Nummer 2 sind **Wechsel- und Scheckproteste** aufzunehmen.

(3) Ist eine Notarin oder ein Notar im Laufe des Jahres ausgeschieden oder ist der Amtssitz verlegt worden, so ist die Übersicht der Geschäfte von der Stelle (Notariatsverwalterin oder Notariatsverwalter, Notarkammer, Notarin oder Notar) aufzustellen, welche die Akten und Verzeichnisse in Verwahrung genommen hat. Für Notariatsverwalterinnen und Notariatsverwalter ist die Übersicht besonders aufzustellen; Satz 1 gilt entsprechend.

§ 16 DONot – An die Aufsichtsbehörden zu übermittelnde Dokumente

(1) Die Notarin oder der Notar hat der **Präsidentin oder dem Präsidenten des Landgerichts** turnusmäßig insbesondere folgende Dokumente zu übermitteln:

1. die **jährliche Übersicht über Urkundsgeschäfte** (§ 7);
2. (…)

(2) (…)

(3) Die Übermittlung bedarf der **Schriftform**. Diese kann im Einvernehmen mit der Aufsichtsbehörde durch die **elektronische Form** ersetzt werden. Ist ein **Muster zu verwenden**, darf dieses im Format (z.B. Hoch- oder Querformat, Breite der Spalten) geändert werden. Abweichungen von der inhaltlichen Gestaltung bedürfen der Genehmigung der Aufsichtsbehörde.

§ 20 DONot – Übergangsvorschriften

(1) Die §§ 7 und 9 sind **erstmals auf Übersichten über Urkunds-** und Verwahrungs**geschäfte des Kalenderjahres 2022** anzuwenden. Für Übersichten über die Urkunds- und die Verwahrungsgeschäfte des Kalenderjahres 2021 gelten die §§ 24 und 25 der Dienstordnung für Notarinnen und Notare in der bis zum 31.12.2021 geltenden Fassung fort.

(2) (…).

(Anmerkung: Die Hervorhebungen stammen vom Verfasser).

Gemäß § 7 Abs. 1 DONot ist bis **zum 31.1.** eines jeden Jahres eine **Übersicht über die Urkundsgeschäfte des vorherigen Kalenderjahres** nach dem Muster 1 der DONot zu erstellen und der/dem **LG-Präsidentin/en** und auch der **Notarkammer** zu übermitteln. 274

275 Ein Formular gemäß dem **Muster 1 der DONot** sieht wie folgt aus:

▼

Muster 2.6: Jährliche Übersicht über Urkundsgeschäfte

An die/den

Frau Präsidentin/Herrn Präsidenten des Landgerichts

in (*Ort*)

Übersicht über Urkundsgeschäfte

der Notarin/des Notars (*Name*)

Amtsgerichtsbezirk (*Ort*)

Amtssitz (*Ort*)

im Kalenderjahr

– in der Zeit vom bis *) –

Die Richtigkeit bescheinigt

 (*Ort*), den (*Datum*)

 (*Unterschrift Notar*)

				Zahl	
1.	Summe aller Beurkundungen und Beschlüsse nach dem Urkundenverzeichnis				
	Davon:				
	a)	Beglaubigungen von Unterschriften oder Handzeichen			
		aa)	mit Anfertigung eines Urkundenentwurfs		
		bb)	ohne Anfertigung eines Urkundenentwurfs		
	b)	Verfügungen von Todes wegen			
	c)	Vermittlungen von Auseinandersetzungen**)			
	d)	Sonstige Beurkundungen und Beschlüsse***)			
		Davon:			
		aa) Anträge auf Erteilung eines Erbscheins oder eines Europäischen Nachlasszeugnisses			
		bb) In getrennter Urkunde beurkundete Auflassungserklärungen			
		cc) Bescheinigungen des Notars****)			
2.	Wechsel- und Scheckproteste				
3.	Zusammen:				

Die Richtigkeit bescheinigt

, den *****)

(Notarin/Notar)

Anmerkungen:

*) Entfällt, falls die Notarin oder der Notar während des ganzen Kalenderjahres im Amt war.

**) Einschließlich der in das Urkundenverzeichnis eingetragenen Beurkundungen und Beschlüsse nach dem Sachenrechtsbereinigungsgesetz (§ 7 Abs. 1 Nr. 5 NotAktVV).

***) Einschließlich der in das Urkundenverzeichnis eingetragenen Vollstreckbarerklärungen nach der Zivilprozessordnung (§ 7 Abs. 1 Nr. 4 NotAktVV).

****) Ist nur aufzunehmen, wenn die Landesjustizverwaltung dies bekanntgemacht hat (§ 7 Abs. 2 Nr. 9).

*****) Entfällt bei Ersetzung durch elektronische Form (§ 16 Abs. 3 Satz 2).

Merke!

Der Notar hat mit seiner Unterschrift die Richtigkeit der Angaben in der Übersicht zu bescheinigen. Das Siegel ist nicht beizufügen.

Die Erstellung der Übersicht kann (auch) im UVZ-Modul von XNP erledigt werden, wobei der damit generierte Export vollständig dem vorstehenden Muster entspricht. Wichtig ist hierfür insbesondere, dass im Laufe des Berichtsjahres sowohl die „*Urkundenart*" bei den Grunddaten jedes UVZ-Eintrages richtig angegeben wurde als speziell auch 276

- jeder **Antrag auf Erteilung eines Erbscheins (mit EV)** bzw. **Antrag auf Erteilung eines Europäischen Nachlasszeugnisses (mit EV)** sowie
- jede in getrennter Urkunde beurkundeten **Auflassung** bzw. **Messungsanerkennung und Auflassung**

richtig im „*Geschäftsgegenstand*" des jeweiligen UVZ-Eintrags **angegeben** wurde, denn diese Einträge werden von XNP für die Erstellung der Urkundenübersicht ausgewertet.

Umsetzung im Notariat: 277

Enthält eine Urkunde sonstige Beurkundungen und Verfügungen von Todes wegen, wie insbesondere der typische Ehe- und Erbvertrag, so ist diese Urkunde nur einmal als Urkundsgeschäft zu berücksichtigen, vorzugsweise unter 1b (Verfügungen von Todes wegen).

Erb- und Pflichtteilsverzichte sind keine Verfügungen von Todes wegen und daher unter 1d) einzutragen.

Hat die örtlich zuständige Landesjustizverwaltung bekannt gemacht, dass **Bescheinigungen des Notars** gesondert auszuweisen sind (§ 7 Abs. 2 Nr. 9 DONot), muss bei solchen Bescheinigungen immer korrekt die „*Urkundenart*" in den Grunddaten des UVZ-Eintrages richtig angegeben werden und beim Erstellen des Exports im sich öffnenden Reiter „*Übersicht über Urkundsgeschäfte*" bei „*Bescheinigungen der Notarin oder des Notars*" unter Ziffer 1. d) cc) ein Haken gesetzt sein. 278

Bescheinigungen des Notars im vorgenannten Sinne sind jede 279

- bescheinigte **Gesellschafterliste** nach § 40 Abs. 2 GmbHG
- **Satzungsbescheinigung** nach § 54 GmbHG oder § 181 AktG.[44]

Praxistipp: Erfassen von Wechsel- und Scheckprotesten 280

Wechsel- und Scheckproteste (§ 7 Abs. 2 Nr. 10 DONot) ermittelt XNP nicht, sie müssen händisch eingetragen werden.

4. Übersicht über verwahrte Erbverträge – Ermittlungsverfahren nach § 351 FamFG

§ 351 FamFG – Eröffnungsfrist für Verfügungen von Todes wegen 281

Befindet sich ein Testament, ein gemeinschaftliches Testament oder ein **Erbvertrag** seit **mehr als 30 Jahren in** amtlicher **Verwahrung**, soll die verwahrende Stelle von Amts wegen ermitteln, ob der Erblasser noch lebt. Kann die verwahrende Stelle nicht ermitteln, dass der Erblasser noch lebt, ist die Verfügung von Todes wegen zu eröffnen. (…)

§ 8 DONot – Erbverträge

Die Notarin oder der Notar sieht jährlich **bis zum 15. Februar** das **Urkundenverzeichnis** und, **soweit vorhanden, das Erbvertragsverzeichnis** oder die **Erbvertragskartei** nach **in notarieller Verwahrung** befindlichen **Erbverträgen** durch, die **innerhalb des letzten Kalenderjahres der Ermittlungspflicht nach § 351 FamFG unterlagen**, und **bestätigt die Durchsicht** und deren **Ergebnis** durch einen von ihr oder ihm zu **unterzeichnenden Vermerk**. Für Erbverträge, bei denen eine Ablieferung noch nicht veranlasst war, ist das **Verfahren nach § 351 FamFG alle fünf Jahre zu**

44 Frenz/Miermeister/*von Campe*, Bundesnotarordnung, 5. Aufl. 2020, DONot § 8 Rn 8.

wiederholen; dies gilt nicht für solche Erbverträge, bei denen sich die **Verwahrstelle davon überzeugt** hat, dass die **Verwahrangaben im Zentralen Testamentsregister zutreffen**. Eine Ablieferung teilt die Notarin oder der Notar der Registerbehörde elektronisch (§ 9 ZTRV) mit, wenn zu dem Erbvertrag Verwahrangaben im Zentralen Testamentsregister registriert sind.

(Anmerkung: Die Hervorhebungen stammen vom Verfasser).

282 **Erbverträge**, die der Notar **vor dem 1.1.2022** in seine notarielle Verwahrung nahm, waren in das **Erbvertragsverzeichnis** einzutragen (§ 9 Abs. 1 Satz 1 DONot a.F.). Die Eintragungen waren in ununterbrochener Reihenfolge vorzunehmen und entsprechend den Jahrgängen mit laufenden Nummern zu versehen.

283 Anstelle des Erbvertragsverzeichnisses konnte der Notar eine **Erbvertragskartei** führen. Dies geschah in der Form, dass Ausdrucke der Bestätigungen der Registerbehörde über die Registrierungen der Erbverträge im Zentralen Testamentsregister (§ 20 Abs. 2 DONot a.F.) in einem Karteikasten oder einem Ordner in zeitlicher Reihenfolge geordnet und mit laufenden Nummern versehen aufbewahrt wurden (§ 9 Abs. 2 DONot a.F.).

In das Erbvertragsverzeichnis bzw. die Erbvertragskartei waren nur diejenigen Erbverträge einzutragen bzw. einzuordnen, deren besondere **amtliche Verwahrung** die Beteiligten ausgeschlossen hatten, also die **Erbverträge, die in notarieller Verwahrung** nach § 34 Abs. 3 BeurkG verblieben. Ein solcher Ausschluss der besonderen amtlichen Verwahrung wurde, wenn in der Urkunde nichts ausdrücklich zur Verwahrung bestimmt war, dann vermutet, wenn die Urkunde neben dem Erbvertrag zugleich noch andere vertragliche Regelungen enthielt, so also insbesondere beim klassischen Ehe- und Erbvertrag, § 34 Abs. 2 BeurkG.

Das seinerzeit zu beachtende Vorgehen bei nicht an das Nachlassgericht abgelieferten Erbverträgen war beschrieben in den §§ 18 Abs. 1, Abs. 4, 20 Abs. 2 bis Abs. 5 DONot a.F., ist aber heute nur noch insoweit interessant, als es Vorgaben für die Entnahme bzw. Ablieferung aus der amtlichen Verwahrung enthält (siehe insoweit Rdn 409).

> *Hinweis:*
>
> Für **Erbverträge**, die **seit dem 1.1.2022** in notarieller Verwahrung bleiben, ist das Prozedere unten bei Rdn 401 ff. und Rdn 470 ff. beschrieben.

284 Der in § 351 FamFG beschriebene Umgang mit hinterlegten Verfügungen von Todes wegen gilt auch für den Notar. Allerdings können beim Notar nur Erbverträge hinterlegt sein, denn Testamente und Gemeinschaftliche Testamente sind an das Amtsgericht zur Übernahme in die amtliche Verwahrung abzuliefern (§ 34 BeurkG), was auch dann gilt, wenn ein handschriftliches Testament als offene oder verschlossene Schrift übergeben wurde (§ 30 BeurkG).

Der Notar hat also von Amtswegen bezüglich der länger als 30 Jahre in notarieller Verwahrung befindlichen Erbverträge zu ermitteln, ob alle Erblasser noch leben. Daher sind das **Erbvertragsverzeichnis** oder die **Erbvertragskartei,** in welche unter dem Regime der DONot a.F. Erbverträge in notarieller Verwahrung einzutragen waren, gem. § 8 DONot **jährlich bis zum 15. Februar durchzusehen** und auf dieser Grundlage die Ermittlungen nach § 351 FamFG durchzuführen.

285

> *Praxistipp*
>
> XNP bietet im Modul „*Urkundenverzeichnis*“ unter dem Menüpunkt „*Jahresabschluss*“ die Möglichkeit, im Rahmen des Jahresabschlusses eine Übersicht über die verwahrten Erbverträge eines jeweils angegebenen Jahrganges zu erstellen und als PDF-Datei zu exportieren.
>
> Im elektronischen Urkundenverzeichnis können allerdings aktuell noch keine entsprechend lang verwahrten Erbverträge verzeichnet sein. Das Urkundenverzeichnis wird insoweit erst im Jahr 2053 interessant.

286 Die **Durchsicht** und das **Ergebnis** sind **in einem Vermerk zu dokumentieren**. Nähere Vorgaben zu diesem Vermerk macht das Gesetz nicht. Allgemein wird angenommen, dass sich

der Vermerk inhaltlich darauf beschränken kann, dass der Notar die erfolgte **Durchsicht** feststellt und als Ergebnis die Anzahl der ermittelten, noch nicht abgelieferten Erbverträge anführt. Angeblich müssen weder die hinsichtlich der einzelnen Erbverträge durchgeführten **Ermittlungen** und deren Ausgang noch der Umstand, ob bzw. welche Erbverträge nun abgeliefert wurden, genannt werden.[45] Organisatorisch ist es aber sicherlich sinnvoll, zumindest bei der jeweiligen **Erbvertragseintragung** im Erbvertragsverzeichnis bzw. auf der jeweiligen Karteikarte der Erbvertragskartei zu vermerken, wann die Durchsicht erfolgte (dies schon allein, damit die fünfjährige Wiederholung nicht unnötig verfrüht durchgeführt wird) und welches Ergebnis sie erbrachte.

Der **Vermerk** kann in jedem Fall in die **Generalakte** aufgenommen werden. Es wird aber auch die Aufbewahrung des Vermerks beim Erbvertragsverzeichnis oder der Erbvertragskartei als zulässig angesehen.[46] **287**

Ermittelt der Notar einen **Erblasser** als verstorben oder kann er nicht bezüglich aller Erblasser in Erfahrung bringen, dass diese noch leben, ist der Erbvertrag zur **Eröffnung** an das **Nachlassgericht** abzuliefern und die Ablieferung dem ZTR elektronisch (§ 9 ZTRV) mitzuteilen, wenn zu dem Erbvertrag bereits Verwahrangaben im ZTR registriert sind (§ 8 Satz 3 DONot). Siehe zur Ablieferung im Übrigen unten Rdn 409. **288**

Kann der Notar hingegen **alle Erblasser** als noch lebend ermitteln, verbleibt der Erbvertrag in der **notariellen Verwahrung**. Für diese Erbverträge, bei denen eine Ablieferung somit noch nicht geboten ist, ist das Verfahren nach § 351 FamFG eigentlich **alle fünf Jahre** zu **wiederholen**. **289**

> *Praxistipp: Vermeidung wiederholter Prüfung nach § 351 FamFG*
>
> Der Notar kann die wiederholte Prüfung des Nochlebens aller Erblasser dadurch **vermeiden**, indem er sich vergewissert, **dass für den betreffenden Erbvertrag** die **Verwahrangaben im ZTR zutreffen** (§ 8 Satz 2 DONot). Sind diese nicht korrekt oder noch gar nicht im ZTR erfasst, kann der Notar die korrekte Registrierung veranlassen und ist dadurch von der wiederholten Ermittlungspflicht befreit, § 8 Satz 2, letzter Satzteil DONot.

Zur Ermittlung kann der Notar zunächst die Beteiligten unter der letzten ihm bekannten Adresse anschreiben und sich im Übrigen an die Einwohnermeldeämter (klassisch Standesamt, heute jedoch je nach Ort häufig z.B. Bürgerbüro bezeichnet) wenden. **290**

▼ **291**

Muster 2.7: Bürgerbüro-Anfrage zur Ermittlungen gem. § 351 FamFG

An das Bürgerbüro ______ (*Adresse*)

Notarielle Ermittlung gem. § 351 FamFG zum Erbvertrag URNr. ______ vom ______ von ______ (*Name*), geboren am ______ (*Geburtsdatum*) in ______ (*Ort*), und ______ (*Name*), geboren am ______ (*Geburtsdatum*) in ______ (*Ort*), beide zuletzt nach meiner Kenntnis wohnhaft in ______ (*Adresse*)

Sehr geehrte Damen und Herren,

ich bin gem. § 351 FamFG i.V.m. § 8 der Dienstordnung für Notarinnen und Notare verpflichtet zu ermitteln, ob Personen noch leben, deren Erbvertrag sich seit mehr als 30 Jahren in meiner notariellen Verwahrung befindet. Daher bitte ich mir mitzuteilen, ob die oben bezeichneten Personen noch leben. Bitte verwenden Sie hierzu das folgende Rückantwort-Formular.

Mit freundlichen Grüßen

______

(*Notar*)

45 Armbrüster/Preuß/*Schmitt*, BeurkG mit NotAktVV und DONot, § 8 DONot Rn 9.
46 Weingärtner/*Ulrich*, NotaktVV DONot, § 8 DONot Rn 17.

Rückantwort

Bürgerbüro

An

Notar (*Name*)

Erbvertrag URNr. vom von (*Name*), geboren am (*Geburtsdatum*) in (*Ort*), und (*Name*), geboren am (*Geburtsdatum*) in (*Ort*), beide zuletzt wohnhaft in (*Adresse*)

Die bezeichneten Personen

☐ leben noch an der oben genannten Adresse;
☐ leben noch, nun aber an folgender Adresse: ;
☐ ist am in verstorben. Letzter Wohnsitz war nach Aktenlage ;
☐ sind hier nicht zu ermitteln;
☐ (*sonstige Umstände*).

(*Zutreffendes bitte ankreuzen und ggf. ergänzen*).

, den

▲

5. Übersichten über Beteiligte

292 Bei dieser Exportmöglichkeit geht es um die **Jahresübersicht über Beteiligte**, welche die Aufsichtsbehörde nach § 17 Abs. 3 Nr. 1 DONot fordern kann. In der Onlinehilfe der BNotK wird empfohlen, diese Übersicht jährlich zu generieren und für den Fall des späteren Vorlageverlangens aufzubewahren.

J. Verwahrungsverzeichnis (VVZ)

I. Grundsätzliches zur Verwahrung

1. Zuständigkeit

293 **§ 23 BNotO – Aufbewahrung und Ablieferung von Wertgegenständen**

Die Notare sind auch zuständig, Geld, Wertpapiere und Kostbarkeiten, die ihnen von den Beteiligten übergeben sind, zur Aufbewahrung oder zur Ablieferung an Dritte zu übernehmen; die **§§ 57 bis 62 des Beurkundungsgesetzes** bleiben unberührt.

(Anmerkung: Die Hervorhebungen stammen vom Verfasser).

294 **§ 23 BNotO** bestimmt die grundsätzliche Zuständigkeit der Notare zur Verfahrung von Geld, Wertpapieren und Kostbarkeiten.

2. Notaranderkonto

295 **§ 58 BeurkG – Durchführung der Verwahrung**

(1) Der Notar hat anvertraute Gelder unverzüglich einem Sonderkonto für fremde Gelder (**Notaranderkonto**) zuzuführen. Der Notar ist zu einer bestimmten Art der Anlage nur bei einer entsprechenden Anweisung der Beteiligten verpflichtet. Fremdgelder sowie deren Erträge dürfen auch nicht vorübergehend auf einem sonstigen Konto des Notars oder eines Dritten geführt werden.

(2) Das Notaranderkonto muß bei einem im Inland zum Geschäftsbetrieb befugten Kreditinstitut oder der Deutschen Bundesbank eingerichtet sein. Die Anderkonten sollen bei **Kreditinstituten in dem Amtsbereich des Notars** oder den unmittelbar angrenzenden Amtsgerichtsbezirken desselben Oberlandesgerichtsbezirks eingerichtet werden, sofern in der Anweisung nicht ausdrücklich etwas anderes vorgesehen wird oder eine andere Handhabung sachlich geboten ist. **Für jede Verwahrungsmasse muß ein gesondertes Anderkonto geführt werden, Sammelanderkonten sind nicht zulässig.**

(3) Über **das Notaranderkonto dürfen nur der Notar persönlich, die Notarvertretung, der Notariatsverwalter** oder der nach § 51 Absatz 1 Satz 2 der Bundesnotarordnung mit der Aktenverwahrung betraute Notar **verfügen**. (...) **Verfügungen** sollen **nur** erfolgen, um Beträge **unverzüglich dem Empfangsberechtigten** oder einem von diesem schriftlich benannten Dritten zuzuführen. Sie sind **grundsätzlich im bargeldlosen Zahlungsverkehr** durchzuführen, sofern nicht. (...) **Verfügungen zugunsten von** Privat- oder **Geschäftskonten des Notars sind lediglich zur Bezahlung von Kostenforderungen aus dem zugrundeliegenden Amtsgeschäft** unter Angabe des Verwendungszwecks und nur dann **zulässig**, wenn hierfür eine notarielle Kostenrechnung erteilt und dem Kostenschuldner zugegangen ist und Auszahlungsreife des verwahrten Betrages zugunsten des Kostenschuldners gegeben ist.

(4) Eine Verwahrung soll **nur dann über mehrere Anderkonten** durchgeführt werden, wenn dies **sachlich geboten** ist und in der **Anweisung ausdrücklich bestimmt** ist.

(5) **Schecks sollen unverzüglich eingelöst oder verrechnet werden**, soweit sich aus den Anweisungen nichts anderes ergibt. Der Gegenwert ist nach den Absätzen 2 und 3 zu behandeln.

§ 10 DONot – Durchführung der Verwahrungsgeschäfte

(1) (...)

(2) Notaranderkonten (§ 58 Absatz 1 Satz 1, Absatz 2 BeurkG) müssen **entsprechend** den von der **Generalversammlung der Bundesnotarkammer beschlossenen Bedingungen** eingerichtet und geführt werden.

(3) Werden Notaranderkonten mittels Datenfernübertragung geführt (**elektronische Notaranderkontenführung**), müssen diese entsprechend den von der Generalversammlung der Bundesnotarkammer beschlossenen ergänzenden Sonderbedingungen für die elektronische Notaranderkontenführung eingerichtet und geführt werden. Diese ergänzenden Sonderbedingungen müssen angemessene Vorkehrungen zur Gewährleistung der Vertraulichkeit, Integrität und Authentizität der Datenübermittlung zwischen der Notarin oder dem Notar und dem Kreditinstitut vorsehen und dabei die zulässigen Sicherheitsverfahren zur Autorisierung des Zahlungsvorgangs nennen.

(4) (...)

(Anmerkung: Die Hervorhebungen stammen vom Verfasser).

Der Regelfall der Verwahrung im Notariat ist die Verwahrung von Geldbeträgen auf einem **296**
Notaranderkonto (§ 58 Abs. 1 BeurkG).

Die maßgeblichen Vorschriften für die Durchführung solcher Verwahrungen finden sich im Beurkundungsgesetz in den §§ **57 bis 62 BeurkG und in § 10 DONot**.

> *Merke!*
>
> Die notarielle Verwahrung von Geld hat **zwingend** über ein Notaranderkonto zu erfolgen. Die notarielle Verwahrung von Geld auf einem Rechtsanwaltsanderkonto scheidet ebenso aus, wie auf sonstigen Treuhandkonten oder einem Bankkonto mit Sperrvermerk zugunsten des Notars. Absolut zwingend ist, dass für jede Verwahrungsmasse ein gesondertes Notaranderkonto eingerichtet werden muss. Sammelanderkonten sind unzulässig.

Für die Einrichtung und Führung von **Notaranderkonten** müssen die von der Generalver- **297**
sammlung der BNotK beschlossenen **Bedingungen** beachtet werden. Diese wurden zuletzt veröffentlicht in DNotZ 2019, 801:

Sonderbedingungen für Anderkonten und Anderdepots von Notaren

Begriffsbestimmungen

(...)

2. *Für Notare werden Anderkonten und Anderdepots (beide im Folgenden „Anderkonten“ genannt) als Sonderkonten für fremde Gelder und Wertpapiere, die ihnen als Notare anvertraut wurden, eingerichtet. Der Bank gegenüber ist nur der Notar berechtigt und verpflichtet.*

(...)

Kontoführung

4. *Der Notar darf Werte, die ihm nicht als Notar anvertraut wurden, nicht einem Anderkonto zuführen oder auf einem Anderkonto belassen. Auf ein Anderkonto darf weder durch den Notar noch durch einen Dritten Bargeld eingezahlt werden.*
5. *Die Eigenschaft eines Kontos als Anderkonto kann nicht aufgehoben werden. Ist der Notar auch Rechtsanwalt (Anwaltsnotar), so kann er bestimmen, dass ein Anderkonto in Zukunft als Rechtsanwaltsanderkonto zu führen ist.*

(…)

8. *Ansprüche gegen die Bank aus Anderkonten sind nicht abtretbar und nicht verpfändbar.*
9. *Im Falle der Pfändung wird die Bank den pfändenden Gläubiger im Rahmen der Drittschuldnererklärung auf die Eigenschaft als Anderkonto hinweisen.*

298 Für Notaranderkonten, die mittels Datenfernübertragung geführt werden (**elektronische Notaranderkontenführung**), müssen gem. § 10 Abs. 3 Satz 1 DONot die von der Generalversammlung der BNotK beschlossenen **ergänzenden Sonderbedingungen** für die elektronische Notaranderkontenführung beachtet werden.[47]

299 Insbesondere aus dem Wortlaut des § 25 Abs. 1 Nr. 4 NotAktVV und der Vorschrift des § 58 Abs. 4 BeurkG ergibt sich, dass innerhalb einer Verwahrungsmasse auch **mehrere Notaranderkonten** geführt werden können. Im Regelfall ist allerdings nur ein Notaranderkonto pro Verwahrungsmasse zu führen (arg.: die Worte *„soll nur“* in § 58 Abs. 4 BeurkG), eine Mehrzahl von Anderkonten zur Abwicklung einer Verwahrungsmasse ist ausschließlich dann zulässig, wenn dies **sachlich geboten** und **in der Anweisung ausdrücklich** bestimmt ist. So z.B., wenn eingezahlte Gelder teilweise voraussichtlich lange hinterlegt werden (geschiedene Ehegatten können sich über die Verteilung nicht einigen) und daher als Festgeld angelegt werden sollen (siehe zu solchen Umbuchungen unten Rdn 322 f.).

3. Zulässigkeit der Verwahrung – Verwahrungsanweisung

300 **§ 57 BeurkG – Antrag auf Verwahrung**

(1) **Der Notar darf Bargeld** zur Aufbewahrung oder zur Ablieferung an Dritte **nicht entgegennehmen**.

(2) **Der Notar darf Geld zur Verwahrung nur entgegennehmen, wenn**

1. hierfür ein **berechtigtes Sicherungsinteresse** der am Verwahrungsgeschäft beteiligten Personen besteht,
2. ihm ein Antrag auf Verwahrung verbunden mit einer **Verwahrungsanweisung** vorliegt, in der hinsichtlich der Masse und ihrer Erträge der Anweisende, der Empfangsberechtigte sowie die zeitlichen und sachlichen Bedingungen der Verwahrung und die Auszahlungsvoraussetzungen bestimmt sind,
3. er den Verwahrungsantrag und die Verwahrungsanweisung angenommen hat.

(3) Der Notar darf den Verwahrungsantrag nur annehmen, wenn die Verwahrungsanweisung den **Bedürfnissen einer ordnungsgemäßen Geschäftsabwicklung** und eines ordnungsgemäßen Vollzugs der Verwahrung sowie **dem Sicherungsinteresse aller am Verwahrungsgeschäft beteiligten Personen genügt**.

(4) Die **Verwahrungsanweisung** sowie deren Änderung, Ergänzung oder Widerruf bedürfen der **Schriftform**.

(5) Auf der Verwahrungsanweisung hat der Notar die **Annahme mit Datum und Unterschrift** zu vermerken, sofern die Verwahrungsanweisung nicht Gegenstand einer Niederschrift (§§ 8, 36) ist, die er selbst oder seine Notarvertretung aufgenommen hat.

(6) Die **Absätze 3 bis 5 gelten entsprechend für Treuhandaufträge**, die dem Notar im Zusammenhang mit dem Vollzug des der Verwahrung zugrundeliegenden Geschäfts von Personen erteilt werden, die an diesem nicht beteiligt sind.

(Anmerkung: Die Hervorhebungen stammen vom Verfasser).

47 Diese wurden veröffentlicht in DNotZ 2022, 802.

Die notarielle Verwahrung von Fremdgeldern ist **ausschließlich dann zulässig**, wenn ein **berechtigtes Sicherungsinteresse** der Beteiligten besteht. Der Verwahrung muss immer eine **Verwahrungsanweisung** zugrunde liegen. Hierfür ist Schriftform vorgesehen (§ 57 Abs. 4 BeurkG), in den meisten Fällen wird sie als Bestandteil eines (Grundstückskauf-)Vertrages mitbeurkundet. In der Verwahrungsanweisung wird geregelt, wie vom Notar über den hinterlegten Kaufpreis(teil) verfügt werden soll, also wer Empfangsberechtigter ist (Verkäufer, abzulösende Grundpfandrechtsgläubiger) und welche zeitlichen und sachlichen Voraussetzungen für die Auszahlungen vom Notaranderkonto zu beachten sind. Diese Anweisungen sind vom Notar peinlich genau zu beachten, d.h., er muss die Anweisungen entsprechend den Formulierungen im Kaufvertrag genauestens ausführen und er hat keinen eigenen Ermessenspielraum. 301

4. Belege

§ 10 DONot – Durchführung der Verwahrungsgeschäfte 302

(…)

(4) Die **Ausgaben müssen durch Belege nachgewiesen werden**. Eigenbelege der Notarin oder des Notars einschließlich nicht bestätigter Durchschriften des Überweisungsträgers sind auch in Verbindung mit sonstigen Nachweisen nicht ausreichend. Bei Ausgaben durch Überweisung von einem Notaranderkonto ist die in Schriftform oder in elektronischer Form zu erteilende Bestätigung des beauftragten Kreditinstituts erforderlich, dass es den Überweisungsauftrag jedenfalls in seinem Geschäftsbereich ausgeführt hat (**Ausführungsbestätigung**); die Ausführungsbestätigung muss allein oder bei Verbindung mit anderen Belegen den Inhalt des Überweisungsauftrages vollständig erkennen lassen. Satz 3 gilt nicht, wenn das beauftragte Kreditinstitut vor erstmaliger Einrichtung eines elektronisch geführten Notaranderkontos in Schriftform oder in elektronischer Form und unwiderruflich erklärt hat, dass es mit jeder elektronischen Bereitstellung der Umsatzdaten über die Ausführung einer Überweisung gleichzeitig bestätigt, den Überweisungsauftrag mit den in den Umsatzdaten enthaltenen Informationen in seinem Geschäftsbereich ausgeführt zu haben. Hinsichtlich der Belege bei Auszahlungen in bar oder mittels Bar- oder Verrechnungsschecks wird auf § 58 Absatz 3 Satz 6 BeurkG hingewiesen.

(Anmerkung: Hervorhebungen stammen vom Verfasser).

Nach § 10 Abs. 4 DONot müssen die Ausgaben durch **Belege nachgewiesen** werden. **Eigenbelege** des Notars einschließlich nicht bestätigter Durchschriften des Überweisungsträgers sind auch in Verbindung mit sonstigen Nachweisen **nicht ausreichend**. 303

Für die **Überweisungen vom Notaranderkonto** ist eine **Bestätigung des beauftragten Kreditinstituts** in **Schriftform oder in elektronischer Form** erforderlich. Die **Ausführungsbestätigung** muss darüber Zeugnis ablegen, dass das Kreditinstitut den Überweisungsauftrag jedenfalls in seinem Geschäftsbereich ausgeführt hat; die Ausführungsbestätigung muss den Inhalt des Überweisungsauftrages vollständig erkennen lassen, wozu auch anderen Belegen beigefügt sein dürfen. 304

Formulierungsbeispiel: Ausführungsbestätigung der Bank

Dieser Auftrag wurde im Geschäftsbereich der (…)-Bank ausgeführt.

Merke!

Lediglich der Eingangsstempel der Bank auf dem Überweisungsauftrag genügt nicht.

Die Ausführungsbestätigungen der Banken sollten – entsprechend den üblichen bankinternen Regelungen – mindestens zwei Paraphen, noch besser zwei Unterschriften von Mitarbeitern der Bank tragen.

Bei Übermittlung der Ausführungsbestätigung in elektronischer Form muss das Dokument mit einer qualifizierten elektronischen Signatur versehen sein[48]

48 Armbrüster/Preuß/*Eickelberg*, BeurkG mit NotAktVV und DONot, § 30 DONot Rn 13.

Hinweis: Erleichterung bei elektronisch geführten Notaranderkonten

Bei elektronisch geführten Anderkonten sind Ausführungsbestätigungen sind nicht mehr erforderlich, wenn § 10 Abs. 4 Satz 4 DONot beachtet wird.

305 Wird die Ausführungsbestätigung nicht durch Aufdruck (Stempel) auf dem Überweisungsauftrag, sondern durch gesonderte Erklärung der Bank erteilt, so muss sie den Inhalt des Überweisungsauftrags vollständig erkennen lassen, also

- Name und Kontonummer des Anweisenden (= Notaranderkonto und Notar),
- Überweisungsbetrag,
- Name und Kontonummer des Empfängers,
- Verwendungszweck.

5. Buchführung

306 Die Buchführung bei solchen Verwahrungen hat mittels des **Verwahrungsverzeichnisses (VVZ)** zu erfolgen.

II. VVZ im Elektronischen Urkundenarchiv

307 **§ 59a BeurkG – Verwahrungsverzeichnis**

(1) Der Notar führt ein elektronisches Verzeichnis über Verwahrungsmassen, die er nach § 23 der Bundesnotarordnung und nach den §§ 57 und 62 entgegennimmt (**Verwahrungsverzeichnis**).

(2) Das Verwahrungsverzeichnis ist **im Elektronischen Urkundenarchiv** (§ 78h der Bundesnotarordnung) zu führen. Erfolgt die Verwahrung in Vollzug eines vom Notar in das Urkundenverzeichnis einzutragenden Amtsgeschäfts, soll der Notar **im Verwahrungsverzeichnis auf die im Urkundenverzeichnis zu der Urkunde gespeicherten Daten verweisen**, soweit diese auch in das Verwahrungsverzeichnis einzutragen wären.

(Anmerkung: Die Hervorhebungen stammen vom Verfasser).

308 Zur Gewährleistung einer ordnungsgemäßen Verwahrung der dem Notar anvertrauten Gelder, Wertpapiere und Kostbarkeiten hat der Notar das **Verwahrungsverzeichnis (VVZ)** zu führen, in dem jede Einnahme und jede Ausgabe genauestens zu registrieren sind.

Das Verwahrungsverzeichnis (VVZ) hat zum 1.1.2022 die zuvor vorgeschriebene Führung des **Verwahrungs- und Massenbuches**, der **Anderkontenliste** sowie des **Namensverzeichnisses** zum Massenbuch ersetzt.

Rückblick: Bis zum 1.1.2022 waren alle Verwahrungen (meist Kaufpreise) gleichlautend jeweils in das Verwahrungsbuch und zusätzlich in das Massenbuch einzutragen. Der Unterschied der beiden Bücher lag in der „Sortierung“: Im Verwahrungsbuch wurden alle Ein- und Ausgaben auf Notaranderkonten – gleich zu welcher Masse gehörig – in **zeitlicher Reihenfolge** des Ein- und Ausgangs eingetragen, im Massenbuch hingegen wurden alle Ein- und Ausgaben zu einem bestimmten **Hinterlegungsvorgang** (Masse) eingetragen.

309 *Hinweis: Übernahme alter Massen in das VVZ*

Gemäß § 75 Abs. 3 BeurkG ist für **Verwahrungsmassen**, die der Notar **vor dem 1.1.2022** entgegengenommen hat, § 59a BeurkG grundsätzlich nicht anzuwenden. Für diese Verwahrungsmassen werden die Verwahrungsbücher, die Massenbücher, die Namensverzeichnisse zum Massenbuch und die Anderkontenlisten nach den vor dem 1.1.2022 geltenden Bestimmungen weiterhin geführt und verwahrt.

Der Notar kann jedoch gem. § 75 Abs. 3 Sätze 3 bis 5 BeurkG zum Schluss eines Kalenderjahres alle „alten“ Verwahrungsmassen **in das VVZ übernehmen** und insoweit die Verzeichnisführung nach den vor dem 1.1.2022 geltenden Bestimmungen abschließen. Dazu sind für die zu übernehmenden Verwahrungsmassen die nach §§ 21 ff. NotAktVV für „neue“ Verwahrungsmassen seit dem 1.1.2022 erforderlichen Angaben in das VVZ einzutragen und sämtliche in den Massenbüchern und Verwahrungsbüchern verzeichneten Eintragungen zu übernehmen.

Die Führung des VVZ hat im Elektronischen Urkundenarchiv zu erfolgen, wozu dem Notar die Software **XNP** mit dem hierin enthaltenen **Modul „*Verwahrungsverzeichnis*“** (im Folgenden „*VVZ-Modul*“) zur Verfügung steht. Hierin sind für die einzugebenden Daten die entsprechenden Eingabe- und Freitextfelder strukturiert vorgegeben. 310

Vor der erstmaligen Verwendung im VVZ-Modul muss das die Notaranderkonten führende **Kreditinstitut** angelegt werden. Unter „*Kreditinstitute*“ und „*neu*“ steht eine Institutssuche über die BIC zur Verfügung. Es können mehrere Institute angelegt werden. 311

III. Einzutragende Verwahrungsmassen

§ 21 NotAktVV – Verwahrungsverzeichnis 312

Verwahrungsmassen, die nach § 23 der Bundesnotarordnung und nach den §§ 57 und 62 des Beurkundungsgesetzes entgegengenommen werden, sind in das **Verwahrungsverzeichnis einzutragen**, sobald **dem Notar Werte zugeflossen** sind.

Nicht eingetragen werden müssen
1. Geldbeträge, die der Notar als Protestbeamter empfangen hat, wenn sie unverzüglich an die Berechtigten herausgegeben werden,
2. Wechsel und Schecks, die zum Zweck der Erhebung des Protestes übergeben wurden, und
3. Hypotheken-, Grundschuld- und Rentenschuldbriefe.

§ 22 NotAktVV – Angaben im Verwahrungsverzeichnis

Jede Eintragung einer Verwahrungsmasse enthält folgende Angaben:
1. die Massenummer,
2. wenn die Verwahrung im Zusammenhang mit einem Geschäft steht, das im Urkundenverzeichnis eingetragen ist, die Urkundenverzeichnisnummer; andernfalls ein sonstiges eindeutiges Zeichen,
3. die Beteiligten des Verwahrungsverhältnisses (§ 24),
4. das Datum des Tages, an dem der Notar die Verwahrungsanweisung angenommen hat,
5. die Einnahmen und die Ausgaben (§ 25) und
6. den Abschluss des Verwahrungsgeschäfts.

(Anmerkungen: Die Hervorhebungen stammen vom Verfasser).

Gemäß §§ 57 und 62 BeurkG darf der Notar für Rechtsuchende verwahren: 313
- **Geld** (kein Bargeld),
- **Schecks** oder **Sparbücher** als Zahlungsmittel,
- **Wertpapiere** und
- **Kostbarkeiten**.

Solche zu verwaltenden Vermögenswerte werden im BeurkG und in der NotAktVV als **Verwahrungsmassen** bezeichnet. Verwahrungsmassen sind **in das VVZ einzutragen**, sobald dem Notar die Werte zugeflossen sind.

Praxistipp: Umsetzung

Jede Einnahme und jede Ausgabe sind im VVZ **unverzüglich („sobald“) einzutragen**. Kontoauszüge dürfen nicht gesammelt werden und Eintragungen im VVZ etwa nur einmal in der Woche vorgenommen werden!

IV. Angaben im VVZ im Einzelnen

1. Massenummer und Buchungsnummer

314 **§ 23 NotAktVV – Massenummer und Buchungsnummer**

(1) Die **Massenummer** setzt sich zusammen aus der **Jahreszahl** des Jahres, in dem die Verwahrungsmasse in das Verwahrungsverzeichnis eingetragen wird, und **einer für dieses Jahr fortlaufenden Nummer**.

(2) Die **Buchungsnummern** werden **für jede Verwahrungsmasse gesondert** und in **fortlaufender Reihenfolge** vergeben.

(Anmerkung: Die Hervorhebungen stammen vom Verfasser).

315 Wie auch vor der Einführung des Elektronischen Urkundenarchives erhalten Massen eine fortlaufende Nummer im jeweiligen Kalenderjahr, die erste Masse des Jahres 2024 also die Massennummer 2024/1, die nächste Masse die Massennummer 2024/2.

Jede Buchung erhält eine **fortlaufende Buchungsnummer**.

> *Hinweis: Druck der Buchungen einer Verwahrungsmasse*
>
> Einen Überblick zur einzelnen Masse mit den zugehörigen Buchungen kann man anzeigen und drucken, indem man im VVZ die entsprechende Masse anklickt und „*Überblick exportieren*“ wählt.

2. Angaben zu den Beteiligten

316 **§ 24 NotAktVV – Angaben zu den Beteiligten**

Für die zu den Beteiligten einzutragenden Angaben gilt § 12 Absatz 2 und 3 entsprechend.

§ 12 NotAktVV – Angabe der Beteiligten

(…)

(2) Zu den Beteiligten **sind anzugeben**
1. der Vorname oder die **Vornamen**,
2. der **Familienname**,
3. der **Geburtsname**, wenn dieser nicht der Familienname ist,
4. das **Geburtsdatum** und
5. der **Wohnort**.

Sofern dies zur **Unterscheidung** der Beteiligten erforderlich ist, sind **weitere Angaben** aufzunehmen. Haben Beteiligte in **Vertretung für eine andere Person** gehandelt und wurde dabei in eine Niederschrift oder elektronische Niederschrift statt des Wohnorts eines Beteiligten ein **Dienst- oder Geschäftsort** aufgenommen, so tritt dieser auch im Urkundenverzeichnis an die Stelle des Wohnorts. Bei Beteiligten, die **keine natürlichen Personen** sind, sind statt der in Satz 1 genannten Angaben ihr **Name** und ihr **Sitz** anzugeben.

(3) Zu den Beteiligten **kann angegeben** werden
1. die **Anschrift**,
2. die **steuerliche Identifikationsnummer**,
3. die Wirtschafts-Identifikationsnummer und
4. die **Registernummer**.

(…)

(Anmerkung: Die Hervorhebungen stammen vom Verfasser).

3. Angaben zu Einnahmen und Ausgaben

317 **§ 25 NotAktVV – Angaben zu Einnahmen und Ausgaben**

(1) Die **Einnahmen und die Ausgaben** sind **jeweils gesondert einzutragen** für
1. Wertpapiere und Kostbarkeiten, die zur Aufbewahrung oder Ablieferung an Dritte entgegengenommen wurden,

2. Schecks oder Sparbücher, die zur Einlösung entgegengenommen wurden,
3. Schecks, die zur Auszahlung ausgestellt wurden, und
4. **jedes Notaranderkonto**.

(2) **Jede Einnahme und jede Ausgabe** ist im Verwahrungsverzeichnis **unverzüglich** unter **Angabe der Buchungsnummer** einzutragen. **Einnahmen werden mit positivem Vorzeichen, Ausgaben mit negativem Vorzeichen** eingetragen. **Eintragungen erfolgen unter dem Datum ihrer Vornahme.** Weicht in den Fällen des Absatzes 1 Nummer 1 bis 3 das Datum der Einnahme oder der Ausgabe oder im Fall des Absatzes 1 Nummer 4 das **Datum der Wertstellung** vom Datum der Eintragung ab, so ist auch das abweichende Datum einzutragen.

(3) Zu jeder Einnahme ist anzugeben, wer die **auftraggebende Person** ist; zu jeder Ausgabe ist anzugeben, wer die **empfangende Person** ist. Ist an einer Einnahme oder einer Ausgabe eine **dritte Person** unmittelbar beteiligt, so soll auch diese mit den in § 12 Absatz 2 genannten Angaben eingetragen werden; § 12 Absatz 3 gilt entsprechend.

(4) Zu jeder Eintragung können weitere Angaben aufgenommen werden, sofern diese der Erfüllung der Amtspflichten dienen. Solche Angaben sind strukturiert zu erfassen, soweit die Bundesnotarkammer dies vorsieht.

(Anmerkung: Die Hervorhebungen stammen vom Verfasser).

Insbesondere aus dem Wortlaut des § 25 Abs. 1 Nr. 4 NotAktVV und der Vorschrift des § 58 Abs. 4 BeurkG ergibt sich, dass innerhalb einer Verwahrungsmasse auch **mehrere Notaranderkonten** geführt werden können. Im Regelfall ist allerdings nur ein Notaranderkonto pro Verwahrungsmasse zu führen (arg.: die Worte „*soll nur*" in § 58 Abs. 4 BeurkG), eine Mehrzahl von Anderkonten zur Abwicklung einer Verwahrungsmasse ist ausschließlich dann zulässig, **wenn dies sachlich geboten und in der Anweisung ausdrücklich bestimmt ist**. So z.B., wenn eingezahlte Gelder teilweise voraussichtlich lange hinterlegt werden (geschiedene Ehegatten können sich über die Verteilung nicht einigen) und daher als Festgeld angelegt werden sollen (siehe zu solchen Umbuchungen unten Rdn 322 f.). 318

4. Angaben zu Wertpapieren, Kostbarkeiten, Schecks und Sparbüchern

§ 26 NotAktVV – Angaben zu Wertpapieren und Kostbarkeiten 319

1) **Wertpapiere** sind unter Angabe der **Gattung**, des **Nennbetrages**, der **Stückzahl**, der **Serien** und der **Nummern** einzutragen. Zins-, Renten- und **Gewinnanteilscheine** oder **Erneuerungsscheine** sind durch Angabe der **Fälligkeitstermine** oder der **Nummern** näher zu bezeichnen.

(2) **Kostbarkeiten** sind **aussagekräftig zu bezeichnen** und mit einem **Schätzwert** einzutragen.

§ 27 NotAktVV – Angaben zu Schecks und Sparbüchern 320

(1) Werden **Schecks oder Sparbücher** als Zahlungsmittel **entgegengenommen**, so werden sie hierbei als **Einnahme** eingetragen. Dabei sind der **Nennbetrag** sowie die **Nummer** des Schecks und die Bezeichnung des **Kreditinstituts** oder die Bezeichnung des **Sparbuchs** und dessen **Nummer** anzugeben.

(2) Ein Scheck oder ein Sparbuch ist als **Ausgabe** einzutragen, wenn die **Einlösung** erfolgt ist. Dabei ist **auf die entsprechende Eintragung der Einnahme auf dem Notaranderkonto zu verweisen**.

(3) Stellt sich ein Scheck als **ungedeckt** heraus, ist er als **Ausgabe** einzutragen.

(4) Ein **zur Auszahlung ausgestellter Scheck** ist als **Ausgabe** einzutragen, wenn er zur Auszahlung **weitergegeben** worden ist. Absatz 1 Satz 2 gilt hierbei entsprechend. Wird der Scheck **zulasten des Notaranderkontos eingelöst, ist er als Einnahme einzutragen**. Dabei ist auf die entsprechende **Eintragung der Ausgabe auf dem Notaranderkonto zu verweisen**.

(Anmerkung: Die Hervorhebungen stammen vom Verfasser).

321 Für Wertpapiere, Kostbarkeiten, Schecks und Sparbücher enthalten die §§ 26 und 27 NotAktVV zusätzliche Vorgaben zu den im VVZ aufzunehmenden Angaben.

Werden Wertpapiere und Kostbarkeiten verwahrt (§ 62 BeurkG), so ist die Massenummer **auf dem Verwahrungsgut** oder **auf Hüllen und Ähnlichem** anzugeben (§ 10 Abs. 1 DONot).

> *Umsetzung in der Praxis: Entgegennahme eines Schecks*
>
> Im VVZ ist bei der Entgegennahme des Schecks unter der Registerkarte „*Verwahrungen*" mittels der Funktion „*Zahlungsmittelverwahrung hinzufügen*" eine neue Verwahrung anzulegen. Der Empfang des Schecks wird dort mit der Funktion „*Buchung hinzufügen*" als Einnahme verbucht. Die Einlösung auf dem Notaranderkonto wird dann dementsprechend als Ausgabe eingetragen. In der Verwahrung zum zugehörigen Notaranderkonto ist die Einlösung auf dieselbe Weise als Einnahme einzutragen, wobei bei der Funktion „*Buchung hinzufügen*" darauf geachtet werden muss, nicht nur den Buchungstyp „*Einnahme*" auszuwählen, sondern auch die Beschreibung „*Umbuchung/Zahlungsmitteleinlösung*" anzuklicken.[49]

Stellt sich ein Scheck, der als Zahlungsmittel zur Einlösung übergeben wurde, als ungedeckt heraus, ist er folgend als Ausgabe aufzuführen.

5. Angaben zu Notaranderkonten

322 **§ 28 NotAktVV – Angaben zu Notaranderkonten**

(1) Zu jedem Notaranderkonto sind einzutragen

1. das **Kreditinstitut** unter Angabe des **Sitzes** und des Bank Identifier Codes (**BIC**),
2. die International Bank Account Number (**IBAN**),
3. die **Währung**, in der das Notaranderkonto geführt wird, sowie
4. die Angabe, ob es sich um ein **Giro- oder** um ein **Festgeldkonto** handelt.

(2) **Umbuchungen** zwischen Notaranderkonten sind jeweils wechselseitig als Einnahmen und als Ausgaben einzutragen. Anstelle der auftraggebenden Person und der empfangenden Person ist anzugeben, dass eine Umbuchung stattgefunden hat.

(3) Werden **Notaranderkonten elektronisch geführt**, so sind die von den Kreditinstituten übermittelten Kontoauszüge, Umsatzdaten und sonstigen Mitteilungen, die die Führung der Notaranderkonten betreffen, und diesbezügliche Aufträge und Mitteilungen an Kreditinstitute im Verwahrungsverzeichnis zu speichern, soweit die Bundesnotarkammer dies vorsieht.

(Anmerkung: Die Hervorhebungen stammen vom Verfasser).

323 § 28 Abs. 2 S. 2 enthält gegenüber § 25 Abs. 3 eine **Spezialregelung** für **Umbuchungen**, wonach anstelle der auftraggebenden Person und der empfangenden Person bei der jeweiligen Buchung anzugeben, dass eine Umbuchung stattgefunden hat. Im VVZ-Modul von XNP ist hierzu bei der Erstellung der Buchung die Auswahlmöglichkeit „*Umbuchung/Zahlungsmitteleinlösung*" vorgesehen; etwaige weitere Erläuterungen können im vorhandenen Freitextfeld ergänzt werden.[50]

6. Abschluss des Verwahrungsgeschäftes

324 **§ 10 DONot – Durchführung der Verwahrungsgeschäfte**

(…)

(5) Ist ein Verwahrungsgeschäft abgeschlossen (§ 22 Nummer 6 NotAktVV), ist den Auftraggeberinnen und Auftraggebern eine Abrechnung über die Abwicklung des jeweils erteilten Auftrags zu erteilen. Beim Vollzug von Grundstückskaufverträgen und vergleichbaren Rechtsgeschäften muss den beteiligten Kreditinstituten nur auf Verlangen eine Abrechnung erteilt werden.

49 BeckOK-BNotO/*Sauer*, 9. Ed. 1.2.2024, NotAktVV § 27 Rn 7.
50 BeckOK-BNotO/*Sauer*, 9. Ed. 1.2.2024, NotAktVV § 28 Rn 9.

Ist ein Verwahrungsgeschäft abgeschlossen, ist dieser Umstand **im VVZ einzutragen** (§ 22 Nr. 6 NotAktVV) und ist nach § 10 Abs. 5 DONot den Auftraggebern der Verwahrung eine **Abrechnung** zu erteilen. Ein Verwahrungsgeschäft ist abgewickelt, wenn das eingezahlte Geld einschließlich sämtlicher Zinsen **ausgezahlt** und auch sämtliche Bankgebühren entnommen sind, sodass die Bank das Konto schließen kann. 325

Umsetzung in der Praxis: Abrechnung Notaranderkonto 326

Zur Erteilung der Abrechnung kann aus dem VVZ eine Kurzversion der betreffenden Masse generiert werden. Hierzu wählt im VVZ-Modul von XNP die betreffende Masse durch das Setzen eines Hakens in die zugehörige Auswahlbox links im Arbeitsbereich und wählt rechts in der Aktionsleiste die Schaltfläche „*Überblick exportieren*". In dem sich dann öffnenden Dialog wählt man die „*Kurzversion ohne Vermerke*".

Der Ausdruck enthält alle abrechnungsrelevanten Angaben, insbesondere sämtliche Buchungen.

7. Änderungen und persönliche Bestätigung durch den Notar

§ 30 NotAktVV – Persönliche Bestätigung 327

(1) **Änderungen und Zusätze**, die eine Eintragung im Verwahrungsverzeichnis betreffen, müssen durch den **Notar persönlich bestätigt** werden. Der Inhalt der Änderung oder des Zusatzes und das Datum ihrer Vornahme müssen dauerhaft dokumentiert werden.

(2) **Absatz 1 gilt nicht für**
1. die Löschung von Verzeichnisinhalten nach Ablauf der Aufbewahrungsfrist,
2. die Hinzufügung eines Verweises auf eine andere Einnahme oder Ausgabe und
3. **Änderungen und Zusätze, bei denen** aus dem Verwahrungsverzeichnis jederzeit nachvollziehbar ist,
   a) **durch wen** sie erfolgt sind,
   b) **wann** sie erfolgt sind und
   c) **welchen Inhalt** sie haben.

(Anmerkung: Die Hervorhebungen stammen vom Verfasser).

§ 30 Abs. 1 NotAktVV normiert zur Sicherung der Integrität und Authentizität des Verwahrungsverzeichnisses den Grundsatz, dass **Änderungen** und **Zusätze**, die eine **Eintragung im Verwahrungsverzeichnis** betreffen, durch den **Notar persönlich** bestätigt werden müssen. Andererseits ist aus dieser Norm auch zu schließen, dass der Notar das Verzeichnis nicht selbst führen muss. 328

Praxistipp: Umsetzung

Über die Schaltfläche „*Buchung korrigieren*" sind Änderungen und Zusätze
- bei der Bezeichnung des Hinterlegers bzw. Empfängers,
- beim Wertstellungsdatum oder
- beim Verwendungszweck

durchzuführen bzw. anzubringen.

Über die Schaltfläche „*Buchung stornieren*" laufen Änderungen
- des Betrages oder
- des Buchungstyps (Einnahme/Ausgabe/Umbuchung) oder
- bei Buchung in der falschen Masse.

In gleicher Weise wie beim UVZ (dort § 20 Abs. 2 Nr. 3) erlaubt § 30 Abs. 2 Nr. 3 NotAktVV auch für das VVZ, die Berechtigung an **Mitarbeitende** zu vergeben, Änderungen und Zusätze zu bestätigen. Von der Möglichkeit, solche Berechtigungen an Mitarbeitende zu vergeben, hat die BNotK als Urkundenarchivbehörde bislang jedoch keinen Gebrauch gemacht. 329

Praxistipp: Besondere Sorgfalt bei Änderungen und Zusätzen

Auch wenn der Notar die Änderungen und Zusätze im VVZ noch gesondert bestätigen muss, sind Änderungen/Zusätze gleichwohl mit der *„Eintragung“* durch den Mitarbeiter bereits Bestandteil des VVZ geworden und können nicht mehr entfernt werden. Selbst wenn der Notar die fehlerhafte Korrektur nicht bestätigt, sondern zur Korrektur zurückgibt, bleibt dies später in der Übersicht der Masse ersichtlich. Ungenaues Arbeiten kann hier gegenüber der Aufsichtsbehörde also nicht verheimlicht werden.

V. Jahresabschluss VVZ – Export der Eintragungen

1. Durchführung des Jahresabschlusses

330 Nach Abschluss eines Kalenderjahres sind im Notariat einige besondere Handlungen auch bezüglich des Verwahrungsverzeichnisses vorzunehmen. Die Funktion *„Jahresabschluss“* im VVZ-Modul in XNP unterstützt dabei.

Praxistipps: UVZ-Jahresabschluss in XNP

In der XNP-Anwendung ist der *„Jahresabschluss“* zum VVZ in der linken vertikalen Navigationsleiste als Unterpunkt beim Modul *„Verwahrungsverzeichnis“* zu finden.

Eine Online-Hilfe der BNotK zum Jahresabschluss bezüglich des VVZ findet sich (Stand April 2024) unter *https://onlinehilfe.bnotk.de/einrichtungen/elektronisches-urkunden-archiv/verwahrungsverzeichnis-vvz/weitere-funktionen/jahresabschluss/jahresabschluss-durchfuehren.html*

331 Neben dem Export der **Eintragungen in das VVZ** nach § 29 NotAktVV sind auch die folgenden weiteren Exporte möglich, was die Durchführung des Jahresabschlusses im Notariat erheblich erleichtert:

- **Übersicht über Verwahrungsgeschäfte** (§ 9 DONot),
- **Übersicht über Beteiligte,**
- **Übersicht über Notaranderkonten**.

Diese Exporte kann der Notar selbst oder ein dafür berechtigter Mitarbeiter erstellen. Es ist aber auch möglich, diese Jahresabschlussexporte wie früher durchzuführen, also insbesondere über die jeweilige Notarsoftware.

2. Export der VVZ-Eintragungen

332 **§ 29 NotAktVV – Export der Eintragungen**

(1) **Nach Abschluss jedes Kalenderjahres** sind alle Eintragungen im Verwahrungsverzeichnis, die sich auf ein Verwahrungsgeschäft beziehen, das nicht bereits vor Beginn dieses Kalenderjahres abgeschlossen war, **zeitnah in eine Datei** zu exportieren. Die Datei ist mit der **qualifizierten elektronischen Signatur des Notars** zu versehen.

(2) **§ 19 Absatz 2 und 3 gilt entsprechend**.

§ 19 NotAktVV – Export der Eintragungen

(1) (…)

(2) Die in die Datei exportierten Eintragungen sind bis zum Ablauf ihrer jeweiligen **Aufbewahrungsfristen** zu speichern. Die Speicherung hat im Elektronischen Urkundenarchiv zu erfolgen, wenn die Bundesnotarkammer eine besondere Funktion dafür vorsieht.

(3) Werden an den Eintragungen im [*Verwahrungsverzeichnis*] **Änderungen** vorgenommen, sodass diese nicht mehr mit den in die Datei exportierten Eintragungen übereinstimmen, sind die Eintragungen **erneut zu exportieren**. Die Absätze 1 und 2 gelten insoweit entsprechend. Die Datei mit den früher exportierten Eintragungen bleibt gespeichert. Es genügt, wenn der erneute Export nur die Eintragungen umfasst, an denen die Änderungen vorgenommen wurden.

(Anmerkung: Hervorhebungen und Ergänzung stammen vom Verfasser).

a) Export für das vergangene Kalenderjahr

Die Vorgabe des § 29 NotAktVV ermöglicht **den jederzeitigen Zugriff** auf die Eintragungen der zurückliegenden Jahrgänge. Ziel soll eine lokale Datensicherung sein.[51] 333

Der Export ist durch die Amtsperson herzustellen und zu signieren, die im maßgeblichen Zeitpunkt nach Ablauf eines Kalenderjahres die für die Verwahrung zuständige Stelle ist. Dies gilt vor allem auch für im zu berichtenden Kalenderjahr zur Verwahrung übernommene Eintragungen eines vorhergehenden Amtsinhabers. Die Datei ist mit der **qualifizierten elektronischen Signatur** zu versehen.

Nach § 19 Abs. 2 NotAktVV ist die Datei bis zum Ablauf der **Aufbewahrungsfrist von 30 Jahren** (§ 50 Abs. 1 Satz 1 Nr. 2 NotAktVV) **zu speichern**. 334

Die Speicherung hat im Elektronischen Urkundenarchiv zu erfolgen, wenn die BNotK eine besondere Funktion dafür vorsieht, was aktuell noch nicht der Fall ist. Daher ist die **Datei vom Notar lokal zu speichern und aufzubewahren**. Zum Ende einer Amtstätigkeit ist sie an den Aktenverwahrer, regelmäßig der nachfolgende Notar an der Notarstelle, zu übergeben. 335

b) Export von Änderungen

Werden an den Eintragungen im Verwahrungsverzeichnis nach deren Export **Änderungen an den zuvor exportierten Daten** vorgenommen, sind die Eintragungen **erneut zu exportieren**. Die Datei mit den früher exportierten Eintragungen muss unverändert gespeichert und aufbewahrt bleiben. 336

Der erneute Export muss nur die Eintragungen umfassen, an denen **Änderungen vorgenommen** wurden und er muss erst nach dem Ende des Kalenderjahres, in dem die Änderung vorgenommen wurde, erstellt werden. Somit können in einer Änderungs-Exportdatei alle Änderungen des betreffenden Kalenderjahres zusammengefasst werden und zwar für alle Änderungen die in diesem Kalenderjahr vorgenommen wurden, unabhängig davon, ob sie den VVZ-Jahrgang des Vorjahres oder frühere VVZ-Jahrgänge betrafen.[52] 337

> *Praxistipp: Änderungs-Export im XNP-Modul* 338
>
> Das XNP-Modul Verwahrungsverzeichnis unterstützt auch den Änderungs-Export, allerdings in anderer Weise als beim UVZ. Anders als beim UVZ bietet das Verwahrungsverzeichnis keine gesonderte Export-Datei der Änderungen an, sondern nimmt diese in die „normale“ jährliche Exportdatei mit auf, indem in den im Export enthaltenen Kurzversionen der Verwahrungsmassen entsprechende Vermerke aufgeführt werden.

3. Übersicht über Verwahrungsgeschäfte

§ 9 DONot – Übersicht über Verwahrungsgeschäfte 339

(1) Die Notarin oder der Notar hat **nach Abschluss eines jeden Kalenderjahres** der **Präsidentin oder dem Präsidenten des Landgerichts bis zum 31. Januar** eine Übersicht über den Stand ihrer oder seiner Verwahrungsgeschäfte **nach dem Muster 2** zu übermitteln (§ 16).

(2) In der Übersicht sind anzugeben:
1. in Abschnitt I die **Geldverwahrungen**;
2. in Abschnitt I Nummer 1 der **Gesamtbestand** der am Jahresschluss verwahrten **Geldbeträge**, wie er sich aus den **Kontoauszügen** ergibt;
3. in Abschnitt I Nummer 2 der **Gesamtbestand** der am Jahresschluss verwahrten **Geldbeträge**, wie er sich aus dem **Verwahrungsverzeichnis** ergibt;

51 Siehe zur korrespondierenden Vorgabe zum UVZ BeckOK-BeurkG/*Echternach*, 10. Ed. 1.3.2024, NotAktVV § 19 Rn 1.

52 *https://onlinehilfe.bnotk.de/einrichtungen/elektronisches-urkundenarchiv/verwahrungsverzeichnis-vvz/weitere-funktionen/jahresabschluss/exporte-und-uebersichten-zum-jahresabschluss.html* – dort unter Ziffer 2.2.

4. in Abschnitt I Nummer 3 der Bestand der am Jahresschluss verwahrten **Geldbeträge, nach den einzelnen Massen gegliedert**;
5. in Abschnitt II der Bestand der am Jahresschluss bestehenden **Sachverwahrungen, nach Massen gegliedert**;
6. in Abschnitt III der Bestand der am Jahresschluss bestehenden **Zahlungsmittelverwahrungen, nach Massen gegliedert**.

In Abschnitt I Nummer 3 und in den Abschnitten II und III ist in der Spalte „Bemerkung/letzte Eintragung" die Art der Verwahrung genau anzugeben (**Bezeichnung des Kreditinstituts, Nummer des Anderkontos, Datum der letzten Eintragung im Verwahrungsverzeichnis**).

(3) Die Notarin oder der Notar hat auf der Übersicht zu **versichern**, dass diese **vollständig und richtig** ist und dass die aufgeführten Geldbeträge mit den Guthaben übereinstimmen, die in den Kontoauszügen oder elektronischen Umsatzmitteilungen der Kreditinstitute, in den Sparbüchern oder auf den Schecks angegeben sind.

(4) Sind am Jahresschluss keine Wertgegenstände in Verwahrung, so erstattet die Notarin oder der Notar Fehlanzeige.

(5) (…)

§ 16 DONot – An die Aufsichtsbehörden zu übermittelnde Dokumente

(1) Die Notarin oder der Notar hat der **Präsidentin oder dem Präsidenten des Landgerichts** turnusmäßig insbesondere folgende Dokumente zu übermitteln:
1. (…);
2. die **jährliche Übersicht über Verwahrungsgeschäfte** oder die Fehlanzeige (§ 9 Absatz 1 und 4);
3. (…).

(2) Die Notarin oder der Notar hat der Präsidentin oder dem Präsidenten des Landgerichts **anlassbezogen** insbesondere folgende Dokumente zu übermitteln:
1. die Übersicht über Verwahrungsgeschäfte bei Erlangung einer Verwahrungszuständigkeit (§ 9 Absatz 5);
2. (…).

(3) Die Übermittlung bedarf der **Schriftform**. Diese kann im Einvernehmen mit der Aufsichtsbehörde durch die **elektronische Form** ersetzt werden. Ist ein **Muster zu verwenden**, darf dieses im Format (z.B. Hoch- oder Querformat, Breite der Spalten) geändert werden. Abweichungen von der inhaltlichen Gestaltung bedürfen der Genehmigung der Aufsichtsbehörde.

§ 20 DONot – Übergangsvorschriften

(1) Die §§ 7 und 9 sind **erstmals auf Übersichten über** Urkunds- und **Verwahrungsgeschäfte des Kalenderjahres 2022** anzuwenden. Für Übersichten über die Urkunds- und die Verwahrungsgeschäfte des Kalenderjahres 2021 gelten die §§ 24 und 25 der Dienstordnung für Notarinnen und Notare in der bis zum 31.12.2021 geltenden Fassung fort.

(2) (…).

(3) **Für Verwahrungsmassen**, die nach den **vor dem 1.1.2022** geltenden Bestimmungen geführt werden (§ 75 Absatz 3 Satz 1 und 2 BeurkG), kann abweichend von § 9 eine **eigenständige Übersicht** über die Verwahrungsgeschäfte eingereicht werden, die sich nach § 25 Absatz 2 und 3 sowie dem Muster 8 der Dienstordnung für Notarinnen und Notare in der bis zum 31.12.2021 geltenden Fassung richtet. Als maßgeblicher Zeitpunkt der dort aufzuführenden Beträge kann auch die Wertstellung zum 31. Dezember des betreffenden Kalenderjahres zugrunde gelegt werden, wenn dies in der Übersicht kenntlich gemacht ist.

(Anmerkung: Die Hervorhebungen stammen vom Verfasser).

340 Gemäß § 9 Abs. 1 DONot ist bis **zum 31.1.** eines jeden Jahres eine **Übersicht über die Urkundsgeschäfte des vorherigen Kalenderjahres** nach dem Muster 1 der DONot zu erstellen und der/dem **LG-Präsidentin/en** zu übermitteln. Anders als die Übersicht über Urkundsgeschäfts ist diese Übersicht nicht der Notarkammer zu übermitteln.

Das **Muster 2 der DONot** sieht wie folgt aus: 341

Muster 2.8: „Muster 2“ der DONot

Muster 2 (zu § 9)

An die/den

Frau Präsidentin/Herrn Präsidenten des Landgerichts

in

Übersicht

über Verwahrungsgeschäfte der Notarin/des Notars

in

nach dem Stand der Wertstellungen vom 31.12. *)

(Seite 1)

I. **Geldverwahrung**	Betrag		Bemerkung/letzte Eintragung
1. Der sich aus den Kontoauszügen ergebende Gesamtbestand der verwahrten Geldbeträge	**450,00** **12.200,00** **42.050,00**	**DKK** **USD** **EUR**	
2. Der sich aus dem Verwahrungsverzeichnis ergebende Gesamtbestand der verwahrten Geldbeträge	**450,00** **12.200,00** **42.050,00**	**DKK** **USD** **EUR**	
3. Bestand nach einzelnen Massen gegliedert			
a) Amtstätigkeit: (…), Notarin/ Notar in (…) **)			
Massenummer 2022/16 (UVZ-Nr. 3750/2022)	1.050,00	EUR	Müller/Meier, Anderkonto: DE38702738492673829336 (Z-Bank eG in Meerwiese), Letzte Eintragung: 12.12.2022
Massenummer 2022/15 (UVZ-Nr. 1579/2022)	100,00	USD	Huber/Fischer, Anderkonto: DE49700104836729347398293364 (X-Bank GmbH in Weiherflur), Letzte Eintragung: 18.12.2022

(Seite 2)

Massenummer 2022/13 (UVZ-Nr. 1060/2022)	28.000,00	EUR	Schmidt GmbH/Schmitt AG, Anderkonto: DE33104102838567382933 (Sparkasse in Seefeld A.d.ö.R.), Letzte Eintragung: 23.12.2022
Massenummer 2022/11 (UVZ-Nr. 920/2022)	450,00	DKK	Bauer/Schröder, Anderkonto: DE94104102836553642840 (Sparkasse in Seefeld A.d.ö.R.), Letzte Eintragung: 21.11.2022

Massenummer 2022/2 (UVZ-Nr. 446/2022)	12.000,00	USD	Schneider KG/Weber, Anderkonto: DE72700104833456743837 (X-Bank GmbH in Weiherflur), Letzte Eintragung: 1.8.2022
b) Amtstätigkeit: (…), Notarin/ Notar in (…) **)			
Massenummer 2022/13 (UVZ-Nr. 142/2022)	13.000,00	EUR	Wagner/Becker, Anderkonto: DE85927189394729023040 (Sparkasse in Ozeanrasen A.d.ö.R.), Letzte Eintragung: 23.12.2022
Massenummer 2022/10 (UVZ-Nr. 135/2022)	100,00	USD	Hoffmann gGmbH/Schulz/ Hartmann, Anderkonto: DE85700104837398293364 (X-Bank GmbH in Weiherflur), Letzte Eintragung: 2.1.2023
Summe in DKK:	**450,00**	**DKK**	
Summe in USD:	**12.200,00**	**USD**	
Summe in EUR:	**42.050,00**	**EUR**	

(Seite 3)

II. **Sachverwahrung**	Betrag		Bemerkung/letzte Eintragung
Bestand nach einzelnen Massen gegliedert			
a) Amtstätigkeit: (…), Notarin/Notar in (…) **)			
Massenummer 2022/17 (UVZ-Nr. 433/2022)	10.000,00	USD	4 v.H. Pfandbriefe (F-Bank AG in Seefeld), Serie V, Nr. 201, 207 zu je 5.000,00 USD mit Zins- und Erneuerungsscheinen zu diesen Nummern, Letzte Eintragung: 5.5.2022
Massenummer 2022/4 (UVZ-Nr. 427/2022)	5.000,00	EUR	Goldbarren, 100 g gegossen, Feinheit 0,9999, Letzte Eintragung: 25.2.2022
Massenummer 2022/2	15.000,00	EUR	Armbanduhr, Marke „Luxus 2000“, Gold, Durchmesser des Ziffernblatts 4,3 cm, Letzte Eintragung: 13.1.2022
b) Amtstätigkeit: (…), Notarin/ Notar in (…) **)			
Massenummer 2022/7	2.346,85	EUR	Sparbuch Nummer 158438573945 (X-Bank KG in Tümpelaue), Letzte Eintragung: 23.12.2022
Summe in EUR:	**22.346,85**	**EUR**	
Summe in USD:	**10.000,00**	**USD**	

(Seite 4)

III. Zahlungsmittelverwahrung	Betrag		Bemerkung/letzte Eintragung
Bestand nach einzelnen Massen gegliedert			
Massenummer 2022/36 (UVZ-Nr. 3.225/2022),	14.293,38	EUR	Sparbuch Nummer 20391820934 (N-Kreditanstalt in Seefeld A.d.ö.R.) Letzte Eintragung: 28.11.2022
Massenummer 2022/34 (UVZ-Nr. 3.102/2022),	2.385,57	EUR	Scheck Nummer 2039812839403 (X-Bank GmbH in Weiherflur), Letzte Eintragung: 3.12.2022
Summe in EUR:	**16.678,95**	**EUR**	

Ich versichere hiermit, dass die vorstehende Übersicht vollständig und richtig ist und dass die aufgeführten Geldbeträge mit den Guthaben übereinstimmen, die in den Kontoauszügen oder elektronischen Umsatzmitteilungen der Kreditinstitute, in den Sparbüchern oder auf den Schecks angegeben sind.

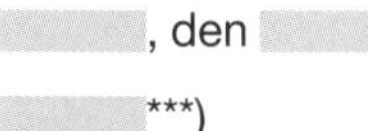

, den

***)

(Notarin/Notar)

Anmerkungen:

*) Ist im Fall des § 9 Absatz 5 durch den Tag der Erlangung der neuen Verwahrzuständigkeit zu ersetzen.

**) Die einzelnen Verwahrungsmassen sind nach Amtstätigkeiten zu untergliedern. Diese Untergliederung entfällt, sofern nur eine Amtstätigkeit betroffen ist.

***) Entfällt bei Ersetzung durch die elektronische Form (§ 16 Absatz 3 Satz 2)

Die Erstellung der Übersicht kann (auch) **im VVZ-Modul von XNP erledigt** werden, wobei der damit generierte Export vollständig dem vorstehenden Muster entspricht. 342

4. Übersichten über Beteiligte

Bei dieser Exportmöglichkeit geht es um die Jahresübersicht über Beteiligte, welche die Aufsichtsbehörde nach § 17 Abs. 3 Nr. 2 DONot fordern kann. In der Onlinehilfe der BNotK wird empfohlen, diese Übersicht jährlich zu generieren und für den Fall des späteren Vorlageverlangens aufzubewahren, vorgeschrieben ist dies aber nicht. 343

5. Übersichten über Notaranderkonten

Dieser Export erstellt eine Übersicht über die Anderkonten, die es im vergangenen Kalenderjahr (noch) gab. Diese Übersicht ist allenfalls noch eine Hilfestellung, die insbesondere für Vertreter oder Amtsnachfolger hilfreich sein kann. 344

VI. Nebenakte zu Verwahrungsgeschäften

1. Vorgaben für die Führung der Verwahrungs-Nebenakte

§ 41 NotAktVV – Sonderbestimmungen für Verwahrungsgeschäfte 345

(1) Zu **jedem Verwahrungsgeschäft** ist **eine Nebenakte** zu führen. Die Führung von **Sammelakten ist für Verwahrungsgeschäfte nicht zulässig**.

(2) Zu den Nebenakten für Verwahrungsgeschäfte sind insbesondere zu nehmen

1. **sämtliche Verwahrungsanträge und -anweisungen** (§ 57 Absatz 2 bis 4 des Beurkundungsgesetzes),
2. die **Treuhandaufträge** und die **Verwahrungsanweisungen**, die dem Notar im Zusammenhang mit dem Vollzug desjenigen Geschäfts erteilt worden sind, das der Verwahrung zugrunde liegt (§ 57 Absatz 6 des Beurkundungsgesetzes),
3. **Änderungen oder Ergänzungen der Verwahrungsanweisungen und der Treuhandaufträge**,
4. **Annahmeerklärungen** (§ 57 Absatz 2 Nummer 3 und Absatz 5 des Beurkundungsgesetzes) und
5. **Belege, Kontoauszüge** und **Abschriften von Abrechnungen und Kostenberechnungen, die die Verwahrung betreffen**.

(3) Sämtliche Nebenakten zu laufenden Verwahrungsgeschäften sind **einheitlich** in Papierform **oder** elektronisch zu führen. Ein **Wechsel** der Form der Aktenführung ist **nur zu Beginn eines Kalenderjahres** zulässig. Für Verwahrungsmassen, die vor einem Wechsel nach Satz 2 in das Verwahrungsverzeichnis eingetragen wurden, kann es abweichend von Satz 1 bei der **früheren Form der Aktenführung verbleiben**. Ist das Verwahrungsverhältnis beendet, so ist es zulässig, zunächst in Papierform geführte Nebenakten nur noch elektronisch aufzubewahren. Die Aufsichtsbehörde kann Ausnahmen von den Regelungen der Sätze 1 und 2 zulassen.

(4) **Kontoauszüge** sind mit der **Massenummer** zu versehen. **Belege für Einnahmen und Ausgaben** sind jeweils mit der **Massenummer und der Buchungsnummer** zu versehen. Führt der Notar aufgrund einer Übertragung der Verwahrzuständigkeit nach § 51 Absatz 1 und 3 der Bundesnotarordnung die Verwahrungsgeschäfte eines anderen Notars fort, so soll der Buchungsnummer ein Zusatz vorangestellt werden, der eine Unterscheidung zwischen den vor und den nach der Übertragung der Verwahrzuständigkeit zu den Nebenakten genommenen Dokumenten erlaubt.

(5) Kontoauszüge und sonstige Mitteilungen von Kreditinstituten und an Kreditinstitute, die die Führung der Notaranderkonten betreffen, müssen nicht in den Nebenakten aufbewahrt werden, wenn sie **elektronisch im Verwahrungsverzeichnis** gespeichert sind. Im Übrigen sind Belege und Kontoauszüge sowie Erklärungen nach Absatz 2 Nummer 4 **im Original aufzubewahren**, sofern sie nicht aufgrund der für die Führung der Nebenakte gewählten Form in eine andere Form übertragen werden müssen.

§ 57 BeurkG – Antrag auf Verwahrung

(1) (...)

(2) Der Notar darf Geld zur Verwahrung nur entgegennehmen, wenn

1. hierfür ein berechtigtes Sicherungsinteresse der am Verwahrungsgeschäft beteiligten Personen besteht,
2. ihm ein Antrag auf Verwahrung verbunden mit einer **Verwahrungsanweisung** vorliegt, **in der hinsichtlich der Masse und ihrer Erträge der Anweisende, der Empfangsberechtigte sowie die zeitlichen und sachlichen Bedingungen der Verwahrung und die Auszahlungsvoraussetzungen bestimmt sind,**
3. er den Verwahrungsantrag und die Verwahrungsanweisung **angenommen** hat.

(3) (....)

(4) Die **Verwahrungsanweisung** sowie deren **Änderung**, **Ergänzung** oder **Widerruf** bedürfen der **Schriftform**.

(5) **Auf der Verwahrungsanweisung** hat der Notar die **Annahme mit Datum und Unterschrift** zu vermerken, sofern die Verwahrungsanweisung nicht Gegenstand einer Niederschrift (§§ 8, 36) ist, die er selbst oder seine Notarvertretung aufgenommen hat.

(6) Die **Absätze 3 bis 5 gelten entsprechend für Treuhandaufträge**, die dem Notar im Zusammenhang mit dem Vollzug des der Verwahrung zugrundeliegenden Geschäfts von Personen erteilt werden, die an diesem nicht beteiligt sind.

(Anmerkung: Die Hervorhebungen stammen vom Verfasser).

§41 NotAktVV macht sehr **konkrete und strikte Vorgaben**, wie die Nebenakte zum Verwahrungsgeschäfts zu führen ist. Die genannten Unterlagen müssen in die Nebenakte aufgenommen werden, wobei insbesondere die Vorgaben zu **Kennzeichnung** (§41 Abs. 4 NotAktVV) und zu den **Annahmevermerken** auf der **Verwahrensanweisung** und den **Treuhandauftragen** (§57 Abs. 5 und 6 BeurkG) zu beachten sind. 346

Neben diesen vorgeschriebenen Unterlagen haben weitere Unterlagen in der Verwahrungsnebenakte üblicherweise nichts zu suchen.

Praxistipp: Umsetzung 347

Der Notar hat in den Fällen mit einem Verwahrungsgeschäft zum einen für das eigentliche Urkundsgeschäft (z.B. Grundstückskaufvertrag) eine übliche Nebenakte (Handakte) wie oben unter Rdn 132 ff. ausführlich beschrieben zu führen. Zum anderen hat der Notar daneben eine zweite Nebenakte für das Verwahrungsgeschäft zu führen. Hier müssen die Unterlagen zugeordnet werden, die sich aus §41 NotAktVV ergeben. Soweit Schriftstücke sinnvollerweise in beiden Nebenakten enthalten sind, sind entsprechende Kopien bzw. Scans zu fertigen.

Eine bewährte Vorgehensweise ist es, in die Nebenakte des Urkundsgeschäftes die Originale des Schriftverkehrs abzuheften, also insbesondere auch die Originale der im Rahmen der Verwahrung zu beachtenden Treuhandaufträge von abzulösenden Grundpfandrechtsgläubigern, und in die Nebenakte des Verwahrungsgeschäftes Kopien der für die Verwahrungs-Nebenakte relevanten Schriftstücke.

Es empfiehlt sich, die **Entlassungserklärungen** der Banken nach Durchführung des Treuhandauftrages ebenfalls zu der Verwahrungs-Nebenakte zu nehmen.

Vorsorglich zur Klarstellung: §57 Abs. 6 BeurkG gilt nur für die notarielle Verwahrung. Erfolgt die Vertragsabwicklung dagegen ohne Notaranderkonto, sind die von den Grundpfandrechtsgläubigern des Verkäufers anlässlich der Übersendung der Löschungsunterlagen übermittelten Treuhandaufträge lediglich in die Nebenakte des Urkundsgeschäfts aufzunehmen. Da es sich bei diesem Vorgehen nicht um eine Verwahrung von Geld, Wertpapieren oder Kostbarkeiten handelt, also nicht um ein Verwahrungsgeschäft i.S.d. §§57 ff. BeurkG ist weder ein schriftlicher Annahmevermerk erforderlich noch eine zusätzliche Verwahrungs-Nebenakte zu führen.

Anders als bei der Nebenakte zu Urkundsgeschäften (siehe oben Rdn 138) ist bei Verwahrungsgeschäften **keine Sammelakte zulässig**, sowie auch für jede Verwahrung ein eigenes Notaranderkonto anzulegen ist. 348

2. Papiergebundene oder elektronische Aktenführung

Nach §41 Abs. 3 NotAktVV sind die Nebenakten zu allen laufenden Verwahrungsgeschäften einheitlich entweder in Papierform oder elektronisch zu führen. Ein **Wechsel der Form der Aktenführung** für alle (neuen) Nebenakten ist nur zu **Beginn eines Kalenderjahres** zulässig. 349

Für Verwahrungsmassen, die vor dem Aktenführungs-Wechsel in das Verwahrungsverzeichnis eingetragen wurden, kann es bei der früheren Form der Aktenführung verbleiben. Bei einem Wechsel von papiergebundener Nebenaktenführung zur elektronischen Nebenaktenführung gibt es also vorübergehend ein Nebeneinander von Papier (für die Altakten) und Elektronik (für die Neuakten). Dem Notar ist es aber unbenommen, bei einem Wechsel zur elektronischen Aktenführung auch die laufenden Altakten in die elektronische Aktenführung zu überführen. 350

Ist das Verwahrungsverhältnis beendet, so ist es zulässig, zunächst in Papierform geführte Nebenakten nur noch elektronisch aufzubewahren (§41 Abs. 3 Satz 4 NotAktVV). Es ist insbesondere auch zulässig, dass auch bei fortgeführter Aktenführung in Papierform die jeweils abgeschlossenen Verwahrungs-Nebenakten in die elektronische Form überführt werden. 351

Wird für die Aktenführung der Verwahrungsnebenakte die **elektronische Form** gewählt, sind insbesondere die **Vorgaben des §43 NotaktVV** zu beachten (siehe oben Rdn 152 ff.).

352 § 41 Abs. 5 NotAktVV erlaubt es bei **elektronischer Anderkontenführung** Kontoauszüge und sonstige Mitteilungen von Kreditinstituten und an Kreditinstitute, die dann nur in elektronischer Form ankommen bzw. übermittelt werden, **nicht** zusätzlich auszudrucken und in den Nebenakten aufzubewahren, vorausgesetzt sie werden **elektronisch im Verwahrungsverzeichnis gespeichert**. Alle anderen Belege und Kontoauszüge sowie die Annahmeerklärungen sind im Original aufzubewahren, sofern sie nicht sowieso für alle Nebenakten die elektronische Aktenführung gewählt wurde und diese Unterlagen in die elektronische Form übertragen werden müssen.

3. Aufbewahrungsfrist

a) Für Nebenakten seit dem 1.1.2022

353 **§ 35 BNotO – Führung der Akten und Verzeichnisse**

(…)

(6) (…). Im Übrigen ist die verwahrende Stelle verpflichtet, **nach Ablauf der Aufbewahrungsfristen** die in Papierform geführten **Akten und Verzeichnisse zu vernichten** und die elektronisch geführten Akten und Verzeichnisse **zu löschen**. Die Sätze 1 und 2 gelten nicht, solange im Einzelfall eine weitere Verwahrung durch die verwahrende Stelle erforderlich ist.

§ 50 NotAktVV – Aufbewahrungsfristen

(1) Für Unterlagen, die ab dem 1.1.2022 erstellt werden, gelten folgende Aufbewahrungsfristen: (…).

7. für die in der **Nebenakte** verwahrten Dokumente **7 Jahre**, (…)

(2) **Die Aufbewahrungsfristen beginnen**: (…)

2. für Eintragungen im Verwahrungsverzeichnis **mit dem Kalenderjahr, das auf den Abschluss des Verwahrungsgeschäfts folgt**, (…).

(Anmerkung: Die Hervorhebungen stammen vom Verfasser).

354 Auch die Verwahrungs-Nebenakten sind sieben Jahre aufzubewahren und nach Ablauf dieser Frist zu vernichten. Aber auch hier sind Fälle denkbar, in denen der Notar im Einzelfall oder für bestimmte Arten von Amtsgeschäften mit Verwahrung ein berechtigtes Interesse an einer längeren Aufbewahrungsfrist sieht, was dann die Beachtung der Vorgaben des § 52 NotAktVV zur Folge hat (siehe oben Rdn 160 ff.).

b) Für Nebenakten-Altfälle

355 **§ 51 NotAktVV – Aufbewahrungsfristen für Altbestände**

(1) Für Unterlagen, die vom 1.1.1950 bis zum 31.12.2021 erstellt wurden, gelten folgende Aufbewahrungsfristen: (…)

4. für die in der Nebenakte verwahrten Dokumente 7 Jahre, (…)

(2) Die Aufbewahrungsfristen beginnen (...)

3. für die in der Nebenakte verwahrten Dokumente mit dem Kalenderjahr, das auf den Abschluss des Amtsgeschäfts folgt, zu dem die Nebenakte geführt wurde, (…).

4. Vernichtung der Nebenakte

356 Die Nebenakten müssen nach der Aufbewahrungsfrist vernichtet werden, sofern nicht ihre weitere Aufbewahrung angeordnet ist. Die Aktenvernichtung muss dabei in sicherer Weise endgültig erfolgen. Unter Beachtung der Verschwiegenheitspflicht (§ 18 BNotO) kann der Notar insoweit eine zuverlässige Firma mit der Aktenvernichtung beauftragen. Auch die elektronisch geführte Nebenakte muss nach der Aufbewahrungsfrist vernichtet werden, d.h., die hier vorhandenen Daten sind zu löschen.[53]

53 Siehe hierzu auch das Rundschreiben Nr. 5/2018 der Bundesnotarkammer, hier insbesondere auch zu den Vorgaben an die Notariatssoftware zur Löschung von personenbezogenen Daten.

VII. Verwahrungsverzeichnis bei Amtsübernahmen

§ 9 DONot – Übersicht über Verwahrungsgeschäfte 357

(…)

(5) Wird eine Notarin oder ein Notar **nicht nur vorübergehend für die Verwahrung bereits bestehender Verwahrungsmassen zuständig**, so hat sie oder er **innerhalb von vier Wochen** nach Erlangung der Zuständigkeit ebenfalls **eine Übersicht** nach Absatz 1 oder **eine Fehlanzeige** nach Absatz 4 zu übermitteln. Eine Übersicht ist mit den Wertstellungen vom Tag der Erlangung der Verwahrzuständigkeit zu erstellen.

(Anmerkung: Hervorhebungen stammen vom Verfasser).

Durch diese Bestimmungen werden die Fälle von **Amtsnachfolgen** und **Notariatsverwaltungen** geregelt. 358

Im VVZ-Modul in XNP kann diese Übersicht auch unterjährig unter dem Menüpunkt „*Jahresabschluss*" erstellt und exportiert werden.

Außerdem ist zu beachten: 359

§ 41 NotAktVV – Sonderbestimmungen für Verwahrungsgeschäfte

(…)

(4) Kontoauszüge sind mit der Massenummer zu versehen. Belege für Einnahmen und Ausgaben sind jeweils mit der Massenummer und der Buchungsnummer zu versehen. **Führt der Notar aufgrund einer Übertragung der Verwahrzuständigkeit nach § 51 Absatz 1 und 3 der Bundesnotarordnung die Verwahrungsgeschäfte eines anderen Notars fort**, so soll **der Buchungsnummer ein Zusatz vorangestellt werden, der eine Unterscheidung** zwischen den vor und den nach der Übertragung der Verwahrzuständigkeit zu den Nebenakten genommenen Dokumenten **erlaubt**.

(Anmerkung: Hervorhebungen stammen vom Verfasser).

K. Wechsel- und Scheckproteste

I. Inhalt der Sammelakte

Abschnitt 7 – Sammelakte für Wechsel- und Scheckproteste 360

§ 45 NotAktVV – Sammelakte

(1) **Beglaubigte Abschriften von Protesturkunden**, die bei der Aufnahme von Wechsel- oder Scheckprotesten zurückbehalten wurden, und Vermerke, die über den Inhalt des Wechsels, der Wechselabschrift oder des Schecks aufgenommen wurden (Artikel 85 Absatz 2 Satz 2 und 3 des Wechselgesetzes, Artikel 55 Absatz 3 des Scheckgesetzes), **sind in einer Sammelakte zu vereinigen**.

(2) Die beglaubigten Abschriften der Protesturkunden und die Vermerke sind möglichst auf dasselbe Blatt zu setzen und nach der **Reihenfolge ihrer Erstellung zu ordnen**. Die beglaubigten Abschriften der **Protesturkunden sind mit fortlaufenden Nummern zu versehen**.

(3) **Anstelle** der in Absatz 1 bezeichneten Abschriften und Vermerke können auch **elektronisch beglaubigte Abschriften in dem Dateiformat** aufbewahrt werden, das für Dokumente in **der elektronischen Urkundensammlung** vorgeschrieben ist. Die Aufbewahrung muss für die in **einem Kalenderjahr** angefallenen Urkunden **einheitlich** in Papierform oder in elektronischer Form erfolgen.

(Anmerkung: Hervorhebungen stammen vom Verfasser).

Wechsel- und Scheckproteste kommen heutzutage praktisch nicht mehr vor. Wenn aber doch, dann gilt: Das Original der Protesturkunde verbleibt nicht bei dem Notar; der Notar hat von dem Protest lediglich eine beglaubigte Abschrift zu fertigen und zu verwahren und diese Verwahrung erfolgt in einer **Sammelakte**. 361

Praxistipp: Umsetzung

Die **Urschrift** der Protesturkunde ist an den Wechsel zu heften (kleben), die Verbindungsstelle zwischen Wechsel und Protesturkunde ist mit dem Amtssiegel (Farbdrucksiegel) zu versehen und die so verbundene Urkunde ist dem Auftraggeber auszuhändigen.

Neben die Unterschrift des Notars auf der Protesturkunde ist ebenfalls das Amtssiegel (Farbdrucksiegel) des Notars zu setzen.

Eine UVZ-Nr. ist nicht zu vergeben.

II. Führung der Sammelakte – papiergebunden oder elektronisch

362 Wird die **Sammelakte in Papierform** geführt, sind die beglaubigten Protesturkunden außerhalb der (elektronischen) Urkundensammlung gesondert in Sammelbänden nach der zeitlichen Reihenfolge aufzubewahren. Die zeitliche Reihenfolge ist innerhalb eines Jahrgangs unter fortlaufender Nummerierung vorzunehmen, d.h., der erste Wechselprotest im Jahr 2024 erhält die Nr. 1/2024. Ein Sammelband (Schnellhefter oder Aktenordner oder Urkundskasten) kann auch mehrere Jahrgänge umfassen.[54]

363 **Anstelle** der beglaubigten Abschriften und Vermerke können auch elektronisch beglaubigte Abschriften im Dateiformat der elektronischen Urkundensammlung elektronisch aufbewahrt werden.

Allerdings ist zu beachten, dass alle in **einem Kalenderjahr** angefallenen Proteste **einheitlich in Papierform** oder **in elektronischer Form** zu verwahren sind.

364 Die **Aufbewahrungsfrist** für die in Sammelbänden für Wechsel- und Scheckproteste verwahrten Dokumente beträgt sowohl für Altbestände wie auch für Neubestände **sieben Jahre, beginnend** für die jeweils verwahrte Wechsel- und Schenkprotestabschrift **mit dem Kalenderjahr, das auf die Amtshandlung folgt**, §§ 50 bzw. 51 NotAktVV.

L. Generalakte

I. Inhalt der Generalakte

365 **§ 46 NotAktVV – Generalakte**

(1) Für Vorgänge, die die Amtsführung im Allgemeinen betreffen, ist eine **Generalakte** zu führen. Sie enthält insbesondere

1. Schriftverkehr mit den **Aufsichtsbehörden**, insbesondere zu **Nebentätigkeiten**, **Verhinderungsfällen** und **Vertretungsbestellungen**,
2. Berichte über die **Prüfung der Amtsführung** und den dazugehörigen Schriftverkehr,
3. Schriftverkehr mit der **Notarkammer** sowie der **Notarkasse** und der **Ländernotarkasse**,
4. Unterlagen über die Einhaltung der **datenschutzrechtlichen** Vorgaben,
5. Unterlagen über die Einhaltung der **geldwäscherechtlichen** Vorgaben,
6. Originale oder Kopien der Unterlagen über die **Berufshaftpflichtversicherung** einschließlich des **Versicherungsscheins** und der **Belege über die Prämienzahlung**, soweit nicht eine Gruppenberufshaftpflichtversicherung nach § 113 Absatz 3 Nummer 3 der Bundesnotarordnung besteht,
7. Niederschriften über Verpflichtungen nach § 26 der Bundesnotarordnung [*förmliche Verpflichtung zur Verschwiegenheit der vom Notar beschäftigten Personen*],
8. Verträge im Sinne des § 26a Absatz 3 der Bundesnotarordnung [***Verträge mit Dienstleistern,*** *die der Notar im Rahmen seiner Berufsausübung beauftragt*] und Nachweise über **Verpflichtungen** im Sinne des § 26a Absatz 6 Satz 1 der Bundesnotarordnung,
9. Anzeigen nach § 27 der Bundesnotarordnung *[Anzeige zur Verbindung zur gemeinsamen Berufsausübung],*
10. **Prüfzeugnisse, Bescheinigungen** und vergleichbare Erklärungen,
11. mit einer **Zertifizierung verbundene Schriftstücke** und
12. **generelle Bestimmungen über die Verlängerung der Aufbewahrungsfrist von Nebenakten**.

54 BeckOK-BeurkG/*Kleba*, 10. Ed. 1.3.2024, NotAktVV § 45 Rn 4.

(2) Die Generalakte ist entweder **nach Sachgebieten geordnet** zu gliedern **oder mit fortlaufenden Seitenzahlen und einem Inhaltsverzeichnis** zu versehen.

(Anmerkungen: Die Hervorhebungen und Erläuterungen stammen vom Verfasser).

Der Notar muss eine Generalakte führen. Diese ist insbesondere Gegenstand der **Amtsprüfung**. 366

Die Führung der Generalakten nach **Sachgebieten** (anstelle der auch zulässigen Führung mit fortlaufend nummerierten Blättern und einem Inhaltsverzeichnis) erscheint allgemein geeigneter, dies auch vor dem Hintergrund, dass wohl irgendwann eine Umstellung auf eine elektronische Führung erfolgt.[55]

Einige Einzelheiten zu § 46 NotAktVV: 367

- Zum Schriftverkehr gem. Ziffer 3 gehören nicht die **Rundschreiben der Notarkammer** bzw. der Notarkasse.
- Zu den Datenschutzunterlagen gem. Ziffer 4 gehören auch die Bescheinigungen der papiertechnischen Stiftung (PTS) in Heidenau, dass die Kopiergeräte und Drucker zur Herstellung von Urkunden geeignet sind, ebenso wie Belege über die Unterweisungen der Mitarbeiter zum Datenschutz.
- Zu Ziffer 5 gehören insbesondere **Belege** über die Unterweisungen der Mitarbeiter zum GwG.
- **Dienstleister** gem. Ziffer 8 sind etwa Reinigungs- und Sicherheitsdienste und insbesondere Dienstleister bezüglich der IT-Software- und Hardware, wozu auch die Drucker-, Scanner- und Kopiereinheiten gehören.
- Zu Ziffer 10 gehören insbesondere **Herstellerbescheinigung** für Software nach § 11 DONot und Hardware nach § 13 DONot.
- Bei den mit der **Zertifizierung** gem. Ziffer 11 verbundene Schriftstücke handelt es sich um Unterlagen im Zusammenhang mit der Ausgabe einer qualifizierten elektronischen Signatur an den Notar, wobei Zugangsdaten und Passwörter selbstverständlich sicher verschlossen zu verwahren sind.

Die Aufzählung gem. § 46 Abs. 1 Satz 2 NotAktVV ist **nicht abschließend** (arg.: „insbesondere"). Vielfach werden insbesondere auch die Informationsschreiben der Notarkammer und der Bundesnotarkammer sowie Fortbildungsnachweise (siehe § 14 Abs. 6 BNotO) in der Generalakte aufbewahrt. 368

II. Elektronische Führung (teilweise)

§ 47 NotAktVV – Elektronische Führung 369

(1) Soll die Generalakte teilweise in Papierform und teilweise elektronisch geführt werden, so ist die jeweilige Form auf **ganze Jahrgänge**, **ganze Sachgebiete** oder **ganze Jahrgänge ganzer Sachgebiete** zu erstrecken.

(2) Im Übrigen gilt für die elektronische Führung der Generalakte § 43 entsprechend.

§ 43 NotAktVV – Elektronische Führung

(1) Werden die Nebenakten elektronisch geführt, müssen die **Nebenakten** und die darin aufgenommenen Dokumente durch einen **strukturierten Datensatz** beschrieben sein. Hat die Bundesnotarkammer in ihrem **Verkündungsblatt nähere Angaben** zu dem strukturierten Datensatz sowie zu den **Dateiformaten** bekannt gemacht, die bei der Führung der Nebenakten zu verwenden sind, so sind diese zu beachten. Die Bekanntmachung im Verkündungsblatt kann zu technischen Einzelheiten auf eine Veröffentlichung im Internet Bezug nehmen.

(2) Eine elektronisch geführte Nebenakte muss jederzeit in das **Dateiformat** überführt werden können, das **für Dokumente in der elektronischen Urkundensammlung** vorgeschrieben ist.

(Anmerkung: Die Hervorhebungen stammen vom Verfasser).

55 BeckNotar-HdB, § 34. Amtsführung und Büro Rn 172, beck-online.de.

370 Will der Notar die Generalakte in der gem. § 47 NotAktVV zulässigen Weise elektronisch führen, muss er auch beachten, dass er dies nur unter Verwendung des von der BNotK verkündeten strukturierten Datensatzes machen darf. Die BNotK hat die **Generalakte-Datensatz-Bekanntmachung 2023** in DNotZ 2023, 881 wie folgt veröffentlicht:

Generalakte-Datensatz-Bekanntmachung 2023

Gemäß § 47 Absatz 2 i.V.m. § 43 Absatz 1 Satz 2 der Verordnung über die Führung notarieller Akten und Verzeichnisse vom 13.10.2020 (BGBl I, S. 2246) wird bekannt gemacht, dass ab dem Tag nach der Bekanntmachung für den strukturierten Datensatz zur Führung der Generalakte sowie für die Dateiformate, die bei der Führung der Generalakte zu verwenden sind, Folgendes gilt:

1. *Bei der Führung einer elektronischen Generalakte muss der strukturierte Datensatz zugrunde gelegt werden, der dem auf www.bnotk.de/veroeffentlichungen veröffentlichten Schema in der jeweils gültigen Fassung entspricht.*
2. *Für die in die elektronische Generalakte aufzunehmenden Dokumente müssen allgemein gebräuchliche Dateiformate verwendet werden (§ 4 Absatz 1 der Verordnung über die Führung notarieller Akten und Verzeichnisse).*
3. *Es genügt, wenn ein vollständiger Export des Datensatzes und der in den Dateiformaten im Sinne der Ziffer 2 vorliegenden Inhalte der Generalakte in das Dateisystem jederzeit hergestellt werden kann. Der Export muss bei Bedarf erfolgen, insbesondere im Fall des § 4 Absatz 2 der Verordnung über die Führung notarieller Akten und Verzeichnisse. Ein täglicher oder sonst regelmäßiger Export ist nicht erforderlich.*

Die vorstehende Bekanntmachung wird hiermit ausgefertigt und wird in der Deutschen Notar-Zeitschrift verkündet.

371 Für die aufzunehmenden Dokumente sind **allgemein gebräuchliche Dateiformate**[56] zu verwenden, dazu zählen insbesondere Dateiformate von Word (z.B. .docx), OpenOffice (z.B. .odt) und Adobe (z.B. .pdf).

372 Außerdem schreibt § 43 Abs. 2 NotAktVV vor, dass es jederzeit möglich sein muss, dass die elektronische Nebenakte in das **Dateiformat** überführt wird, das für die Dokumente in der elektronischen Urkundensammlung vorgeschrieben ist, also in das Dateiformat PDF/A-1b.[57]

373 Die **elektronische Nebenakte** darf der Notar gem. § 35 Abs. 1 S. 1 BNotO zur Gewährleistung der Verfügbarkeit und Integrität nur auf einem EDV-System innerhalb seiner Amtsstelle gespeichert werden. Die in § 35 Abs. 4 BNotO vorgesehene Möglichkeit der Speicherung im Elektronischen Notariatsaktenspeicher (siehe § 78k BNotO) gibt es diesen noch nicht. Die Nutzung von Cloud-Lösungen ist nicht zulässig.

M. Jahresabschluss – Jahresübersichten

374 Nach **jedem Kalenderjahr** hat der Notar zusätzlichen Aufgaben zur Gewährleistung einer ordnungsgemäßen Amtsführung bezüglich der Verwaltung der Notarstelle durchzuführen.

I. Export der UVZ-Eintragungen und VVZ-Eintragungen

375 § 19 NotAktVV bzw. § 29 NotAktVV verpflichtet den Notar, nach Abschluss jedes Kalenderjahres **zeitnah** die Eintragungen, die im vergangenen Kalenderjahr im Urkundenverzeichnis bzw. im Verwahrungsverzeichnis vorgenommen wurden, jeweils in eine Datei zu exportieren und die Dateien mit seiner qualifizierten elektronischen Signatur des Notars zu versehen.

Das Vorgehen ist oben unter Rdn 267 ff. bzw. Rdn 366 ff. beschrieben.

56 So auch in § 4 Abs. 1 NotAktVV genannt.

57 § 35 Abs. 4 NotAktVV i.V.m. der Urkundenarchiv-Dateiformat-Bekanntmachung-2022, DNotZ 2021, 916.

II. Übersichten über Urkundsgeschäfte und Verwahrungsgeschäfte

Gemäß § 7 DONot bzw. § 9 DONot sind bis zum 31.1. eines jeden Jahres Übersichten über die Urkundsgeschäfte und die Verwahrungsgeschäfte des vorherigen Kalenderjahres zu erstellen und der/dem LG-Präsidentin/en (die Übersicht über die Urkundsgeschäfte auch der Notarkammer) zu übermitteln. 376

Das Vorgehen ist oben unter Rdn 273 ff. bzw. Rdn 335 ff. beschrieben.

Umsetzung in der Praxis: Vollständigkeit der Urkundensammlung 377

Die Versendung der Übersicht über die Urkundsgeschäfte sollte auch zum Anlass genommen werden, die Urkundensammlung auf ihre Vollständigkeit hin zu überprüfen. Fehlende Urkunden, etwa in der Nebenakte verbliebene Originale, sind dann alsbald zur Urkundensammlung zu nehmen.

III. Übersicht über verwahrte Erbverträge

Der Notar hat gemäß den Vorschriften des § 351 Satz 1 FamFG und des § 8 DONot das UVZ und das Erbvertragsverzeichnis oder die Erbvertragskartei **jährlich bis zum 15.2.** nach Erbverträgen durchzusehen, die innerhalb des letzten Kalenderjahres eine **Verwahrdauer von mehr als 30 Jahre** erreicht haben. Bezüglich dieser Erbverträge hat er dann von Amts wegen zu ermitteln, ob die Erblasser noch leben. Die Durchsicht und deren Ergebnis sind durch einen von ihm zu unterzeichnenden Vermerk zu bestätigen. 378

Soweit für solche Erbverträge dann eine Ablieferung noch nicht veranlasst ist (weil alle Erblasser noch leben), ist das Verfahren nach § 351 FamFG **alle fünf Jahre** zu wiederholen. 379

Praxistipp: Vermeidung der wiederholten Prüfung

Von der Pflicht, die Prüfung alle fünf Jahre für den jeweils schon geprüften Erbvertrag zu wiederholen, kann sich der Notar allerdings befreien, wenn sich davon einmalig überzeugt, dass zu diesen Erbverträgen die **Verwahrangaben im ZTR zutreffen** (§ 8 Satz 2 DONot).

Die Details des gesamten Prozederes sind erläutert oben bei Rdn 281 ff.

IV. Übersichten über Beteiligte

§ 17 DONot – Zugang der Aufsichtsbehörde zu den Akten und Verzeichnissen der Notarin oder des Notars 380

(...)

(3) Die Notarin oder der Notar hat der Aufsichtsbehörde auf deren Anforderung unverzüglich folgende Dokumente zur Verfügung zu stellen:

1. eine Übersicht über Beteiligte im Urkundenverzeichnis des jeweils betroffenen Jahres;
2. eine Übersicht über Beteiligte im Verwahrungsverzeichnis des jeweils betroffenen Jahres.

(...)

Im Hinblick auf die vorstehende Befugnis der Aufsicht des Notars wird regelmäßig empfohlen, diese Übersichten jährlich zu generieren und für den Fall des späteren Vorlageverlangens aufzubewahren.

Das Vorgehen ist oben unter Rdn 292 bzw. Rdn 343 beschrieben.

N. Urkundensammlung und Erbvertragssammlung

I. Urkundensammlung

381 **§ 45 BeurkG – Urschrift**

(1) Die Urschrift der notariellen Urkunde bleibt, wenn sie nicht auszuhändigen ist, in der Verwahrung des Notars.

(2) Wird die Urschrift der notariellen Urkunde nach § 56 in ein elektronisches Dokument übertragen und in der elektronischen Urkundensammlung verwahrt, steht die elektronische Fassung der Urschrift derjenigen in Papierform gleich.

(3) Das nach § 16b oder § 39a erstellte elektronische Dokument (elektronische Urkunde), das in der elektronischen Urkundensammlung verwahrt wird, gilt als Urschrift im Sinne dieses Gesetzes (elektronische Urschrift).

382 Seit dem 1.8.2022 gibt es nicht mehr nur eine Urkundensammlung im Notariat. Vielmehr gibt es nun

- **drei Urkundensammlungen** für die altbekannten Papierurkunden, nämlich die Urkundensammlung, die Erbvertragssammlung oder die Sondersammlung, und es gibt
- **eine elektronische Urkundensammlung** für die neuen elektronischen Urschriften.

383 Von den **Niederschriftsurkunden** gibt es daher nun regelmäßig zwei Urschriften einer Urkunde, aber auch von vielen Vermerkurkunden, § 45 Abs. 2 BeurkG.

Die Papier-Urschrift der notariellen Niederschriftsurkunde wird in den seltensten Fällen ausgehändigt, sie bleibt im Grundsatz in der Verwahrung des Notars, § 45 Abs. 1 BeurkG. Daher bestimmt § 47 BeurkG, dass die Urschrift im Rechtsverkehr durch die Ausfertigung vertreten wird.

384 Die elektronische Urschrift wird niemals ausgehändigt. Auch von ihr können Papier-Ausfertigungen gefertigt werden, jedoch (bisher) keine elektronischen Ausfertigungen.

> *Hinweis: Keine elektronische Ausfertigung*
>
> Es gibt (noch) keine elektronische Ausfertigung. Elektronische Dateien – und somit auch ein elektronisches Dokument mit einer qualifizierten elektronischen Signatur – können unbegrenzt kopiert werden und diese Möglichkeit widerspräche dem Konzept der Einmaligkeit einer konkreten Ausfertigung.[58]

385 Dieses Kapitel befasst sich mit der **papiergebundenen Urkundensammlung**. Die Grundnorm der Urkundensammlung ist der § 31 NotAktVV.

§ 31 NotAktVV – Urkundensammlung

(1) In der Urkundensammlung sind zu verwahren

1. bei Niederschriften über eine **Verfügung von Todes wegen**
   a) eine **beglaubigte Abschrift**, wenn die Beteiligten dies wünschen, und
   b) ein Ausdruck der Bestätigung oder der Bestätigungen über die **Registrierung im Zentralen Testamentsregister**,
2. bei **sonstigen Niederschriften**, die in das Urkundenverzeichnis einzutragen sind, die **Urschrift**,
3. bei **elektronischen Niederschriften im Sinne des § 16b des Beurkundungsgesetzes**, ein **beglaubigter Ausdruck** des elektronischen Dokuments,
4. bei **Vermerken im Sinne des § 39 des Beurkundungsgesetzes**, die in das Urkundenverzeichnis einzutragen sind,
   a) die **Urschrift, wenn diese in notarieller Verwahrung verbleibt**,
   b) eine **Abschrift, wenn die Urschrift ausgehändigt wird und der Notar die Urkunde entworfen hat**,
   c) in den **übrigen Fällen nach Ermessen des Notars eine Abschrift**,

58 BeckOK-BeurkG/*Frohn*, 8. Ed. 1.3.2023, § 39a Rn 11.

5. bei einfachen **elektronischen Zeugnissen im Sinne des § 39a des Beurkundungsgesetzes**, die in das Urkundenverzeichnis einzutragen sind,
   a) ein **beglaubigter Ausdruck des elektronischen Dokuments, wenn dieses in notarieller Verwahrung verbleibt**,
   b) ein **Ausdruck des elektronischen Dokuments, wenn dieses ausgehändigt wird und der Notar die Urkunde entworfen hat**,
   c) in den **übrigen Fällen nach Ermessen des Notars ein Ausdruck des elektronischen Dokuments**,
6. bei **Vollstreckbarerklärungen nach § 796c Absatz 1 der Zivilprozessordnung** die **Urschrift** mit der Urschrift des Vergleichs,
7. bei **Vollstreckbarerklärungen nach § 1053 Absatz 4 der Zivilprozessordnung** die **Urschrift** mit einer beglaubigten Abschrift des Schiedsspruchs,
8. bei Einigungen, Abschlussprotokollen, Vertragsbeurkundungen und Vertragsbestätigungen nach § 96 Absatz 3 Satz 1 und Absatz 5 Satz 2, § 98 Absatz 2 Satz 1 und § 99 Satz 1 des **Sachenrechtsbereinigungsgesetzes** die **Urschrift**.

(2) Die Urkundensammlung ist nach der **Reihenfolge der Eintragungen im Urkundenverzeichnis** zu ordnen.

(3) **Nachweise für die Vertretungsberechtigung**, die nach § 12 Absatz 1 des Beurkundungsgesetzes der Niederschrift beigefügt werden sollen, **werden der Urschrift beigefügt** und mit ihr in der Urkundensammlung verwahrt. Nachweise für die Vertretungsberechtigung, die nach § 16d des Beurkundungsgesetzes der elektronischen Niederschrift beigefügt werden sollen, werden dem in der Urkundensammlung verwahrten beglaubigten Ausdruck der elektronischen Niederschrift in Urschrift oder in beglaubigter Abschrift beigefügt und mit ihm in der Urkundensammlung verwahrt.

(4) Einem in der Urkundensammlung verwahrten Dokument können **andere Urschriften oder Unterlagen** beigefügt und mit ihm verwahrt werden, wenn
1. diese mit dem verwahrten Dokument **inhaltlich derart zusammenhängen, dass das verwahrte Dokument** ohne die anderen Urschriften oder Unterlagen **nicht in zweckdienlicher Weise verwendet werden kann**, oder
2. sie **für die Rechtswirksamkeit oder die Durchführung des beurkundeten Rechtsvorgangs bedeutsam** sind.

(5) **Anstelle der Urschrift** ist eine **Ausfertigung oder eine beglaubigte Abschrift** in der Urkundensammlung **zu verwahren**, wenn nach dem Beurkundungsgesetz die Ausfertigung oder die beglaubigte Abschrift **an die Stelle der Urschrift** tritt. Anstelle eines beglaubigten Ausdrucks der elektronischen Urschrift ist eine Ausfertigung oder eine beglaubigte Abschrift in der Urkundensammlung zu verwahren, wenn nach dem Beurkundungsgesetz die elektronische Fassung einer Ausfertigung oder einer beglaubigten Abschrift an die Stelle der elektronischen Urschrift tritt und die Verwahrung eines beglaubigten Ausdrucks der elektronischen Urschrift nicht möglich ist.

Merke!
Im Hinblick auf die Verschwiegenheitspflicht (§ 18 BNotO) ist die Urkundensammlung so aufzubewahren, dass sie vor dem Zugriff Unbefugter sicher ist; die Aufbewahrung in verschlossenen Räumen ist daher erforderlich.

1. Urkunden, die in der Urkundensammlung zu verwahren sind

§ 31 Abs. 1 NotAktVV erschließt sich leider nicht beim ersten Durchlesen. Daher hier einige Erläuterungen vom Allgemeinen zum Speziellen: 386

- In der Urkundensammlung sind im Grundsatz **alle Niederschriftsurkunden** (§§ 8, 36 und 38 BeurkG) zu verwahren.
  – Dies gilt **jedoch nicht** für **Verfügung von Todes wegen**; hier ist lediglich ein Ausdruck der **Registrierung(en) im Zentralen Testamentsregister** und außerdem – **wenn die Beteiligten dies wünschen**, was regelmäßig von den Notaren so vorgesehen wird – **eine beglaubigte Abschrift** der Verfügung.

   - Von einer **Online-Urkunde** (mittels Videokommunikation gem. § 16b BeurkG errichtet) wird ein **beglaubigter Ausdruck** des elektronischen Dokuments in der Papier-Urkundensammlung verwahrt.
- Bei im UVZ einzutragenden **Vermerkurkunden** i.S.d. § 39 BeurkG gilt:
   - Die **Urschrift der Vermerkurkunde** bleibt in der Urkundensammlung, **wenn nicht die Aushändigung verlangt wird** (ganz typisch bei Handelsregisteranmeldungen, die nicht mehr an das Handelsregister verschickt werden, sondern ausschließlich elektronisch übermittelt werden).
   - Wird die **Aushändigung der Vermerkurkunde verlangt**,
      - **muss** eine **Abschrift** (besser eine beglaubigte Abschrift) in die Urkundensammlung genommen werden, wenn der Notar die Urkunde entworfen hat (dies sind **Unterschriftsbeglaubigungen mit Entwurf**),
      - **kann** eine **Abschrift** (besser eine beglaubigte Abschrift) in die Urkundensammlung genommen werden, wenn der Notar die Urkunde nicht entworfen hat (dies sind die **Unterschriftsbeglaubigungen ohne Entwurf**),
- Bei im UVZ einzutragenden **einfachen elektronischen Vermerkurkunden** i.S.d. § 39a BeurkG gilt:
   - Ein **Beglaubigter Abdruck** des elektronischen Dokumentes wird in die Urkundensammlung genommen, **wenn nicht die Aushändigung verlangt wird.**
   - Wird die **Aushändigung des elektronischen Dokumentes** verlangt,
      - **muss** ein **Ausdruck** (besser ein beglaubigter Ausdruck) in die Urkundensammlung genommen werden, wenn der Notar die **Urkunde entworfen** hat,
      - **kann** ein **Ausdruck** (besser ein beglaubigter Ausdruck) in die Urkundensammlung genommen werden, wenn der Notar die **Urkunde nicht entworfen** hat.

387 *Praxistipp: Beglaubigte Abschriften und Ausdrucke in die Urkundensammlung*

Soweit die Verordnung die Verwahrung einfacher Abschriften oder Ausdrucke in der Urkundensammlung vorschreibt, ist es meist besser, **beglaubigte Abschriften** bzw. **Ausdrucke** der entsprechenden Urkunden zu verwahren. Die Beweiskraft dieser Dokumente ist größer und bei Verlust des Originals kann eine beglaubigte Abschrift der beglaubigten Abschrift vielleicht noch eher helfen.

2. Reihenfolge der verwahrten Urkunden

388 § 31 Abs. 2 NotAktVV ist nicht schwer zu verstehen: Die in der Urkundensammlung zu verwahrenden Urkunden sind nach der **Reihenfolge der UVZ-Nr.** zu ordnen.

3. Vertretungsnachweise

389 **§ 12 BeurkG – Nachweise für die Vertretungsberechtigung**

(1) Vorgelegte Vollmachten und Ausweise über die Berechtigung eines gesetzlichen Vertreters sollen der Niederschrift in Urschrift oder in beglaubigter Abschrift beigefügt werden. Ergibt sich die Vertretungsberechtigung aus einer Eintragung im Handelsregister oder in einem ähnlichen Register, so genügt die Bescheinigung eines Notars nach § 21 der Bundesnotarordnung.

(...)

390 Den Niederschriftsurkunden gem. § 12 BeurkG beizufügende Nachweise über die **Vertretungsberechtigung,** sind gem. § 31 Abs. 3 Satz NotAktVV mit der Urschrift in der Urkundensammlung zu verwahren.

Solche Vertretungsnachweis sind insbesondere Vollmachten, Betreuerausweise, Testamentsvollstreckerzeugnisse, Vertretungs- und Vollmachtsbescheinigungen nach § 21 BNotO.

Für die **elektronischen Niederschrift** gibt es eine entsprechend angepasste Regelung in Satz 2.

4. Der Urschrift beizufügende Urkunden und anderer Unterlagen

a) Betroffene Urkunden und Unterlagen

§ 31 Abs. 4 NotAktVV soll bewirken, dass eine aus sich heraus ersichtlich **wirksame und vollständige Urkunde** in der Urkundensammlung verwahrt wird. Dies kann oft erst dadurch bewirkt werden, dass später zur ursprünglichen Urschrift hinzutretende Unterlagen der Urschrift noch nachträglich beigefügt werden. 391

Daher bestimmt § 31 Abs. 4 NotAktVV, dass einem in der Urkundensammlung verwahrten Dokument andere Urschriften oder Unterlagen **beigefügt** und mit ihm **verwahrt werden** können (sprich: „*sollen*"), wenn

- diese mit dem verwahrten Dokument inhaltlich derart zusammenhängen, dass das verwahrte Dokument ohne die anderen Urschriften oder Unterlagen nicht in zweckdienlicher Weise verwendet werden kann – dies gilt vor allem für **Richtigstellungen nach § 44a Abs. 2 BeurkG**, **Nachträge**, **Vertragsannahmen** und **Auflassungen** – oder
- sie für die **Rechtswirksamkeit** oder die **Durchführung** des beurkundeten Rechtsvorgangs **bedeutsam** sind – dies sind vor allem **Genehmigungen, behördliche Beschlüsse und Bescheinigungen,** eventuell auch **Erbscheine, Eintragungsbewilligungen** –.

b) Nachträge und Nachtragsvermerke

§ 44a BeurkG – Änderungen in den Urkunden 392

(…)

(2) **Offensichtliche Unrichtigkeiten** kann der Notar auch nach Abschluß der Niederschrift durch einen von ihm zu unterschreibenden **Nachtragsvermerk** richtigstellen. Der Nachtragsvermerk ist mit dem **Datum der Richtigstellung** zu versehen. Der Nachtragsvermerk ist am Schluß nach den Unterschriften oder **auf einem besonderen, mit der Urkunde zu verbindenden Blatt** niederzulegen. Wird die elektronische Fassung der Urschrift zum Zeitpunkt der Richtigstellung bereits in der elektronischen Urkundensammlung verwahrt, darf der Nachtragsvermerk nur noch auf einem gesonderten, mit der Urkunde zu verbindenden Blatt niedergelegt werden. Bei elektronischen Niederschriften ist der Nachtragsvermerk in einem gesonderten elektronischen Dokument niederzulegen, das vom Notar mit einer qualifizierten elektronischen Signatur zu versehen und zusammen mit der elektronischen Urschrift in der elektronischen Urkundensammlung zu verwahren ist; § 16b Absatz 4 Satz 2 und 4 und § 39a Absatz 2 Satz 1 gelten entsprechend.

(…)

Formulierungsbeispiel: Nachtragsvermerk nach § 44a BeurkG

Richtigstellung

Zu meiner Urkunde vom (…) (*Datum*), UVZ-Nr. (…) stelle ich Folgendes richtig:

Die Angabe des Amtsgerichts, bei dem das Grundbuch des Vertragsobjektes geführt wird, ist versehentlich falsch. Das Grundbuchamt wird tatsächlich beim Amtsgericht (…) geführt.

Dies wird hiermit als offensichtliche Unrichtigkeit gem. § 44a BeurkG richtiggestellt.

Der Nachtragsvermerk ist, wie in § 44a BeurkG beschrieben, auf einem **gesonderten Blatt** niederzulegen, mit der Urkunde zu verbinden, mit dem Datum der Richtigstellung zu versehen und vom Notar zu unterschreiben. Vor der Verbindung ist der Nachtragsvermerk für das elektronische Urkundenarchiv zu **scannen** und der elektronischen Niederschrift der Urkunde als sonstiges Dokument **beizufügen** (siehe unten Rdn 456 ff.). 393

Das Beifügen zur elektronischen Niederschrift gilt auch für alle anderen, der Urschrift beizufügenden, vorgenannten Dokumente (vorstehend Rdn 391). Dies allerdings wiederum nur, soweit es sich nicht um **Nachtragsbeurkundungen** handelt, für die spezieller § 44b BeurkG gilt: 394

§ 44b BeurkG – Nachtragsbeurkundung

(1) Wird der Inhalt einer Niederschrift in einer anderen Niederschrift **berichtigt, geändert, ergänzt oder aufgehoben**, soll der Notar durch einen mit dem **Datum** zu versehenden und von ihm zu **unterschreibenden Nachtragsvermerk auf die andere Niederschrift verweisen**. § 44a Absatz 2 Satz 3 bis 5 gilt entsprechend. **Anstelle eines Nachtragsvermerks kann der Notar die andere Niederschrift zusammen mit der Niederschrift verwahren.**

(2) Nachtragsvermerke sowie die zusammen mit der Niederschrift verwahrten anderen Niederschriften nach Absatz 1 soll der Notar in Ausfertigungen und Abschriften der Urschrift übernehmen.

395 Wird durch eine Nachtragsbeurkundung **desselben Notars** der Inhalt einer Vorurkunde berichtigt, geändert, ergänzt oder aufgehoben, kann der Notar die **Nachtragsurkunde der Vorurkunde beifügen** oder aber er fertigt einen mit Datum zu versehenden und von ihm zu unterschreibenden **Nachtragsvermerk,** der auf die Nachtragsurkunde **verweist** und der Vorurkunde **beizufügen** ist.

Formulierungsbeispiel: Nachtragsvermerk nach § 44b BeurkG

Vermerkblatt über die Errichtung einer Nachtragsurkunde

zu UVZ-Nr. (…)

Die Nachtragsurkunde UVZ-Nr. (…) vom (…) wird unter ihrer UVZ-Nr. verwahrt, nicht bei der Haupturkunde.

Die Querverweise sind im UVZ eingetragen bzw. bei Haupturkunden, die vor dem 1.1.2022 errichtet wurden, in der Urkundenrolle vermerkt.
☐ erledigt.

Praxistipp

Wenn die Haupturkunde und die Nachtragsurkunde von **verschiedenen Notaren in einer Sozietät oder Bürogemeinschaft** errichtet wurden, bietet es sich an, mit der Haupturkunde eine **beglaubigte Abschrift** der Nachtragsurkunde zu verwahren.

Querverweise sind dann nicht vorgeschrieben, dürfen aber unter Bemerkungen im elektronischen Urkundenverzeichnis ergänzt werden.

Selbstverständlich ist es ratsam, auch Nachtragsurkunden dritter Notare in beglaubigter Abschrift der Haupturkunde beizufügen.

Liegt der umgekehrte Fall vor, dass zu einer elektronischen Urkunde ein **elektronischer Vermerk** gefertigt wurde, der gem. § 35 Abs. 3 Satz NotAktVV zusammen mit der elektronischen Urkunde in der elektronischen Urkundensammlung verwahrt wird, ist ein Ausdruck mit dem in der Urkundensammlung verwahrten Ausdruck der elektronischen Urkunde zu verbinden.

396 Nachtragsvermerke sowie die zusammen mit der Haupturkunde verwahrten Nachtragsurkunden hat der Notar **in Ausfertigungen und Abschriften der Urschrift zu übernehmen** (§ 44b Abs. 2 BeurkG).

c) Steuervermerke

397 Die Erfassung einer gesetzlich vorgeschriebenen Anzeige gegenüber dem Finanzamt (Mitteilungspflichten gem. § 18 Abs. 4 GrEStG, § 34 ErbStG i.V.m. § 8 Abs. 1 Satz 5 ErbStDV und § 54 Abs. 2 Satz 3 EStDV) im UVZ ersetzt **nicht** einen vorgeschriebenen **Vermerk bei der Urschrift** (s. z.B. § 18 Abs. 4 GrEStG), weshalb in diesen Fällen ein gesondertes Steuervermerkblatt zu erstellen ist, das einerseits als Scan zusätzlich im UVZ-Modul von XNP bei der Registerkarte „*Dokumente*“ und „*Sonstige Dokumente*“ zu importieren (Elektronische Fassung eins Papierdokumentes) ist und andererseits an die Papierurschrift anzunähen ist.

Ein Formulierungsvorschlag für ein solches Steuervermerkblatt findet sich oben unter Rdn 261.

5. Aushändigung der Papier-Urschrift

§ 45a BeurkG – Aushändigung der Urschrift 398

(1) Die Urschrift einer Niederschrift soll nur ausgehändigt werden, wenn dargelegt wird, dass sie im Ausland verwendet werden soll, und sämtliche Personen zustimmen, die eine Ausfertigung verlangen können. In diesem Fall soll die Urschrift mit dem Siegel versehen werden; ferner soll eine Ausfertigung zurückbehalten und auf ihr vermerkt werden, an wen und weshalb die Urschrift ausgehändigt worden ist. Die Ausfertigung tritt an die Stelle der Urschrift.

(2) Die Urschrift einer Urkunde, die in der Form eines Vermerks verfasst ist, ist auszuhändigen, wenn nicht die Verwahrung verlangt wird.

Vermerkurkunden werden oft ausgehändigt, was in § 45a Abs. 2 BeurkG auch so vorgesehen ist. 399

Hingegen bleiben **Niederschriftsurkunden** eigentlich immer in notarieller Verwahrung, § 45 Abs. 1 BeurkG. Legt allerdings ein Beteiligter dar, die Urschrift der beurkundeten Niederschrift zum Gebrauch im **Ausland** zu benötigen, ist ihm gem. **§ 45a Abs. 1 BeurkG** die Urschrift **auszuhändigen**, wenn alle Beteiligten, die eine Ausfertigung verlangen können, dem zustimmen.

Typische Beispiele

- Beurkundete Vollmacht zur Verwendung im Ausland.
- Echtes Affidavit.

In diesem Fall ist eine Ausfertigung zur Urkundensammlung zu nehmen (statt der Urschrift ist ein Scan der Ausfertigung im elektronischen Urkundenarchiv einzustellen), bei der im Ausfertigungsvermerk zusätzlich zu vermerken ist, an wen und weshalb die Urschrift ausgehändigt worden ist, § 45 Abs. 1 Satz 2 BeurkG. 400

II. Erbvertragssammlung – Besonderheiten bei Verfügungen von Todes wegen

§ 34 BeurkG – Verschließung, Verwahrung 401

(1) Die **Niederschrift** über die Errichtung eines Testaments soll der Notar in einen Umschlag nehmen und diesen mit dem **Prägesiegel verschließen**. In den Umschlag sollen auch die nach den §§ 30 und 32 beigefügten Schriften genommen werden. Auf dem Umschlag soll der Notar den Erblasser seiner Person nach näher bezeichnen und angeben, wann das Testament errichtet worden ist; diese **Aufschrift soll der Notar unterschreiben**. Der Notar soll veranlassen, daß das Testament **unverzüglich in besondere amtliche Verwahrung** gebracht wird.

(2) Beim Abschluß eines **Erbvertrages gilt Absatz 1 entsprechend**, sofern nicht die Vertragschließenden die besondere amtliche Verwahrung ausschließen; dies ist im Zweifel anzunehmen, wenn der Erbvertrag mit einem anderen Vertrag in derselben Urkunde verbunden wird.

(3) Haben die Beteiligten bei einem **Erbvertrag die besondere amtliche Verwahrung ausgeschlossen, so bleibt die Urkunde in der Verwahrung des Notars**.

(4) **Die Urschrift einer Verfügung von Todes wegen darf nicht nach § 56 in die elektronische Form übertragen werden.**

(Anmerkung: Hervorhebungen stammen vom Verfasser).

1. Testamente

Ein beurkundetes **Einzeltestament** oder **gemeinschaftliches Testament** ist unverzüglich in die **besondere amtliche Verwahrung** beim Amtsgericht, Abteilung **Nachlassgericht**, zu bringen. Die Urschriften von Testamenten werden also niemals in der Urkundensammlung des Notars verwahrt. Dies gilt auch, wenn nicht wie üblich, die **Testamentserrichtung** in der Form der Beurkundung einer Willenserklärung erfolgt, sondern ein **handschriftlich** verfasstes Testament offen oder in einem verschlossenen Umschlag dem Notar zur **Nieder-** 402

legung des Testamentes übergeben wird. Denn auch bei der Übergabe einer Schrift, ist vom Notar eine Niederschrift über die Übergabe des Testamentes („*der Schrift*") zu fertigen, § 30 BeurkG, und für diese Niederschrift samt beigefügter Schrift gilt ebenfalls § 34 BeurkG.

> *Praxistipp: Verwahrendes Nachlassgericht*
>
> Für die besondere amtliche Verwahrung ist nach § 344 Abs. 1 Nr. 1 FamFG das Amtsgericht im Amtsbezirk des Notars örtlich zuständig. Der Erblasser kann allerdings gem. § 344 Abs. 2 FamFG die Verwahrung auch bei einem anderen Gericht verlangen.

403 Nach § 31 Abs. 1 Nr. 1 Buchst. b) NotAktVV ist ein **Ausdruck der Bestätigung** (beim Einzeltestament) bzw. der Bestätigungen (beim gemeinschaftlichen Testament) über die Registrierung im Zentralen Testamentsregister in der Urkundensammlung **zu verwahren**.

404 Auf **Wunsch** des Erblassers ist eine **beglaubigte Abschrift** des Testaments zurückzubehalten und gem. § 31 Abs. 1 Nr. 1 Buchst. a) NotAktVV **in der Urkundensammlung zu verwahren**. Dieser Wunsch wird als sachgerecht von den meisten Notaren schon formularmäßig in ihren Textbausteinen vorgesehen.

2. Erbverträge und Erbvertragssammlung

a) Amtlich verwahrte Erbverträge

405 Die Urschrift eines Erbvertrags ist im Grundsatz ebenfalls in die **besondere amtliche Verwahrung** beim AG (Nachlassgericht) zu bringen. In diesem Fall ist entsprechend wie bei einem Testament zu verfahren (siehe oben Rdn 402 ff.).

Wenn allerdings die Vertragsschließenden die besondere amtliche Verwahrung **ausgeschlossen** haben, was im Zweifel anzunehmen ist, wenn der Erbvertrag mit einem **anderen Vertrag in derselben Urkunde** verbunden wird (§ 34 Abs. 2 Halbs. 2 BeurkG) – typisch insoweit der **Ehe- und Erbvertrag** – bleibt die Urschrift des Erbvertrags in der **Verwahrung des Notars** (§ 34 Abs. 3 BeurkG) und es sind die folgend unter Rdn 407 ff. erläuterten Vorschriften zu beachten.

406

> *Praxistipp: Amtliche Verwahrung*
>
> Erfolgt die Verwahrung beim Notar, ersparen sich die Beteiligten die Kosten der besonderen amtlichen Verwahrung, die allerdings nach Nr. 12100 KV GNotKG als **Festgebühr** nur **75 EUR** beträgt.
>
> Verfügungen von Todes wegen in der amtlichen **Verwahrung im Amtsgericht** sind wohl **regelmäßig sicherer** vor Zerstörung.
>
> Der Notar erspart (dem Amtsnachfolger) den Arbeitsaufwand des **Prozederes nach § 8 DONot** (siehe oben Rdn 284 ff.).

b) Notariell verwahrte Erbverträge in der Erbvertragssammlung

407 **§ 32 NotAktVV – Erbvertragssammlung**

Erbverträge, deren besondere amtliche Verwahrung ausgeschlossen wurde, werden nach der Nummernfolge der Eintragungen im Urkundenverzeichnis in der **Erbvertragssammlung** verwahrt.

§ 18 DONot a.F.

(…)

(4) Erbverträge, die in der Verwahrung der Notarin oder des Notars bleiben (§ 34 Abs. 3 BeurkG), **können** (…) gesondert aufbewahrt werden. Für die Urkundensammlung ist ein **Vermerkblatt** entsprechend § 20 Abs. 1 *[DONot a.F.]* oder eine **beglaubigte Abschrift** zu fertigen; beglaubigte Abschriften sind in verschlossenem Umschlag zur Urkundensammlung zu nehmen, es sei denn, dass die Beteiligten sich mit der offenen Aufbewahrung schriftlich einverstanden erklären.

§ 20 DONot a.F.

(…)

(1) Über jede Verfügung von Todes wegen, welche Notarinnen oder Notare dem Amtsgericht zur besonderen amtlichen Verwahrung abliefern (§ 34 Abs. 1 und 2 BeurkG, § 344 Abs. 1, Abs. 3 FamFG), haben sie für ihre Urkundensammlung ein **Vermerkblatt** anzufertigen und zu unterschreiben, das Namen, Geburtsdatum, Geburtsort mit Postleitzahl und Wohnort der Erblasserin oder des Erblassers beziehungsweise der Vertragschließenden – gegebenenfalls auch der zweiten Notarin oder des zweiten Notars oder der Urkundenzeugen – enthält sowie Angaben darüber, in welcher Form (§§ 2232, 2276 BGB) die Verfügung von Todes wegen errichtet worden ist und wann und an welches Amtsgericht sie abgeliefert wurde. Auf das Vermerkblatt sind die Nummern der Urkundenrolle und die nach § 154 Abs. 3 Satz 1 KostO zurückzubehaltende Abschrift der Kostenberechnung zu setzen. Auf Wunsch der Erblasserin oder des Erblassers oder der Vertragschließenden soll eine **beglaubigte Abschrift** der Verfügung von Todes wegen zurückbehalten werden. Sie ist in einem verschlossenen Umschlag zu der Urkundensammlung zu nehmen, es sei denn, dass die Beteiligten sich mit der offenen Aufbewahrung schriftlich einverstanden erklären. Die beglaubigte Abschrift ist auf Wunsch den Beteiligten auszuhändigen.

(Anmerkung: Hervorhebungen stammen vom Verfasser. In einzelnen Bundesländern weicht die Formulierung des § 20 Abs. 1 DONot a.F. von der vorstehenden Wiedergabe ab; Details hierzu finden sich im internen Bereich der BNotK-Homepage).

Seit dem 1.7.2022[59] **beurkundete Erbverträge**, deren besondere amtliche Verwahrung ausgeschlossen wurde, sind **gesondert** in der **Erbvertragssammlung** zu **verwahren**, § 32 NotAktVV. 408

Für die **älteren Erbverträge** gilt unverändert § 20 Abs. 4 DONot a.F., sodass diese entweder in der Urkundensammlung oder fakultativ in einer gesonderten Erbvertragssammlung aufbewahrt werden können. Werden diese älteren Erbverträge in der Erbvertragssammlung verwahrt, muss in die Urkundensammlung ein **Vermerkblatt** gem. § 20 Abs. 1 oder eine begl. Abschrift des Erbvertrags in der Urkundensammlung verwahrt werden, dies ist für die seit dem 1.7.2022 errichteten und notariell verwahrten Erbverträge nicht mehr vorgeschrieben, da sich die notwendigen Informationen leicht im elektronischen Urkundenarchiv finden lassen.

Weiterhin sind die Vorschriften der § 351 Satz 1 FamFG und § 8 DONot zu beachten, nach denen der Notar, wenn er einen Erbvertrag seit **mehr als 30 Jahren** in Verwahrung hat, von Amts wegen zu ermitteln hat, ob der Erblasser noch lebt. Dieses Prozedere ist erläutert oben bei Rdn 281 ff. 409

Verstirbt (einer) der Erblasser, hat der Notar die Urschrift des notariell verwahrten Erbvertrages an das **Nachlassgericht** abzuliefern, § 34a Abs. 3 Satz 1 BeurkG. Dieser Erbvertrag verbleibt dann auch in der amtlichen Verwahrung und kommt ungeachtet eines noch ausstehenden weiteren Erbfalles nicht zurück in die notarielle Verwahrung. **Zuständig** ist gem. § 343 FamFG das Amtsgericht, in dessen Bezirk der Erblasser im Zeitpunkt seines Todes seinen **gewöhnlichen Aufenthalt** hatte, bei fehlendem gewöhnlichem Aufenthalt im Inland das Amtsgericht Schöneberg in Berlin. 410

Die bei der Ablieferung eines bislang notariell verwahrten Erbvertrages zu beachtenden Vorschriften richten sich danach, wann der Erbvertrag errichtet wurde: 411

- Die Ablieferung eines notariell verwahrten, **ab dem 1.1.2022 errichteten Erbvertrages** ist **im UVZ zu vermerken**, § 16 Abs. 3 Nr. 3. NotAktVV. Dies geschieht praktisch dadurch, dass der im UVZ bereits eingetragene Erbvertrag zur Bearbeitung geöffnet wird (Schaltfläche *„Bearbeiten“* in der rechten Aktionsspalte), dann bei den *„Grunddaten“* die Markierung bei *„Verwahrter Erbvertrag“* entfernt und schließlich die Schaltfläche *„Eintragen“* in der rechten Aktionsspalte angeklickt wird. Dadurch öffnet sich eine Ein-

59 Dieser Zeitpunkt ist bestimmt durch die Übergangsvorschrift des § 39a NotaktVV, die inzwischen schon wieder gestrichen wurde, aber insoweit noch Bedeutung hat.

gabemaske für einen **Korrekturvermerk**, in der die vorgeschriebenen Angaben über die Ablieferung eingeben werden. Wichtig ist dabei insbesondere die Eingabe des **Datums** der Abgabe (siehe Rdn 256 ff.). Das Zurückbehalten einer (beglaubigten) Abschrift bei der Urkundensammlung aus Anlass der Ablieferung ist – anders als nach den Vorgaben der DONot a.F. – in der NotAktVV nicht vorgesehen; aber selbstverständlich kann eine dort bereits gem. § 31 Abs. 1 Nr. 1.a) NotAktVV verwahrte beglaubigte Abschrift weiterhin in der Urkundensammlung verbleiben und somit auch das zugehörige Pendant, die elektronisch beglaubigte Abschrift der beglaubigten Papierabschrift, in der elektronischen Urkundensammlung.

- Wird hingegen ein **vor dem 1.1.2022 errichteter Erbvertrag** abgeliefert, sind die Vorgaben zu erfüllen, die sich aus dem vorstehend zitierten **§ 20 Abs. 1 DONot a.F.** ergeben. Es ist also spätestens jetzt das **Vermerkblatt** mit den geforderten Angaben und ggf. auch eine beglaubigte Abschrift des Erbvertrages für die Urkundensammlung zu erstellen. Weiterhin ist im Erbvertragsverzeichnis oder auf der entsprechenden Karteikarte der Erbvertragskartei (handschriftlich) das **Gericht und der Tag der Abgabe zu vermerken**, § 9 Abs. 3 DONot a.F.

c) Rücknahme aus der notariellen Verwahrung

412 **§ 2300 BGB – Rücknahme aus der amtlichen oder notariellen Verwahrung**

(1) (…)

(2) Ein Erbvertrag, der nur Verfügungen von Todes wegen enthält, kann aus der amtlichen oder notariellen Verwahrung zurückgenommen und den Vertragsschließenden zurückgegeben werden. Die Rückgabe kann nur an alle Vertragsschließenden gemeinschaftlich erfolgen; § 2290 Absatz 1 Satz 2 und Absatz 2 gilt entsprechend. **Wird ein Erbvertrag nach den Sätzen 1 und 2 zurückgenommen, gilt § 2256 Abs. 1 entsprechend**

§ 2256 BGB – Widerruf durch Rücknahme (…) aus der amtlichen Verwahrung

(1) Ein vor einem Notar (…) errichtetes Testament **gilt als widerrufen**, wenn die in amtliche Verwahrung genommene Urkunde dem Erblasser **zurückgegeben wird**. Die zurückgebende Stelle soll den Erblasser über die in Satz 1 vorgesehene Folge der Rückgabe **belehren**, dies auf der Urkunde **vermerken** und aktenkundig machen, dass beides geschehen ist.

(2) Der Erblasser kann die Rückgabe jederzeit verlangen. **Das Testament darf nur an den Erblasser persönlich zurückgegeben werden.**

§ 33 NotAktVV – Sonderbestimmungen für Verfügungen von Todes wegen

(1) Wird ein Erbvertrag aus der notariellen Verwahrung **zurückgegeben**, so ist anstelle des Erbvertrags **ein Vermerk** mit den Angaben nach § 9 Nummer 1 bis 3 und der Urkundenverzeichnisnummer **zur Erbvertragssammlung zu nehmen**.

(2) Wird über die Rückgabe des Erbvertrags keine Niederschrift errichtet, soll der Notar in dem Vermerk die Erfüllung der ihm nach § 2300 Absatz 2 Satz 3 in Verbindung mit § 2256 Absatz 1 Satz 2 des Bürgerlichen Gesetzbuchs obliegenden Pflichten aktenkundig machen. Die Personen, an die der Erbvertrag zurückgegeben wurde, sind mit den in § 12 Absatz 2 Satz 1 und 2 genannten Angaben zu bezeichnen.

(3) Der Notar hat den Vermerk zu unterschreiben.

(4) Auf Antrag aller Beteiligten ist diesen die in der Urkundensammlung verwahrte beglaubigte Abschrift einer Verfügung von Todes wegen auszuhändigen.

(5) Wird bei einer Verfügung von Todes wegen vor deren Registrierung im Zentralen Testamentsregister die Aushändigung der Urschrift zum Zwecke des Widerrufs durch Vernichtung verlangt, so sind die Absätze 1 bis 3 mit der Maßgabe entsprechend anzuwenden, dass der Vermerk zur Urkundensammlung zu nehmen ist.

(Anmerkung: Die Hervorhebungen stammen vom Verfasser).

Nach § 2300 Abs. 2 BGB kann ein Erbvertrag, der **nur** Verfügungen von Todes wegen enthält, aus der notariellen Verwahrung zurückgenommen und den Vertragsschließenden **gemeinschaftlich** zurückgegeben werden. 413

Die Rückgabe hat durch **körperliche Aushändigung** an die Beteiligten zu erfolgen; eine **postalische** Versendung ist unzulässig.[60]

Die Rücknahme durch die Erblasser ist **höchstpersönlich**, eine Vertretung ist ausgeschlossen (§ 2300 Abs. 2 Satz 2 i.V.m. § 2290 Abs. 2 BGB). Ist einer der Vertragsschließenden **verstorben** kann ebenfalls keine Rücknahme mehr erfolgen.

> *Merke!* 414
>
> Wird ein Erbvertrag aus der notariellen Verwahrung zurückgenommen, ist der gesamte Erbvertrag **widerrufen**. Dieser Widerruf ist endgültig und kann **nicht mehr rückgängig** gemacht werden. Die im bisherigen Erbvertrag enthaltenen Verfügungen von Todes wegen können nur durch **Neuerrichtung** eines Erbvertrages im bisherigen Umfang wieder in Kraft gesetzt werden.

Der Notar als zurückgebende Stelle hat über die **Widerrufswirkung** zu belehren und diese Belehrung auf der Urkunde zu vermerken (was logischerweise vor der Aushändigung bedacht werden muss). Der Notar hat außerdem aktenkundig zu machen, dass Aushändigung und Belehrung geschehen sind, dies geschieht in dem Vermerk gem. § 33 Abs. 1 NotAktVV.[61] Dieser Vermerk ist mit den Angaben nach § 9 Nr. 1–3 NotAktVV (Datum und Ort der Beurkundung, Amtsperson, Beteiligte) und der UVZ-Nr. zu versehen und zur Erbvertragssammlung zu nehmen. Die Personen, an die der Erbvertrag zurückgegeben wurde, sind mit den in § 12 Abs. 2 Satz 1 und 2 NotAktVV genannten Angaben (Vorname/n, Familienname, Geburtsname, Geburtsdatum und Wohnort) zu bezeichnen. Schließlich hat der Notar hat den Vermerk zu unterschreiben (§ 33 Abs. 3 NotAktVV). 415

Außerdem ist nach § 33 Abs. 4 NotAktVV auf Antrag aller Beteiligten diesen die in der Urkundensammlung **verwahrte beglaubigte Abschrift** der Verfügung von Todes wegen auszuhändigen und nach § 38 Abs. 1 NotAktVV auch die elektronisch beglaubigte Abschrift in der elektronischen Urkundensammlung zu löschen. 416

Schlussendlich ist die Rückgabe des Erbvertrags aus der notariellen Verwahrung dem **ZTR** mitzuteilen (§ 34a Abs. 2 BeurkG). 417

Besonderheiten gelten, wenn eine Verfügung von Todes wegen **vor deren Registrierung im ZTR** zum Zwecke des **Widerrufs durch Vernichtung** zurückverlangt wird. Gemäß § 33 Abs. 5 NotAktVV sind die Absätze 1 bis 3 dieser Bestimmung mit der Maßgabe entsprechend anzuwenden, dass der **Vermerk zur Urkundensammlung** (nicht zur Erbvertragssammlung). 418

3. Registrierung im ZTR

§ 34a BeurkG – Mitteilungs- und Ablieferungspflichten 419

(1) Der Notar übermittelt nach Errichtung einer erbfolgerelevanten Urkunde im Sinne von § 78d Absatz 2 Satz 1 der Bundesnotarordnung die Verwahrangaben im Sinne von § 78d Absatz 2 Satz 2 der Bundesnotarordnung unverzüglich elektronisch an die das Zentrale Testamentsregister führende Registerbehörde. Die Mitteilungspflicht nach Satz 1 besteht auch bei jeder Beurkundung von Änderungen erbfolgerelevanter Urkunden.

(2) Wird ein in die notarielle Verwahrung genommener Erbvertrag gemäß § 2300 Absatz 2, § 2256 Absatz 1 des Bürgerlichen Gesetzbuchs zurückgegeben, teilt der Notar dies der Registerbehörde mit.

60 Würzburger Notarhandbuch/*Limmer/Frenz*, Teil 4 Kap. 1 Rn 42.
61 S. im Einzelnen Würzburger Notarhandbuch/*Limmer/Frenz*, Teil 4 Kap. 1 Rn 45 ff.

(3) Befindet sich ein Erbvertrag in der Verwahrung des Notars, liefert der Notar ihn nach Eintritt des Erbfalls an das Nachlassgericht ab, in dessen Verwahrung er danach verbleibt. Enthält eine sonstige Urkunde Erklärungen, nach deren Inhalt die Erbfolge geändert werden kann, so teilt der Notar diese Erklärungen dem Nachlassgericht nach dem Eintritt des Erbfalls in beglaubigter Abschrift mit.

§ 78d BNotO – Inhalt des Zentralen Testamentsregisters

(1) In das Zentrale Testamentsregister werden Verwahrangaben zu erbfolgerelevanten Urkunden aufgenommen, die

1. von Notaren nach § 34a Absatz 1 oder 2 des Beurkundungsgesetzes zu übermitteln sind oder
2. von Gerichten nach Absatz 4 Satz 1 sowie nach § 347 des Gesetzes über das Verfahren in Familiensachen und in den Angelegenheiten der freiwilligen Gerichtsbarkeit zu übermitteln sind.

(…)

(2) **Erbfolgerelevante Urkunden sind Testamente, Erbverträge und alle Urkunden mit Erklärungen, welche die Erbfolge beeinflussen können, insbesondere Aufhebungsverträge, Rücktritts- und Anfechtungserklärungen, Erb- und Zuwendungsverzichtsverträge, Ehe- und Lebenspartnerschaftsverträge und Rechtswahlen**. Verwahrangaben sind Angaben, die zum Auffinden erbfolgerelevanter Urkunden erforderlich sind.

(3) Registerfähig sind nur erbfolgerelevante Urkunden, die

1. öffentlich beurkundet worden sind oder
2. in amtliche Verwahrung genommen worden sind.

(…)

(Anmerkung: Hervorhebungen stammen vom Verfasser).

420 Die Bundesnotarkammer führt das **Zentrale Testamentsregister – ZTR**. In das ZTR werden neben Verwahrangaben der Nachlassgerichte (über in die amtliche Verwahrung gebrachte Verfügungen von Todes wegen) Verwahrangaben zu **erbfolgerelevanten Urkunden** (siehe § 78d Abs. 2 Satz 1 BNotO), die von Notaren nach § 34a Abs. 1 Satz 1 BeurkG zu übermitteln sind.

421 Nach § 2 Abs. 2 i.V.m. § 1 Satz 1 ZTRV (Verordnung zur Einrichtung und Führung des Zentralen Testamentsregisters) sind folgende Angaben an das ZTR zu übermitteln:

- Daten **jedes Erblassers:**
  - Familienname, Geburtsname, **sämtliche** Vornamen und Geschlecht,
  - Tag und Ort der Geburt,
  - Geburtsstandesamt und Geburtenregisternummer, wenn die Geburt im Inland beurkundet wurde,
  - Staat der Geburt, wenn der Erblasser im Ausland geboren wurde,
- Bezeichnung und Anschrift der Verwahrstelle,
- Art und Datum der Errichtung der erbfolgerelevanten Urkunde und
- Name, Amtssitz und UVZ-Nr. des Notars.

Praxistipp: Verwahrangaben ermitteln

Die Beteiligten haben möglichst **Geburtsurkunden** vorzulegen, damit von dort die relevanten Daten entnommen werden können. Diese Daten können **älteren Heiratsurkunde** oder bei vor 2009 geschlossenen Ehen dem „**Auszug aus dem Familienbuch**" (diese Dokumente finden sich regelmäßig auch im **Stammbuch** der Ehegatten, soweit die Eheleute ein solches haben) entnommen werden.

422 Die Bundesnotarkammer übermittelt dem Notar **Registrierungsbestätigungen** mit den Angaben des Verwahrdatensatzes (§ 3 Abs. 2 Satz 1 ZTRV). Einen Ausdruck der Registrierungsbestätigung hat der Notar **dem Erblasser auszuhändigen**, damit er die Angaben auf Richtigkeit und Vollständigkeit überprüft.

> *Merke!*
>
> Fehlerhafte Angaben insbesondere zur Person des Erblassers können zur **Unauffindbarkeit** der Urkunde im Sterbefall führen.

Bei einer Verfügung von Todes wegen, die der Notar in die besondere **amtliche Verwahrung** beim Amtsgericht bringt, vergibt die BNotK eine **Verwahrnummer**, die dem Notar in der Registrierungsbestätigung mitgeteilt wird (§ 3 Abs. 1 i.V.m. Abs. 2 Satz 2 ZTRV). 423

> *Praxistipp*
>
> Die dem Notar von der BNotK mitgeteilte **Verwahrnummer** hat der Notar dem Verwahrgericht **mitzuteilen** (§ 3 Abs. 3 Satz 1 ZTRV). Dies geschieht am einfachsten mittels dem beim Registrierungsvorgang schon angebotenen Ausdrucke des Anschreibens des Notars an das Verwahrgericht, in diesem ist die Verwahrnummer nämlich bereits vermerkt.

4. Weitere erbfolgerelevanten Urkunden

Enthält eine Urkunde Erklärungen, welche die **Erbfolge beeinflussen können** (man spricht dann auch von einer weiteren erbfolgerelevanten Urkunde), muss der Notar ebenfalls die **Verwahrangaben** an das ZTR **übermitteln**. Solche **weiteren erbfolgerelevanten Urkunden** können insbesondere sein 424

- Aufhebungsverträge,
- Rücktritts- und Anfechtungserklärungen,
- Erb- und Zuwendungsverzichtsverträge,
- Ehe- und Lebenspartnerschaftsverträge und
- Rechtswahlen.

> *Praxistipp* 425
>
> Zu einem **Pflichtteilsverzichtsvertrag** muss keine Übermittlung erfolgen, da durch diesen die Erbfolge nicht beeinflusst wird.
>
> Gleiches gilt für einen **Ehevertrag**, mit dem der Güterstand der **Zugewinngemeinschaft** nur für den Fall einer Ehescheidung **modifiziert** wird.

Nach dem Eintritt des Erbfalls hat der Notar in diesen Fällen nicht die Urschrift der Urkunde, sondern nur eine beglaubigte Abschrift an das Nachlassgericht zu übermitteln (§ 34a Abs. 3 Satz 2 BeurkG).

III. Aufbewahrungsfristen

Maßgeblich sind die §§ 50, 51 NotAktVV (Details siehe unten Rdn 475 ff.). 426

Für in der **Urkundensammlung** verwahrten Dokumente, die **ab dem 1.7.2022** erstellt wurden und werden, gilt eine Aufbewahrungsfrist von **30 Jahren**. Für **vor dem 30.6.2022** in der Urkundensammlung verwahrte Dokumente einschließlich der g**esondert aufbewahrten Erbverträge** gilt eine Aufbewahrungsfrist von **100 Jahren**.

Für die in der **Erbvertragssammlung** verwahrten Dokumente gilt eine Aufbewahrungsfristen von 100 Jahren.

O. Sondersammlung

§ 37 NotAktVV – Sondersammlung 427

(1) Wenn die **Übertragung** in ein elektronisches Dokument aufgrund der **Beschaffenheit** des Dokuments **unmöglich oder unzumutbar** ist, unterbleibt die Einstellung in die elektronische Urkundensammlung. Die Übertragung von Dokumenten, die nicht **größer als das Format DIN A3** sind, ist nicht allein wegen ihrer Größe unzumutbar.

(2) In den Fällen des Absatzes 1 Satz 1 soll der Notar in einem **elektronischen Vermerk** nach § 39a des Beurkundungsgesetzes das Dokument **bezeichnen** und **feststellen**, dass die Übertragung in ein elektronisches Dokument unmöglich oder unzumutbar ist. Der **Vermerk soll mit einer elektronisch beglaubigten Abschrift des Dokuments verbunden werden**, wenn deren Herstellung nicht unmöglich oder unzumutbar ist. Der Vermerk und gegebenenfalls die elektronische Abschrift sollen in der elektronischen Urkundensammlung verwahrt werden.

(3) Dokumente, deren Übertragung in ein elektronisches Dokument unterblieben ist, sind nach der Reihenfolge ihrer Eintragung im Urkundenverzeichnis **in einer gesonderten Sammlung zu verwahren (Sondersammlung)**. Auf den Dokumenten ist zu vermerken, zu welcher Urkundenverzeichnisnummer sie gehören. Eine **vollständige oder auszugsweise Abschrift der Dokumente kann in die Urkundensammlung aufgenommen werden. Auf der Abschrift ist zu vermerken, dass es sich um die Abschrift eines Dokuments aus der Sondersammlung handelt.**

(Anmerkung: Hervorhebungen stammen von dem Verfasser).

428 Die Sondersammlung ist neben der Urkundensammlung und der Erbvertragssammlung die dritte Papier-Urkundensammlung im Notariat. In die Sondersammlung kommen die Urkunden, die ganz oder teilweise nicht gescannt werden können und somit nicht in das elektronische Urkundenarchiv überführt werden können. Praktisch sind die Urkunden der Sondersammlung örtlich gesondert von den beiden anderen Papierurkundensammlungen zu verwahren, typischerweise in eigenen Urkundenkästen, -sammlern oder -ordnern.

429 Bei einer in der Sondersammlung verwahrten Urkunde gibt es nur eine Urschrift, nämlich die Papier-Urschrift, und deshalb ist diese auch nicht nur 30 Jahre, sondern **100 Jahre aufzubewahren.**[62]

430 Vornehmlicher Anwendungsfall sind Urkunden mit Plänen, die **größer als das DIN-A3-Format** sind. Aus § 37 Abs. 1 Satz 2 NotAktVV ergibt sich, dass jedes Notariat mindestens einen DIN-A3-Scanner verfügbar haben muss, der auch den sonstigen Vorgaben für die Eignung zur Erstellung elektronische Urschriften nach der BNotK-Musterverfahrensdokumentation (siehe Rdn 440 ff.) erfüllt. Es ist selbstverständlich nicht untersagt, einen größeren Scanner zu haben und somit auch Urkunden mit Bestandteilen in größeren Formaten in das elektronische Urkundenarchiv zu überführen, wodurch dann weniger Urkunden in der Sondersammlung landen.

431 Ein weiterer Fall der Unzumutbarkeit des Scannens soll gegeben sein, wenn die Beteiligten **umfangreiche gebundene Dokumente** vorlegen, die als Anlage zur Niederschrift zu nehmen sind.[63] Solche gebundenen Dokumente sind aufgrund der Bindung nicht für den Stapeleinzug geeignet und erzeugen somit einen großen Arbeitsaufwand beim Scannen, da jede Seite einzeln gescannt werden muss. Der Arbeitsaufwand für die Erstellung einer Urkunde ist allerdings bislang nie ein auschlaggebendes Kriterium für die Errichtung einer Urkunde gewesen, daher könnten nach Auffassung des Autors allenfalls übermäßig umfangreiche gebundene Dokumente eine solche Unzumutbarkeit begründen.[64]

> *Merke!*
>
> Wurde ein gebundenes Dokument als Anlage zur Niederschrift genommen, darf es selbstverständlich nicht zum (erleichterten) Scannen verändert werden, also insbesondere darf die Bindung nicht aufgehoben werden, denn sonst würde die Papier-Urschrift in unzulässiger Weise verändert (§§ 44a BeurkG).

> *Praxistipp*
>
> Bei Dokumenten, die als Anlage der Niederschrift beigefügt werden sollen und die aus miteinander verbundenen Seiten bestehen (z.B. eine mit einer Klebebindung versehene Bilanz oder ein geöstes Gutachten), sollte erwogen werden, diese Verbindung vor der Beifügung zur

62 § 50 Abs. 1 Nr. 6 NotAktVV.

63 BeckOK-BeurkG/*Echternach*, 10. Ed. 1.3.2024, NotAktVV § 37 Rn 6;

64 So wohl auch die Gesetzbegründung: „*Allein die Untauglichkeit für den Stapeleinzug dürfte diese Schwelle aber nicht überschreiten.*“; BR-Drucks 420/20 (neu), 58.

Niederschrift aufzutrennen, um das spätere Scannen zu ermöglichen. Voraussetzung hierfür ist natürlich, dass dies ohne relevante Zerstörung und vor allem ohne relevante Einschränkung für den Beweiswert des beizufügenden Dokumentes erfolgen kann.

Selbstverständlich sind auch Urkunden, die in der Sondersammlung verwahrt werden, im UVZ einzutragen, nur das Scannen unterbleibt. Damit die elektronische Urkundensammlung nicht leer bleibt, ist gem. § 37 Abs. 2 NotAktVV ein **elektronischer Vermerk** nach § 39a BeurkG zu fertigen und in die elektronische Urkundensammlung aufzunehmen. In diesem Vermerk ist das Dokument zu **bezeichnen** und **festzustellen**, dass die Übertragung in ein elektronisches Dokument unmöglich oder unzumutbar ist. 432

Der Vermerk ist mit einer **elektronisch beglaubigten Abschrift** des Dokuments zu verbinden, wenn deren Herstellung nicht unmöglich oder unzumutbar ist. Ist die Herstellung nur für Teile der Papierurschrift unmöglich oder unzumutbar, sollte zumindest eine auszugsweise beglaubigte Abschrift der Papierurkunde von deren scanbaren Teilen erstellt und beigefügt werden.[65] 433

Merke!

Es darf bei einer in der Sondersammlung verwahrten Urkunde keine elektronische Fassung der Urschrift in die elektronische Urkundensammlung eingestellt werden, denn dies würde eine exakte **bildliche Übereinstimmung** mit der Papierurschrift erfordern.

Es darf in diesem Falle nur eine elektronisch beglaubigte Abschrift des Dokumentes dem Vermerk beigefügt werden, denn diese muss nur **inhaltlich mit der Papierurschrift übereinstimmen**, aber nicht bildlich.

Praxistipp

Da die beglaubigte Abschrift nur inhaltlich übereinstimmen muss, ist es auch zulässig, für die elektronisch beglaubige Abschrift die elektronischen Vorlagen zu verwenden (z.B. pdf-Datei des übermäßig großen Planes), die ausgedruckt der Papierurschrift beigefügt wurden.[66] Dies hat dann oft den positiven Effekt, dass die den Beteiligten per Mail übermittelte elektronisch beglaubigte Abschrift einen höheren Nutzwert hat, denn der Plan ist dann am Bildschirm skalierbar, sodass am Bildschirm Details gut sichtbar gemacht werden können, die auf dem Papierausdruck zu klein sind.

Der Beglaubigungsvermerk und der Bezeichnungs- und Feststellungsvermerk gem. § 37 Abs. 2 NotAktVV werden regelmäßig zusammengefasst in einem Vermerk. 434

▼

Muster 2.9: Vermerk gem. § 37 Abs. 2 NotAktVV mit beigefügter beglaubigter Abschrift der Papierurkunde

Die Übertragung meiner Urkunde vom ______ (*Datum*) mit der UVZ-Nr. ______ (*UVZ-Nr.*) ist aufgrund ihrer Beschaffenheit unmöglich oder unzumutbar.[67]

Hiermit beglaubige ich die inhaltliche Übereinstimmung der in dieser Datei enthaltenen Bilddaten (Abschrift) mit dem mir vorliegenden Papierdokument (Urschrift).

______ (*Ort*), ______ (*Datum*)

______ (*Name des Notars*), Notar in ______ (*Amtssitz*)

▲

65 Nach der Gesetzesbegründung soll den „*für die Verwahrung zuständigen Stellen eine bestmöglich reproduktionsfähige Fassung*" des Dokuments vorliegen, BR-Drucks 420/20 (neu), (BeckOK-BNotO/*Sauer*, 9. Ed. 1.2.2024, NotAktVV § 37 Rn 8).

66 BeckOK-BNotO/*Sauer*, 9. Ed. 1.2.2024, NotAktVV § 37 Rn 8.

67 Hier kann auch eine Begründung bzw. eine nähere Erläuterung, welche Seiten nicht übertragen werden können, ergänzt werden; dies mag das Verständnis des späteren Betrachters vom Zustand der Papierurschrift erhöhen.

435 Damit die (allgemeine Papier-)**Urkundensammlung** auch von sich heraus schlüssig ist, was insbesondere bei der Durchsicht auf Vollständigkeit die Arbeit erleichtert, kann gem. § 37 Abs. 3 Satz 3 NotAktVV eine vollständige oder auszugsweise (einfache oder beglaubigte) Abschrift der in der Sondersammlung verwahrten Urkunde in die Urkundensammlung aufgenommen werden. Wichtig ist, dass auf der Abschrift vermerkt wird, dass es sich um die Abschrift eines Dokuments aus der Sondersammlung handelt.

P. Elektronische Urkundensammlung

I. Grundlagen und Verfahrensdokumentation

436 **§ 55 BeurkG – Verzeichnis und Verwahrung der Urkunden**

(…)

(3) Die im Urkundenverzeichnis registrierten Urkunden verwahrt der Notar in einer Urkundensammlung, einer elektronischen Urkundensammlung und einer Erbvertragssammlung.

§ 56 BeurkG – Übertragung der Papierdokumente in die elektronische Form; Einstellung der elektronischen Dokumente in die elektronische Urkundensammlung

(1) Bei der **Übertragung** der in Papierform vorliegenden Schriftstücke in **die elektronische Form** soll durch geeignete **Vorkehrungen nach dem Stand der Technik** sichergestellt werden, dass die elektronischen Dokumente mit den in Papierform vorhandenen Schriftstücken inhaltlich **und bildlich übereinstimmen**. Diese Übereinstimmung **ist** vom **Notar** in einem **Vermerk** unter Angabe des **Ortes** und des **Tages** seiner Ausstellung zu bestätigen. Durchstreichungen, Änderungen, Einschaltungen, Radierungen oder andere Mängel des Schriftstücks sollen im Vermerk angegeben werden, soweit sie nicht aus dem elektronischen Dokument eindeutig ersichtlich sind. Das elektronische **Dokument und der Vermerk *müssen*** mit einer **qualifizierten elektronischen Signatur** versehen werden. § 16b Absatz 4 Satz 2 und 4 und § 39a Absatz 2 Satz 1 gelten entsprechend.

(…)

(4) Die von dem Notar **in der elektronischen Urkundensammlung verwahrten** elektronischen **Dokumente** stehen den Dokumenten gleich, aus denen sie nach den Absätzen 1 bis 3 übertragen worden sind.

§ 45 BeurkG – Urschrift

(…)

(2) Wird die Urschrift der notariellen Urkunde nach § 56 in ein elektronisches Dokument übertragen und in der elektronischen Urkundensammlung verwahrt, steht die elektronische Fassung der Urschrift derjenigen in Papierform gleich.

(…)

§ 35 NotAktVV – Einstellung von Dokumenten

(…)

(4) Die Einstellung von Dokumenten in die elektronische Urkundensammlung hat in einer für die **Langzeitarchivierung** geeigneten Variante des **PDF-Formats** zu erfolgen. Hat die Bundesnotarkammer in ihrem Verkündungsblatt weitere Vorgaben zu dem Dateiformat, das bei der Einstellung in die elektronische Urkundensammlung zu verwenden ist, bekannt gemacht, so sind diese zu beachten.

§ 13 DONot – Übertragung der Papierdokumente in die elektronische Form

Die Notarin oder der **Notar hat zu belegen, dass** bei der Übertragung der Papierdokumente in die elektronische Form zur Einstellung in das Elektronische Urkundenarchiv **geeignete Vorkehrungen im Sinne des § 56 Absatz 1 Satz 1 BeurkG getroffen werden**. Soll durch Verwendung der **Muster-Verfahrensdokumentation der Bundesnotarkammer** nachgewiesen werden, dass geeignete Vorkehrungen nach dem Stand der Technik im Sinne des § 56 Absatz 1 Satz 1 BeurkG getroffen wurden, muss die Notarin oder der Notar durch eine Bescheinigung der Herstellerin, des Herstellers, der Vertreiberin oder des Vertreibers des Scangeräts belegen, dass die eingesetzte Hard- und Software den im Rahmen der Muster-Verfahrensdokumentation gestellten Anforderungen genügt.

(Anmerkung: Die Hervorhebungen stammen von dem Verfasser).

Aus § 55 Abs. 3 BeurkG ergibt sich die **Pflicht** des Notars neben den Papier-Urkundensammlungen auch **eine elektronische Urkundensammlung zu führen**. 437

§ 56 Abs. 4 BeurkG stellt die in der elektronischen Urkundensammlung verwahrten Dokumente den in der Papier-Urkundensammlung verwahrten Dokumenten gleich und durch § 45 Abs. 2 BeurkG ist nochmals verstärkend für die Urschrift klargestellt, dass die elektronische Urschrift der Papier-Urschrift gleichsteht. Diese **„Gleichstellung“ der elektronischen Urschrift mit der Papier-Urschrift** führt dazu, dass es einerseits vorübergehend (30 Jahre) zwei Urschriften gibt und ermöglichte es andererseits, die Verwahrungsdauer der Papier-Urschrift zu verkürzen (seit Einführung der elektronischen Urkundensammlung 30 Jahre statt zuvor 100 Jahre). 438

> *Merke!*
>
> Nach Ablauf der 30 Jahre wird es nur noch die elektronische Urschrift geben, da die Papier-Urschrift dann zur Vernichtung freigegeben ist; § 50 Abs. 1 Nr. 3 NotAktVV.

Damit das elektronische Dokument in der elektronischen Urkundensammlung seinen Zweck gut erfüllen kann, muss es gem. § 35 Abs. 4 NotAktVV in einer für die **Langzeitarchivierung** geeigneten Variante des **PDF-Formats** erstellt werden. 439

> *Merke!*
>
> Die BNotK hat mit der **Urkundenarchiv-Dateiformat-Bekanntmachung-2022**[68] bestimmt, dass für alle in der elektronischen Urkundensammlung einzustellenden Dokumente, gleich welcher rechtlichen Qualität sie sind, also egal ob Urschrift, beglaubigte Abschrift oder Abschrift, das **Dateiformat PDF/A-1b** zu verwenden ist.

Im Hinblick auf die vorstehend beschriebene große Bedeutung der im elektronischen Urkundenarchiv verwahrten Dokumente, schreibt § 56 Abs. 1 BeurkG vor, dass die Überführung der Papierdokumente in die elektronische Form von hoher Qualität sein muss („**Stand der** [jeweiligen] **Technik**“), der Notar insbesondere auch die **bildliche Übereinstimmung** des elektronischen Dokumentes mit dem Papierdokument zu bestätigen hat und durch geeignete Vorkehrungen sicherzustellen ist, dass diese **Qualität und Übereinstimmungsgewähr kontinuierlich** erhalten bleiben. 440

Um die unbedingt notwendigen hohe Qualität der Überführung der Papierdokumente in elektronische Dokumente, insbesondere bei der bildlichen Übereinstimmung des elektronischen Dokumentes mit dem Papierdokument, **auf Dauer zu gewährleisten**, schreibt § 13 DONot vor, dass der Notar die Beachtung der vorstehenden Vorgaben zu belegen hat und schlägt hierfür die Verwendung der von der BNotK erstellten „**Muster-Verfahrensdokumentation für das Scannen von Urkunden**“ vor. Diese Muster-Verfahrensdokumentation wurde auf Grundlage der **Technischen Richtlinie RESISCAN** des BSI (Bundesamt für Sicherheit in der Informationstechnik) zum „Ersetzenden Scannen“ erstellt und erläutert in ihrer Einleitung, dass der Notar bei individuellen Abweichungen von der Muster-Verfahrensdokumentation die Vereinbarkeit mit der RESISCAN selbst darlegen müsse. 441

> *Praxistipp*
>
> Die Verwendung der Muster-Verfahrensdokumentation ist unbedingt zu empfehlen, denn darin sind alle Prozesse und Regelungen im Zusammenhang mit dem Scanverfahren beschrieben, soweit sie für den Scanprozess in der Verantwortung des Notars maßgeblich sind. Die Auswahlfelder ermöglichen es dem Notar dieses Muster entsprechend den konkreten Gegebenheiten in seinem Notariat auszufüllen.

68 DNotZ 2021, 916.

II. Form der elektronisch verwahrten Dokumente

442 **§ 34 NotAktVV – Elektronische Urkundensammlung**

(…)

(2) **Dokumente, die in Papierform erstellt** wurden, können verwahrt werden als
1. **elektronische Fassung** (§ 56 des Beurkundungsgesetzes),
2. **elektronisch beglaubigte Abschrift**, wenn es sich bei ihnen um Ausfertigungen, beglaubigte Abschriften oder einfache Abschriften handelt, oder
3. **elektronische Abschriften**, wenn es sich bei ihnen um einfache Abschriften handelt.

(3) **Dokumente, die in elektronischer Form** erstellt wurden, können **in dieser Form** oder als **elektronische Fassung des Ausdrucks, der in der Urkundensammlung verwahrt wird**, verwahrt werden. **In der Form, in der sie erstellt wurden, sind zu verwahren:**
1. **elektronische Niederschriften im Sinne des § 16b des Beurkundungsgesetzes** und
2. **einfache elektronische Zeugnisse im Sinne des § 39a des Beurkundungsgesetzes**, wenn das zu ihrer Errichtung erstellte elektronische Dokument in notarieller Verwahrung verbleibt.

(4) Nachweise für die **Vertretungsberechtigung, die nach § 16d des Beurkundungsgesetzes der elektronischen Niederschrift beigefügt werden** sollen, werden zusammen mit der elektronischen Urschrift in der elektronischen Urkundensammlung verwahrt.

(5) **Tritt nach dem Beurkundungsgesetz eine Ausfertigung oder eine beglaubigte Abschrift an die Stelle der Urschrift**, so **ist die elektronische Fassung der Urschrift zu verwahren**. Ist eine Verwahrung der elektronischen Fassung der Urschrift nicht möglich, so ist eine elektronische Fassung der Ausfertigung oder der beglaubigten Abschrift zu verwahren, die an die Stelle der Urschrift getreten ist. Tritt nach dem Beurkundungsgesetz die elektronische Fassung einer Ausfertigung oder einer beglaubigten Abschrift an die Stelle der elektronischen Urschrift, so ist diese anstelle der elektronischen Urschrift zu verwahren.

(6) In der elektronischen Urkundensammlung kann neben einer Niederschrift oder einer elektronischen Niederschrift auch eine vollständige oder auszugsweise **Reinschrift** von dieser verwahrt werden.

1. Mögliche Formen der Verwahrung

443 § 34 NotAktVV differenziert in seinen Absätzen 2 und 3 nach der Form des Ausgangsdokumentes, also ob dieses als Papier-Dokument oder als elektronisches Dokument vorliegt.

Innerhalb der Papier-Dokumente wird in § 34 Abs. 2 NotAktVV unterschieden nach der Form des Ausgangsdokumentes, das in der Papier-Urkundensammlung zu verwahren ist:

- **Urschriften sind zwingend als elektronische Fassung zu verwahren**;
- **Ausfertigungen, beglaubigte Abschriften und einfache Abschriften** sind **mindestens** als elektronisch beglaubigte Abschrift (nur inhaltliche Übereinstimmung wird bezeugt) in der elektronischen Urkundensammlung zu verwahren, dürfen aber auch als elektronische Fassung (inhaltliche und bildliche Übereinstimmung wird bezeugt) dort verwahrt werden;
- **einfache Abschriften** können als einfache elektronische Abschrift verwahrt werden, **dürfen aber auch in besserer Form verwahrt** werden, also als elektronisch beglaubigte Abschrift der einfachen Papier-Abschrift oder gar als elektronische Fassung der Papier-Abschrift

444 Die rechtliche Qualität des Ausgangsdokumentes muss im notariellen Übereinstimmungsvermerk immer angegeben werden, es sei denn, sie ergibt sich eindeutig aus dem gescannten Ausgangsdokument, z.B. durch Stempelaufdruck.

445 § 34 Abs. 3 NotAktVV bestimmt, wie mit elektronischen Originalen umzugehen ist, also mit Urkunden, die originär elektronisch vorliegen:

- **Elektronische Niederschriften** bzw. **einfache elektronische Zeugnisse** (§§ 16b und 39a BeurkG) werden grundsätzlich in dieser Form in der elektronischen Urkundensammlung verwahrt; eine Ausnahme gilt für einfache elektronische Zeugnisse, die nicht in der

notariellen Verwahrung bleiben, bei diesen kann auch eine elektronische Fassung des Ausdrucks, der in der Papier-Urkundensammlung verwahrt wird, in die elektronische Urkundensammlung aufgenommen werden;
- **andere elektronische Original-Dokumente**, dies können insbesondere behördliche und gerichtliche Genehmigungen sein, können in dieser Form oder als elektronische Fassung des Ausdrucks, der in der Urkundensammlung verwahrt wird, verwahrt werden.

Aus § 34 Abs. 2 NotAktVV entnimmt den Grundsatz, dass elektronisch verwahrte Dokumente **mindestens** die Form haben müssen, die der Form des in der Urkundensammlung **verwahrten Dokuments entspricht**. Oder anders formuliert, es gilt das **„Besser-geht-immer-Prinzip"**. Dies hat den praktischen Vorteil, dass immer durch einen Scanvorgang nach § 56 BeurkG eine elektronische Fassung des Ausgangsdokuments erstellt werden kann. 446

Hinweis

Auch wenn es sich bei einem Ausgangsdokument nur um eine **beglaubigte oder einfache Abschrift** handelt, ist es immer auch **zulässig**, eine **elektronische Fassung** mit Übereinstimmungsvermerk und Signatur in die elektronische Urkundensammlung aufzunehmen. Die **Qualität des Ausgangsdokuments** (Ausfertigung, beglaubigte Abschrift, einfache Abschrift) muss dann im Vermerk **korrekt benannt** werden (Rechtsgedanke des § 42 Abs. 1 BeurkG).[69]

2. Von der Urkundsbehörde vorgegebene Dokumententypen

Im XNP-Modul *„Urkundenverzeichnis"* stehen auf der Karteikarte *„Dokumente"* folgende **Dokumententypen** zur Verfügung: 447

Als Hauptdokument:
- elektronische Fassung der Urschrift;
- elektronisches Original;
- elektronische Fassung der beglaubigten Abschrift;
- elektronische Abschrift (einfach);
- elektronische Abschrift (beglaubigt).

Als sonstige Dokumente:
- elektronische Fassung eines Papierdokuments;
- sonstiges elektronisches Dokument;
- Reinschrift (beglaubigt);
- elektronischer Vermerk nach § 44a/§ 44b BeurkG;
- Papier-Vermerk nach § 44a/§ 44b BeurkG;
- sonstige elektronische Eigenurkunde.

3. Elektronische Fassung, Übereinstimmungsvermerk

Als elektronische Fassung ist immer eine in der Urkundensammlung verwahrte **Urschrift einer Niederschriftsurkunde** in die elektronische Urkundensammlung aufzunehmen. Dabei ist zwingend die Papier-Urschrift nach **den Vorgaben des § 56 Abs. 1 BeurkG einzuscannen** und zu bestätigen, dass das elektronische Dokument sowohl **inhaltlich** als insbesondere auch **bildlich** mit dem Ausgangsdokument **übereinstimmt**. 448

Merke!

Bei einer **elektronischen Fassung** müssen die inhaltliche und bildliche Übereinstimmung gem. § 56 Abs. 1 Satz 2 BeurkG **notariell bestätigt** und das elektronische Dokument und der Vermerk müssen gem. § 56 Abs. 1 Satz 4 BeurkG mit einer **qualifizierten elektronischen Signatur** versehen werden.

69 Merkblatt der BNotK zur elektronischen Urkundensammlung, Stand: 17.8.2022, S. 18 f.

449 Das **Ausgangsdokument einer elektronischen Fassung der Urschrift** kann allerdings auch eine **beglaubigte Abschrift** sein, was dann aber natürlich auch im notariellen Vermerk zum Ausdruck zu bringen ist. Voraussetzung ist aber natürlich wieder, dass die beglaubigte Abschrift nach § 56 Abs. 1 BeurkG eingescannt worden. Es stellt eine Vereinfachung der Handhabung im Notariat dar, wenn grundsätzlich alle beglaubigten Abschriften, Ausfertigung und Urschriften als elektronische Fassung unter Beachtung des § 56 Abs. 1 BeurkG erstellt werden, wenn das nachfolgende Muster des notariellen Übereinstimmungsvermerks verwendet wird.

450 ▼

Muster 2.10: Übereinstimmungsvermerk einer elektronischen Fassung der Urschrift

Die bildliche und inhaltliche Übereinstimmung des elektronischen Dokuments mit dem/den mit in Papier vorliegenden Dokument(en) (Urschrift, soweit nicht als Ausfertigung, beglaubigte oder einfache Abschrift gekennzeichnet) wird hiermit bestätigt.

Die Übertragung in die elektronische Form ist nach meiner am Tag der Bestätigung gültigen Verfahrensdokumentation erfolgt.

 (*Ort*), (*Datum*)

 (*Notar*)

▲

451 Eventuelle **Mängel des Ausgangsdokuments** sind im Vermerk zu erwähnt, soweit sie nicht schon aus dem elektronischen Dokument eindeutig ersichtlich sind (§ 56 Abs. 1 Satz 3 BeurkG). Gleiches gilt für **Mängel des Scanprodukts**.

4. Elektronische Abschrift (beglaubigt), Beglaubigungsvermerk

452 Eine elektronisch beglaubigte Abschrift muss mit dem Ausgangsdokument **inhaltlich**, aber **nicht zwingend bildlich** übereinstimmen. Die inhaltliche Übereinstimmung muss **notariell beglaubigt** und das elektronische Dokument und der Vermerk über die Übereinstimmung sodann mit einer **qualifizierten elektronischen Signatur** versehen werden.

▼

Muster 2.11: Beglaubigungsvermerk einer elektronisch beglaubigten Abschrift

Hiermit beglaubige ich die Übereinstimmung des elektronischen Dokumentes mit dem mir vorliegenden Papierdokument (Urschrift, soweit nicht als Ausfertigung, beglaubigte oder einfache Abschrift gekennzeichnet).

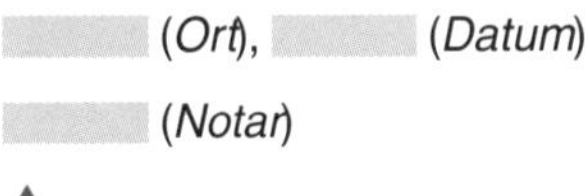

 (*Ort*), (*Datum*)

 (*Notar*)

▲

5. Verwahrung als elektronische (einfache) Abschrift

453 Die Aufnahme nur einer elektronischen Abschrift in die elektronische Urkundensammlung ist möglich, wenn in der Urkundensammlung ebenfalls nur eine **einfache Abschrift** verwahrt wird, also bei Unterschriftsbeglaubigungen mit Entwurf, die ausgehändigt werden und nicht in der Papier-Urkundensammlung verwahrt wird, und bei Unterschriftsbeglaubigungen ohne Entwurf, § 31 Abs. 1 Nr. 4 Buchst. b) und c) NotAktVV.

Eine solche einfachen elektronische Abschrift soll wenigstens inhaltlich mit dem Ausgangsdokument übereinstimmen, sie erhält aber keinerlei notarielle Beglaubigung und somit auch keine qualifizierte elektronische Signatur.

6. Verwahrung als originär elektronische Fassung

Originär elektronische Urkunden existieren derzeit 454
- als **elektronische Niederschriften** i.S.d. § 16b BeurkG und
- als **einfache elektronische Zeugnisse** i.S.d. § 39a BeurkG.

Solche Dokumente müssen in der Form, in der sie erstellt wurden (PDF-Datei nebst Signaturdateien (.pkcs7)), in die elektronische Urkundensammlung eingestellt werden.

Sonstige originär elektronische Dokumente können **in dieser Form** verwahrt werden. 455
Dies gilt insbesondere für die **Eintragungsbestätigung im ZTR**, die gem. § 31 Abs. 1 Nr. 1 Buchst. b) NotAktVV in der Urkundensammlung zu verwahren ist, sowie **behördliche und gerichtliche Genehmigung** oder **elektronisch beglaubigte Abschriften von Verwalterzustimmungen**, die man über beN von einem anderen Notariat, bei dem die Unterschrift des Verwalters beglaubigt wurde, erhält.

III. Zu verwahrende Dokumente

1. Spielbild zur Papier-Urkundensammlung

Gemäß § 34 Abs. 1 NotAktVV sind in der elektronischen Urkundensammlung grundsätzlich 456
alle Dokumente in elektronischer Form zu verwahren, die nach § 31 NotAktVV in der (papierförmigen) Urkundensammlung verwahrt werden (**Spiegelbildprinzip**). Der Inhalt der elektronischen Urkundensammlung hat also demjenigen der Urkundensammlung zu entsprechen.

> *Hinweis*
>
> In die elektronische Urkundensammlung können zu jeder UVZ-Nr. **ein Hauptdokument** und **mehrere Sonstige Dokumente** eingestellt werden. Als Sonstige Dokumente können in die elektronische Urkundensammlung eingestellt werden
> - sowohl Dokumente, die „in der Papierwelt" **mit Schnur und Siegel** mit dem Hauptdokument verbunden werden müssen,
> - als auch Dokumente, die der Urkunde nur im Sinne von § 14 Abs. 2 DONot durch **Ankleben bzw. Anheften** beigefügt und mit dieser verwahrt werden.

Die unter der gleichen UVZ-Nr. verwahrten Dokumente (Hauptdokument und sonstige Do- 457
kumente) gelten als virtuell miteinander verbunden. Sie gelten als dergestalt miteinander verbunden, wie es einer Verbindung mit Schnur und Siegel „in der Papierwelt" entspricht.

Die Verwahrung mehrerer Dokumente unter derselben UVZ-Nr. führt dazu, dass beim Abruf von Dokumenten aus der elektronischen Urkundensammlung immer auch die Dokumente aus den verbundenen Einträgen angezeigt werden (§ 78h Abs. 3 Satz 1 BNotO).

2. Ersetzung der Urschrift

a) Papierförmige Urschrift

Tritt nach dem Beurkundungsgesetz eine Ausfertigung oder eine beglaubigte Abschrift **an die** 458
Stelle der Urschrift, weil diese **herausgegeben** wurde (§ 45a BeurkG), **zerstört** wurde oder **abhandengekommen** ist (§ 46 Abs. 1 BeurkG), ist die **elektronische Fassung der Urschrift** in der elektronischen Urkundensammlung **zu verwahren**. Ist eine Verwahrung der elektronischen Fassung der Urschrift **nicht** möglich, so ist eine **elektronische Fassung der Ausfertigung** oder **der beglaubigten Abschrift** zu verwahren, die an die Stelle der Urschrift getreten ist.

> *Hinweis*
>
> Eine Verwahrung der elektronischen Fassung der Urschrift ist z.B. **dann nicht möglich**, wenn die Urschrift sofort herausgegeben wurde, ohne dass zuvor eine elektronische Fassung erstellt werden konnte, oder wenn die Urschrift zerstört wurde oder abhandengekommen ist, bevor eine elektronische Fassung erstellt werden konnte.[70]

70 Begründung zu § 34 Abs. 4 (später Abs. 5) NotAktVV gem. BR-Drucks 420/20 (neu), S. 55.

b) Elektronische Fassung der Urschrift

459 Ist die **elektronische Fassung der Urschrift** ganz oder teilweise **zerstört** worden, ist nach § 46 Abs. 2 BeurkG die Urschrift **erneut** nach § 56 BeurkG **in die elektronische Form zu übertragen** und in der elektronischen Urkundensammlung **zu verwahren**. Ist die Urschrift **nicht mehr vorhanden**, weil z.B. die Frist zur Aufbewahrung der Urkunde in Papierform abgelaufen ist, bestehen gem. § 46 Abs. 2 Satz 2 BeurkG **zwei Möglichkeiten**:

- Zum einen kann eine elektronische Fassung einer nach § 46 Abs. 1 BeurkG an die Stelle der Urschrift getretenen **Ausfertigung oder beglaubigten Abschrift** hergestellt und verwahrt werden.
- Zum anderen kann die Wiederherstellung aus einer im Elektronischen Urkundenarchiv gespeicherten **früheren elektronischen Fassung** der Urschrift erfolgen.

  Hinweis

  Als frühere elektronische Fassung wird das vom Notar ursprünglich eingestellte elektronische Dokument bezeichnet, wenn der rechtliche **Integritätswert** kryptografisch **reduziert ist** und dadurch die abstrakte Gefahr eines **Integritätsverlusts** besteht. Dies kann der Fall sein, wenn sämtliche für die qualifizierte Signatur verwendeten Verfahren **nicht mehr als sicher gelten** oder der für die Signatur verwendete **Signaturalgorithmus abgelaufen war**, bevor eine Übersignatur erfolgte.

- Für die **Wiederherstellung aus einer früheren elektronischen Fassung** gilt § 56 Abs. 1 BeurkG entsprechend; in dem Vermerk soll zusätzlich die **Tatsache der sicheren Speicherung** im Elektronischen Urkundenarchiv angegeben werden (§ 46 Abs. 2 Satz 3 BeurkG). Der Notar wird die Wiederherstellung der elektronischen Fassung der Urschrift aus der früheren elektronischen Fassung nur bei **Vorliegen der Bestätigung** der sicheren Speicherung im Elektronischen Urkundenarchiv **durch die Urkundenarchivbehörde** (BNotK) vornehmen.[71]

Tritt nach dem BeurkG die **elektronische Fassung** einer **Ausfertigung oder einer beglaubigten Abschrift** an die Stelle **der elektronischen Urschrift**, ist gem. § 34 Abs. 5 Satz 3 NotAktVV diese anstelle der elektronischen Urschrift **zu verwahren**.

3. Zäsurprinzip

460 **§ 35 NotAktVV – Einstellung von Dokumenten**

(…)

(3) Nachdem ein Dokument in elektronischer Form in die elektronische Urkundensammlung eingestellt wurde, dürfen auf der Urschrift oder Abschrift, die in der Urkundensammlung verwahrt wird, keine Vermerke mehr angebracht werden. Ergibt sich aus einer Rechtsvorschrift die Pflicht, auf der Urschrift oder Abschrift, die in der Urkundensammlung verwahrt wird, etwas zu vermerken, so ist der Vermerk

1. auf einem gesonderten Blatt niederzulegen, welches mit der in der Urkundensammlung verwahrten Urschrift oder Abschrift zu verbinden ist, wenn die betreffende Urkunde in Papierform errichtet wurde, oder
2. in einem gesonderten elektronischen Dokument niederzulegen, welches zusammen mit der in der elektronischen Urkundensammlung verwahrten Urkunde zu verwahren ist, wenn die betreffende Urkunde in elektronischer Form errichtet wurde.

Von einem elektronischen Vermerk, der zusammen mit einer elektronischen Urkunde in der elektronischen Urkundensammlung verwahrt wird, ist ein Ausdruck mit dem in der Urkundensammlung verwahrten Ausdruck der elektronischen Urkunde zu verbinden.

(…)

71 Begründung zu § 46 Abs. 2 BeurkG im Urkundenarchivgesetz gem. BT-Drucks 18/10607, S. 87.

Nachdem ein Dokument in die elektronische Urkundensammlung eingestellt wurde, **dürfen auf dem Ausgangsdokument in der Urkundensammlung keine Vermerke mehr angebracht werden** (sog. **Zäsurprinzip**). Besteht hingegen (noch) eine gesetzliche Pflicht, dies doch zu tun, ist der Vermerk auf einem **gesonderten Blatt** niederzulegen, welches mit der in der **Urkundensammlung** verwahrten Urschrift oder Abschrift **zu verbinden** ist. 461

Dies kann nur für Urkunden gelten, die in Papierform errichtet wurden; wurde hingegen die Urkunde in elektronischer Form errichtet, ist der Vermerk in einem gesonderten elektronischen Dokument niederzulegen, welches dann auch in der elektronischen Urkundensammlung zu verwahren ist. 462

4. Nachtragsvermerke nach § 44a und § 44b BeurkG

Vermerke nach § 44a und § 44b BeurkG, also 463

- ein Nachtragsvermerk bei **offensichtlichen Unrichtigkeiten** und
- ein Nachtragsvermerk, der auf eine **Nachtragsbeurkundung verweist**, wenn die Urkunden nicht ohnehin zusammen verwahrt werden,

sind gem. § 44a Abs. 2 Satz 4 BeurkG auf einem **gesonderten Blatt niederzulegen**, welches separat einzuscannen und als sonstiges Dokument in die elektronische Urkundensammlung einzustellen ist. Hier muss dann ein notariell zu signierender Vermerk hinzugefügt werden, mit dem die bildliche und inhaltliche Übereinstimmung mit der Urschrift des Nachtragsvermerks bestätigt wird.

Ist der Fehler so schnell bemerkt worden, dass die berichtigte oder geänderte Niederschrift noch nicht in der elektronischen Urkundensammlung verwahrt ist, kann der Vermerk auch noch am Schluss am Schluss der Niederschrift nach den Unterschriften oder auf einem besonderen, mit der Niederschrift zu verbindenden Blatt niedergelegt werden, § 44a Abs. 2 Satz 3 BeurkG noch. In diesem Fall wird anschließend der Nachtragsvermerk zusammen mit der Niederschrift eingescannt und als einheitliches Hauptdokument eingestellt. 464

5. ZTR-Eintragungsbestätigung

Die Eintragungsbestätigung im Zentralen Testamentsregister, die gem. § 31 Abs. 1 Nr. 1 Buchst. b) NotAktVV in der Urkundensammlung zu verwahren ist, wird meist als Sonstiges Dokument mit der Dokumententyp „*Sonstiges elektronisches Dokument*“ im UVZ eingestellt, weil meist als Hauptdokument die elektronisch beglaubigte Abschrift bzw. elektronische Fassung der beglaubigten Abschrift der Verfügung von Todes wegen gem. § 31 Abs. 1 Nr. 1 Buchst. a) NotAktVV auf Wunsch der Beteiligten eingestellt wird. 465

Wird hingegen keine beglaubigte Abschrift der Verfügung von Todes wegen in der Urkundensammlung verwahrt, ist die ZTR-Eintragungsbestätigung als Hauptdokument (Dokumententyp „*Elektronisches Original*“) einzustellen.

6. Reinschrift

In der elektronischen Urkundensammlung kann zusätzlich auch eine vollständige oder auszugsweise Reinschrift der Elektronischen Fassung verwahrt werden. Die Herstellung von Reinschriften ist zulässig und in der Praxis nicht unüblich, wenn die Urschrift handschriftliche Änderungen aufweist und für Ausfertigungen und Abschriften eine inhaltlich übereinstimmende Grundlage mit sauberem Druckbild geschaffen werden soll. 466

IV. Zeitpunkt der Dokumenteneinstellung

§ 35 NotAktVV – Einstellung von Dokumenten 467

(1) Dokumente, die nach § 34 [*NotAktVV*] in der elektronischen Urkundensammlung zu verwahren sind, sollen **unverzüglich** nach der Eintragung in das Urkundenverzeichnis in die elektronische Urkundensammlung eingestellt werden.

(2) Elektronische Dokumente, die nach dem Beurkundungsgesetz zusammen mit der elektronischen Fassung einer Urschrift oder Abschrift oder einer elektronischen Urschrift in der elektronischen Urkundensammlung zu verwahren sind, sollen **unverzüglich** in die elektronische Urkundensammlung eingestellt werden.

(...)

(Anmerkung: Die Hervorhebungen stammen von dem Verfasser).

468 Die in die elektronische Urkundensammlung einzustellenden Dokumente sind **unverzüglich nach der Eintragung in das UVZ** in die elektronische Urkundensammlung einzustellen.

Hierbei sei daran erinnert, dass die Eintragung in das UVZ nach § 18 Satz 1 NotAktVV spätestens 14 Tage nach der Beurkundung oder der sonstigen Amtshandlung vorzunehmen ist.

469 Dokumente, die nach § 56 Abs. 2 BeurkG mit der Urschrift oder Abschrift verwahrt werden, also **Nachtragsvermerke**, **weitere Unterlagen** und **weitere Urschriften** kann der Notar auch noch später, eventuell **gesammelt**, in die elektronische Urkundensammlung einstellen, nachdem er die eigentliche Urkunde schon eingestellt hat. Zeitlich ist zwar auch für die weiteren Dokumente die **unverzügliche** Einstellung angeordnet, diese Pflicht beginnt aber erst ab der **Beifügung der Dokumente zur Papierurschrift**.[72]

V. Sonderbestimmungen für Verfügungen von Todes wegen

470 Bei Verfügungen von Todes wegen ist es **nicht erlaubt**, die Urschrift nicht in die elektronische Form zu übertragen, § 34 Abs. 4 BeurkG. Das gilt auch für Erbverträge, deren Urschrift in der Erbvertragssammlung verwahrt wird.

471 Regelmäßig wird aber auf Wunsch der Beteiligten eine **beglaubigte Abschrift zur Urkundensammlung** genommen, was auch zu empfehlen ist. Dann, muss (Spiegelbildprinzip) auch eine **elektronisch beglaubigte Abschrift der Papier-Urschrift** oder eine **elektronische Fassung der beglaubigten Papier-Abschrift**, die in die Papier-Urkundensammlung bzw. Erbvertragssammlung genommen wird, zur elektronischen Urkundensammlung genommen werden.

472 *Praxistipp*

Die Eintragungsbestätigung des Zentralen Testamentsregisters, die gem. § 31 Abs. 1 Nr. 1 Buchst. b) NotAktVV in der Urkundensammlung zu verwahren ist, wird meist als Sonstiges Dokument mit der Dokumententyp „*Sonstiges elektronisches Dokument*" im UVZ eingestellt, weil meist als Hauptdokument die elektronisch beglaubigte Abschrift bzw. elektronische Fassung der beglaubigten Abschrift der Verfügung von Todes wegen gem. § 31 Abs. 1 Nr. 1 Buchst. a) NotAktVV auf Wunsch der Beteiligten eingestellt wird.

Wird hingegen keine beglaubigte Abschrift der Verfügung von Todes wegen in der Urkundensammlung verwahrt, ist die ZTR-Eintragungsbestätigung als Hauptdokument (Dokumententyp „*Elektronisches Original*") einzustellen.

Die ZTR-Eintragungsbestätigung ist ein originär elektronisches Dokument, weshalb **kein Vermerk** über die Übereinstimmung mit einem papierförmigen Ausgangsdokument zu erstellen ist.

473 Erfolgt eine **Rücknahme eines verwahrten Erbvertrages** nach § 33 Abs. 4 NotAktVV, ist daran zu denken, nicht nur die in der Urkundensammlung verwahrte beglaubigte Abschrift auszuhändigen, sondern nach § 38 Abs. 1 NotAktVV auch die elektronisch beglaubigte Abschrift in der elektronischen Urkundensammlung zu löschen.

Die Rückgabe des Erbvertrags aus der notariellen Verwahrung ist dem **ZTR** mitzuteilen, § 34a Abs. 2 BeurkG.

72 Begründung zu § 35 Abs. 2 NotAktVV gem. BR-Drucks 420/20 (neu), S. 56.

Besonderheiten gelten, wenn eine Verfügung von Todes wegen **vor deren Registrierung im ZTR** zum Zwecke des **Widerrufs durch Vernichtung** zurückverlangt wird. Gemäß § 33 Abs. 5 NotAktVV sind die Absätze 1 bis 3 dieser Bestimmung mit der Maßgabe entsprechend anzuwenden, dass der **Vermerk zur Urkundensammlung** (nicht zur Erbvertragssammlung) zu fertigen ist. Der Vermerk ist (Spiegelbildprinzip!) auch in die **elektronische Urkundensammlung** aufzunehmen, § 38 Abs. 2 NotAktVV. 474

Q. Aufbewahrungsfristen

I. Fristen für Unterlagen ab dem 1.1.2022

Nach § 50 Abs. 1 Satz 1 NotAktVV gelten für Unterlagen, die **ab dem 1.1.2022** erstellt werden, folgende Aufbewahrungsfristen: 475

Nr. 1.	für Eintragungen im **Urkundenverzeichnis**	**100 Jahre**
Nr. 2.	für Eintragungen im **Verwahrungsverzeichnis**	**30 Jahre**
Nr. 3.	für die in der **Urkundensammlung** verwahrten Dokumente	**30 Jahre**
Nr. 4.	für die in der **Erbvertragssammlung** verwahrten Dokumente	**100 Jahre**
Nr. 5.	für die in der **elektronischen Urkundensammlung** verwahrten Dokumente	**100 Jahre**
Nr. 6.	für die in der **Sondersammlung** verwahrten Dokumente	**100 Jahre**
Nr. 7.	für die in der **Nebenakte** verwahrten Dokumente	**7 Jahre**
Nr. 8.	für die in der Sammelakte für **Wechsel- und Scheckproteste** verwahrten Dokumente	**7 Jahre**
Nr. 9.	für die in der **Generalakte** verwahrten Dokumente	**30 Jahre**

Die Nr. 3–6, also die Aufbewahrungsfristen für die 476

- in der Urkundensammlung,
- in der Erbvertragssammlung,
- in der elektronischen Urkundensammlung und
- in der Sondersammlung

verwahrten Dokumente sind auf vom **1.1. bis zum 30.6.2022** erstellte Unterlagen nicht anzuwenden (§ 50 Abs. 1 Satz 2 NotAktVV). Für die in diesem Zeitraum erstellten Dokumente in der **Urkundensammlung** einschließlich der **gesondert aufbewahrten Erbverträge** gilt gem. § 51 Abs. 1 Satz 2 NotAktVV eine Aufbewahrungsfrist von **100 Jahren**.

Die Aufbewahrungsfristen gem. § 50 Abs. 1 NotAktVV **beginnen** nach § 50 Abs. 2 NotAktVV 477

- für Eintragungen im **Urkundenverzeichnis** mit dem Kalenderjahr, das auf die Eintragung folgt,
- für Eintragungen im **Verwahrungsverzeichnis** mit dem Kalenderjahr, das auf den Abschluss des Verwahrungsgeschäfts folgt,
- für Dokumente, die in der **Urkundensammlung**, der **Erbvertragssammlung**, der **elektronischen Urkundensammlung**, **der Sondersammlung** oder der Sammelakte für **Wechsel- und Scheckproteste** verwahrt werden, mit dem Kalenderjahr, das auf die Beurkundung oder die sonstige Amtshandlung folgt,
- für die in der **Nebenakte** verwahrten Dokumente mit dem Kalenderjahr, das auf den Abschluss des Amtsgeschäfts folgt, zu dem die Nebenakte geführt wurde, und
- für die in der **Generalakte** verwahrten Dokumente mit dem Kalenderjahr, das auf das Erlöschen des Amtes des Notars oder die Verlegung seines Amtssitzes in einen anderen Amtsgerichtsbezirk folgt.

II. Fristen für Altbestände

478 Nach § 51 Abs. 1 Satz 1 NotAktVV gelten für Unterlagen, die **vom 1.1.1950 bis zum 31.12.2021** erstellt wurden, folgende Aufbewahrungsfristen:

Nr. 1.	für die **Urkundenrolle**, das **Erbvertragsverzeichnis** und das **Namensverzeichnis** zur Urkundenrolle	**100 Jahre**
Nr. 2.	für das **Verwahrungsbuch**, das **Massenbuch**, das **Namensverzeichnis** zum Massenbuch und die **Anderkontenliste**	**30 Jahre**
Nr. 3.	für die in der **Urkundensammlung** verwahrten Dokumente einschließlich der **gesondert aufbewahrten Erbverträge**	**100 Jahre**
Nr. 4.	für die in der **Nebenakte** verwahrten Dokumente	**7 Jahre**
Nr. 5.	für die in Sammelbänden für **Wechsel- und Scheckproteste** verwahrten Dokumente	**7 Jahre**
Nr. 6.	für die in der **Generalakte** verwahrten Dokumente	**30 Jahre**

479 § 51 Abs. 1 Satz 1 Nr. 3 NotAktVV gilt auch für die dort bezeichneten Dokumente, also für die in der Urkundensammlung verwahrten Dokumente einschließlich der gesondert aufbewahrten Erbverträge, die **vom 1.1. bis zum 30.6.2022** erstellt wurden.

Die vorstehenden Fristen entsprechen weitgehend der bisherigen Rechtslage nach § 5 Abs. 4 DONot a.F. Lediglich die Frist für Sammelbände für Wechsel- und Scheckproteste wurde parallel zu der Neuregelung für die Neubestände in § 50 Abs. 1 Nr. 8 NotAktVV von fünf auf sieben Jahre verlängert.

480 Die Aufbewahrungsfristen gem. § 51 Abs. 1 NotAktVV **beginnen** nach § 51 Abs. 2 NotAktVV

- für die **Urkundenrolle**, das **Erbvertragsverzeichnis**, das **Namensverzeichnis**, das **Verwahrungsbuch**, das **Massenbuch**, das **Namensverzeichnis** zum Massenbuch und die **Anderkontenliste** mit dem Kalenderjahr, das auf das Kalenderjahr folgt, für das sie geführt wurden,
- für die in der **Urkundensammlung** verwahrten Dokumente einschließlich der **gesondert aufbewahrten Erbverträge** mit dem Kalenderjahr, das auf die Beurkundung folgt,
- für die in der **Nebenakte** verwahrten Dokumente mit dem Kalenderjahr, das auf den Abschluss des Amtsgeschäfts folgt, zu dem die Nebenakte geführt wurde,
- für die in Sammelbänden für **Wechsel- und Scheckproteste** verwahrten Dokumente mit dem Kalenderjahr, das auf die Amtshandlung folgt, und
- für die in der **Generalakte** verwahrten Dokumente mit dem Kalenderjahr, das auf das Erlöschen des Amtes des Notars oder die Verlegung seines Amtssitzes in einen anderen Amtsgerichtsbezirk folgt.

481 Werden bei den **Nebenakten** beglaubigte Abschriften von **Verfügungen von Todes wegen** aufbewahrt, die auf Wunsch des Erblassers oder der Vertragsschließenden zurückbehalten wurden und von denen keine beglaubigte Abschrift in der Urkundensammlung verwahrt wird, so gelten für diese gem. § 51 Abs. 3 NotAktVV abweichend von § 51 Abs. 1 Nr. 4 und Abs. 2 Nr. 3 NotAktVV die Bestimmungen des Abs. 1 Nr. 3 und des Abs. 2 Nr. 2 entsprechend, also **nicht** die sonst für in der Nebenakte verwahrte Dokumente übliche Aufbewahrungsfrist von **7 Jahren**, sondern die Aufbewahrungsfrist von **100 Jahren** für Dokumente in der Urkundensammlung.

482 *Hinweis*

Von der Regelung erfasst sind solche beglaubigten Abschriften, die auf Wunsch der Beteiligten im Sinne des § 20 Abs. 1 Satz 3 DONot a.F. vom Notar zurückbehalten wurden. Während solche Abschriften nach dem bis 31.12.2021 gegoltenen § 20 Abs. 1 Satz 4 DONot a.F. in der Urkundensammlung zu verwahren sind, enthielt eine dem § 20 Abs. 1 Satz 3 DONot a.F. vorangegangene Regelung keine Bestimmung darüber, wo entsprechende Abschriften aufzubewahren waren. Die Verwahrung konnte daher auch in der Nebenakte erfolgen. Insoweit war in § 5 Abs. 4 Satz 2 DONot a.F. vorgesehen, dass solche Abschriften von Verfügungen von Todes wegen, die zu den Nebenakten genommen wurden, abweichend von § 5 Abs. 4 Satz 1 DONot a.F. 100 Jahre aufzubewahren sind.[73]

III. Ablauf der Aufbewahrungsfristen

Nach § 35 Abs. 6 BNotO hat der Notar oder die sonstige verwahrende Stelle zum Ablauf der jeweiligen Aufbewahrungsfrist die Einträge im Urkundenverzeichnis sowie die in der elektronischen Urkundensammlung und in der Sondersammlung verwahrten Dokumente dem zuständigen öffentlichen Archiv nach den jeweiligen archivrechtlichen Vorschriften zur Übernahme anzubieten. Im Übrigen ist der Notar oder die sonstige verwahrende Stelle nach § 35 Abs. 6 Satz 2 BNotO verpflichtet, nach Ablauf der Aufbewahrungsfristen die in Papierform geführten Akten und Verzeichnisse **zu vernichten** und die elektronisch geführten Akten und Verzeichnisse **zu löschen**. Dies gilt nicht, solange im Einzelfall eine weitere Verwahrung durch den Notar oder die sonstige verwahrende Stelle erforderlich ist (§ 35 Abs. 6 Satz 3 BNotO). **483**

Erhält oder erstellt der Notar in Papierform ein Dokument, für das die 30jährige Frist zur Aufbewahrung in der Urkundensammlung bereits abgelaufen ist, ist dieses Dokument in elektronischer Form in **die elektronische Urkundensammlung** einzustellen und dort **zu verwahren**. Das **in Papierform vorliegende Dokument** darf nach der Einstellung in die elektronische Urkundensammlung **vernichtet** werden, es sei denn, dass das Interesse der Beteiligten oder Dritter an dessen Erhaltung eine weitere Aufbewahrung gebietet (§ 39 NotAktVV). Dieser Fall kann z.B. eintreten, wenn nach mehr als 30 Jahren offensichtliche **Unrichtigkeiten richtiggestellt werden** und dafür ein **Vermerk** auf einem gesonderten Blatt zu errichten ist; Gleiches gilt für den **Vermerk über eine Nachtragsbeurkundung**. Eine Ausnahme von der Vernichtung aufgrund eines besonderen Erhaltungsinteresses kann z.B. gegeben sein, wenn nach Ablauf der Aufbewahrungsfrist für die Urkundensammlung noch eine Genehmigungserklärung eingeht, die zur (elektronischen) Urkundensammlung genommen werden soll. **484**

IV. Fristen für Unterlagen vor dem 1.1.1950

Nach § 51 Abs. 4 NotAktVV sind die **vor dem 1.1.1950** entstandenen Unterlagen **dauernd** aufzubewahren; eine Pflicht zur Konservierung besteht nicht. Werden solche Unterlagen nach § 119 BNotO in die **elektronische Form** übertragen, sind die elektronischen Dokumente dauernd aufzubewahren. Für die übertragenen Dokumente gelten die Fristen, die anwendbar wären, wenn die Dokumente zum Zeitpunkt der Übertragung erstmals zu den Unterlagen des Notars gelangt wären. Die Landesjustizverwaltung kann abweichend hiervon eine Aufbewahrungsfrist anordnen, wenn die Belange der Rechtspflege und die Rechte der Betroffenen gewahrt sind; die Aufbewahrungsfrist darf nicht vor dem Ablauf des 31.12.2049 enden. **485**

R. Dokumentation der Einhaltung der Mitwirkungsverbote (Beteiligtenverzeichnis)

I. Grundlagen

§ 28 BNotO – Sicherstellung der Unabhängigkeit und Unparteilichkeit **486**

Der Notar hat durch geeignete Vorkehrungen die Wahrung der Unabhängigkeit und Unparteilichkeit seiner Amtsführung, insbesondere die Einhaltung der **Mitwirkungsverbote** und weiterer Amtspflichten nach den Bestimmungen dieses Gesetzes, des **Beurkundungsgesetzes** und des Gerichts- und Notarkostengesetzes sicherzustellen.

73 Begründung zu § 51 Abs. 3 NotAktVV gem. BR-Drucks 420/20 (neu), S. 69.

§ 3 BeurkG – Verbot der Mitwirkung als Notar

(Anmerkung: Hier sind nur Teile von § 3 BeurkG im Hinblick auf die zu dokumentierenden Mitwirkungsverbote zitiert, tatsächlich normieren die §§ 3 bis 7 BeurkG viele weitere Mitwirkungsverbote, Ablehnungsgebote und Ausschließungsgründe).[74]

(1) Ein Notar soll an einer Beurkundung nicht mitwirken, wenn es sich handelt um (…)

4. Angelegenheiten einer Person, mit der sich der Notar zur gemeinsamen Berufsausübung verbunden oder mit der er gemeinsame Geschäftsräume hat, (…)
7. Angelegenheiten einer Person, für die der Notar, eine Person im Sinn der Nummer 4 oder eine mit dieser im Sinn der Nummer 4 oder in einem verbundenen Unternehmen (§ 15 des Aktiengesetzes) verbundene Person außerhalb einer Amtstätigkeit in derselben Angelegenheit bereits tätig war oder ist, es sei denn, diese Tätigkeit wurde im Auftrag aller Personen ausgeübt, die an der Beurkundung beteiligt sein sollen,
8. Angelegenheiten einer Person, die den Notar in derselben Angelegenheit bevollmächtigt hat oder (…)

Der Notar hat vor der Beurkundung nach einer Vorbefassung im Sinne des Satzes 1 Nummer 7 zu fragen und in der Urkunde die Antwort zu vermerken.

(2) Handelt es sich um eine Angelegenheit mehrerer Personen und ist der Notar früher in dieser Angelegenheit als gesetzlicher Vertreter oder Bevollmächtigter tätig gewesen oder ist er für eine dieser Personen in anderer Sache als Bevollmächtigter tätig, so soll er vor der Beurkundung darauf hinweisen und fragen, ob er die Beurkundung gleichwohl vornehmen soll. In der Urkunde soll er vermerken, dass dies geschehen ist.

Richtlinien für die Amtspflichten und sonstigen Pflichten der Mitglieder der Notarkammer Brandenburg

Ziffer VI.: Die Art der nach § 28 BNotO zu treffenden Vorkehrungen (§ 67 Abs. 2 Nr. 6 BNotO)

1. **Maßnahmen zur Beachtung der Mitwirkungsverbote durch den Notar**
   Als Vorkehrungen im Sinne des § 28 BNotO kommen insbesondere ein **Beteiligtenverzeichnis** oder eine sonstige zweckentsprechende Dokumentation in Betracht.
   Vor Übernahme einer notariellen Amtstätigkeit **hat sich der Notar** in zumutbarer Weise **zu vergewissern**, **dass Kollisionsfälle** im Sinne des § 3 Abs. 1 BeurkG **nicht bestehen**. Er hat auch für den Fall von **Vertretungen** dafür Sorge zu tragen, dass sich der amtlich bestellte Vertreter in geeigneter Weise über etwaige Mitwirkungsverbote unterrichten kann.
2. **Maßnahmen zur Beachtung der Mitwirkungsverbote bei beruflicher Zusammenarbeit**
   Der Notar hat dafür Sorge zu tragen, dass eine zur Erfüllung der Verpflichtungen aus § 3 Abs. 1 BeurkG und § 14 Abs. 5 BNotO erforderliche **Offenbarungspflicht** zum Gegenstand einer entsprechenden **schriftlichen Vereinbarung** gemacht wird, die der **gemeinsamen Berufsausübung** oder der **Nutzung gemeinsamer Geschäftsräume** zugrunde liegt.
3. (…).

§ 6 DONot – Einhaltung von Mitwirkungsverboten

(1) **Die Vorkehrungen zur Einhaltung der Mitwirkungsverbote** nach § 3 Absatz 1 Satz 1 Nummer 7 und 8 erste Alternative [*BeurkG und § 3*] Absatz 2 BeurkG **genügen § 28 BNotO und den Richtlinien** für die Amtspflichten und sonstigen Pflichten der Notarkammer nach § 67 Absatz 2 Satz 3 Nummer 6 BNotO, **wenn** sie zumindest **die Identität der Personen** [*Anm: gemeint sind die Rechtsuchenden*],

1. für welche die Notarin oder der Notar oder eine Person im Sinne des § 3 Absatz 1 Satz 1 Nummer 4 BeurkG außerhalb ihrer oder seiner Amtstätigkeit bereits tätig war oder ist und

74 Zur Vertiefung siehe auch *Bös/Jurkat/Neie/Strangmüller*, Praxishandbuch für Notarfachangestellte, § 8; weiter vertiefend mit interessanten Checklisten: *Hauschild/Kallrath/Wachter*, Notar-HdB, § 9 Beurkundungsrecht Rn 48 ff.

2. welche die Notarin oder den Notar oder eine Person im Sinne des § 3 Absatz 1 Satz 1 Nummer 4 BeurkG bevollmächtigt haben,

zweifelsfrei erkennen lassen und den **Gegenstand der Tätigkeit** in ausreichend kennzeichnender Weise angeben. Die Angaben müssen einen **Abgleich mit dem Urkundenverzeichnis** und der Übersicht nach § 17 Absatz 3 Satz 1 Nummer 2 [*Anm: Übersicht über Beteiligte im Verwahrungsverzeichnis*] im Hinblick auf die Einhaltung der Mitwirkungsverbote ermöglichen. Soweit die Notarin oder der Notar Vorkehrungen, die diese Voraussetzungen erfüllen, zur Einhaltung anderer gesetzlicher Regelungen trifft, sind zusätzliche Vorkehrungen nicht erforderlich.

(2) **Die Vorkehrungen** zur Einhaltung der in Absatz 1 Satz 1 genannten Mitwirkungsverbote **genügen** § 28 BNotO und den Richtlinien nach Absatz 1 Satz 1 auch, **wenn**

1. ein **System zur Konflikterkennung** es ermöglicht, **vor Übernahme eines Amtsgeschäfts verlässlich festzustellen, ob**
   a) die Notarin oder der Notar oder eine Person im Sinne des § 3 Absatz 1 Satz 1 Nummer 4 BeurkG
      aa) außerhalb ihrer oder seiner Amtstätigkeit bereits für Beteiligte tätig war oder ist oder
      bb) von Beteiligten bevollmächtigt wurde, sowie
   b) sich die Tätigkeit oder Bevollmächtigung auf dieselbe Angelegenheit bezog oder bezieht, und
2. das **Ergebnis der Prüfungen in der zu dem Amtsgeschäft geführten Nebenakte festgehalten** wird.

Die Notarin oder der Notar hat durch eine Bescheinigung der Herstellerin, des Herstellers, der Vertreiberin oder des Vertreibers des Systems zur Konflikterkennung zu belegen, dass das System zur Prüfung der in Satz 1 Nummer 1 genannten Voraussetzungen geeignet ist. Bei einem Wechsel des Systems oder des Anbieters hat die Notarin oder der Notar die weitere Verwendbarkeit der vorhandenen Dokumente sicherzustellen. Der Aufsichtsbehörde ist auf Anforderung im Einzelfall Einblick in die Gesamtheit der vom System zur Prüfung herangezogenen Informationen zu gewähren.

(Anmerkung: Hervorhebungen, Anmerkungen und kursive Erläuterungen stammen vom Verfasser).

Die vorstehend zitierten Vorschriften und Vorgaben spielen insbesondere im **Anwaltsnotariat** eine große Rolle. Die unterschiedlichen Aufgaben des Anwaltsnotars, einerseits als unparteiischer Berater aller Urkundsbeteiligten/Vertragsparteien in seiner Stellung als Notar und andererseits einseitig allein den Interessen seines Mandanten verpflichteter Rechtsanwalt (§ 3 Abs. 1 und 3 BRAO), birgt in sich die Gefahr, dass der Anwaltsnotar in eine **Interessenkollision** gerät, wenn er ein und dieselbe Person sowohl als Notar zu betreuen und als Rechtsanwalt zu vertreten hat. 487

> *Merke!* 488
>
> Eine der höchsten Pflichten des Notars ist die **Neutralitätspflicht** (§ 14 Abs. 1 BNotO) und eines der höchsten Güter des Notars ist das Vertrauen der rechtssuchenden Bevölkerung in die Integrität und Unabhängigkeit des Notars.

Die Neutralitätspflicht wird durch die Mitwirkungsverbote des § 3 BeurkG konkretisiert, worin das Gesetz dem Notar die Mitwirkung untersagt in Angelegenheiten, bei denen er aufgrund seiner Nähe zu einem Urkundsbeteiligten oder zum Gegenstand der Beurkundung (außernotarielle Vorbefassung) in Interessenskonflikte kommen könnte. Und damit solche Beurkundungen nicht an wirtschaftlich verflochtene Personen „vermittelt" werden, umfasst das Mitwirkungsverbot auch den Fall, dass der Notar auch dann nicht mitwirken darf, wenn eine Person, mit der sich der Notar zur **gemeinsamen Berufsausübung** verbunden oder mit der er **gemeinsame Geschäftsräume** hat (§ 9 Abs. 1 und 2 BNotO), zu dem Gegenstand tätig war. 489

Beispiele: Sozietäten und Bürogemeinschaften

Eine Sozietät oder eine Bürogemeinschaft zwischen zwei **Nurnotaren**.

Ein **Anwaltsnotar** bildet mit einem weiteren Anwaltsnotar, einem Rechtsanwalt, einem Steuerberater, einem Wirtschaftsprüfer oder einem vereidigten Buchprüfer eine Sozietät oder eine Bürogemeinschaft.

490 Nach § 3 Abs. 1 Nr. 7 BeurkG darf der Notar an einer Beurkundung nicht mitwirken in **Angelegenheiten einer Person (Rechtsuchender)**,

- für die der Notar, oder
- für die ein als Sozius oder in Bürogemeinschaft mit dem Notar verbundener Notar, Rechtsanwalt, Patentanwalt, Wirtschaftsprüfer, Steuerberater oder vereidigter Buchprüfer oder
- für die eine mit einem Sozius oder Bürogemeinschafter verbundene Person (also Sozius des Sozius bei sog. Sternsozietät) oder
- für die eine mit einem Sozius oder Bürogemeinschafter in einem verbundenen Unternehmen i.S.d. § 15 AktG verbundene Person (Mitglied eines Konzern-Anwaltsunternehmens)

außerhalb einer Amtstätigkeit (Amtstätigkeit ist hier immer eine notarielle Amtstätigkeit) **in derselben Angelegenheit** bereits tätig war oder ist. Dies gilt ausnahmsweise dann nicht, wenn diese Tätigkeit im Auftrag aller an der Beurkundung Beteiligten ausgeübt wurde.

491 Hintergrund dieser komplizierten gesetzlichen Formulierung ist, dass es seit dem Wegfall des Verbots der Sternsozietät Anwälten erlaubt ist, ihren Beruf auch in mehreren Sozietäten, in sonstigen Gesellschaften oder Bürogemeinschaften auszuüben.

Beispiel

Ein **Anwaltsnotar** darf eine **ehevertragliche Vereinbarung** nicht beurkunden, wenn er zuvor – egal, wie lange es her ist – einen der beiden Ehegatten schon einmal zu einem güterrechtlichen, unterhaltsrechtlichen oder den Versorgungsausgleich betreffenden Thema beraten hat, ggf. auch schon, wenn es „nur“ ein erbrechtliches Thema war.

Auch der **Sozius** oder **in Bürogemeinschaft verbundene Notar** des Anwaltsnotars darf den Ehevertrag nicht beurkunden.

Hat der Anwaltsnotar einen **Sozius**, der auch noch **Mitglied einer weiteren überörtlichen Sozietät** ist, darf er den Ehevertrag nicht beurkunden, wenn ein **Rechtsanwalt aus dieser überörtlichen Sozietät** in der vorgenannten Weise für einen der beiden Ehegatten tätig war.

492 Auch § 3 Abs. 1 Nr. 8, 1. Alt. BeurkG ist erklärungsbedürftig. Wurde der Notar oder eine mit ihm beruflich verbundene Person **in derselben Angelegenheit bevollmächtigt** und aufgrund der Vollmacht bereits tätig, greift schon § 3 Abs. 1 Nr. 7 BeurkG. Ist allerding der Notar oder die beruflich verbundene Person zwar bevollmächtigt, hat mit der Vollmacht aber noch nicht gehandelt, dann greift Nr. 8, 1. Alternative.

Beispiel zu § 3 Abs. 1 Nr. 8, Alt. 1 BeurkG

Einem Anwaltsnotar wurde von einer Person **Generalvollmacht** erteilt. Dann darf der Notar z.B. keine Bestellung von dinglichen Rechten zugunsten dieser Person beurkunden.

493 Schließlich muss der Notar in den Fällen des § 3 Abs. 2 BeurkG vor der Beurkundung auf diesen Umstand hinweisen und fragen, ob er die Beurkundung gleichwohl vornehmen soll. Dies ist auch in der Urkunde zu vermerken.

> *Beispiel zu § 3 Abs. 2 BeurkG*
>
> Ein **Anwaltsnotar** hat eine **Prozessvollmacht** und führt für einen Beteiligten einen Prozess, der nichts mit der Beurkundung zu tun hat.

Das Mitwirkungsverbot ist weit aufzufassen, sodass eine Mitwirkung auch dann verboten ist, wenn die Angelegenheit, in der der Anwaltsnotar als Rechtsanwalt tätig war, bereits abgeschlossen ist oder nur entfernt mit der Notartätigkeit zu tun hat. Zur Sicherung dieser Neutralitätspflicht sind die Mitwirkungsverbote des § 3 BeurkG auch nicht disponibel, die Beteiligten können also nicht auf deren Beachtung verzichten. **494**

> *Merke!*
>
> Selbst wenn sämtliche Beteiligten ungeachtet der Vorbefassung des Notars mit der Beurkundung einverstanden sind, darf der Notar nicht beurkunden. Das Mitwirkungsverbot ist eine Amtspflicht des Notars, von der ihn auch die Beteiligten nicht befreien können.

II. Beteiligtenverzeichnis

Wie oben unter Rdn 486 zu lesen, verpflichtet die BNotO den Notar, mit geeigneten Vorkehrungen die Wahrung der Unabhängigkeit und Unparteilichkeit seiner Amtsführung und insbesondere die Einhaltung von Mitwirkungsverboten sicherzustellen. In dem vorstehend zitierten § 6 Abs. 1 DONot ist wiederum bestimmt, dass die Vorkehrungen zur Einhaltung der dort genannten Mitwirkungsverbote den Vorgaben von § 28 BNotO und den Notarkammerrichtlinien genügen, wenn sie zumindest die **Identität der Personen** zweifelsfrei erkennen lassen, für die der Notar bzw. sein Sozius bzw. eine mit dem Notar oder Sozius beruflich verbundene Person **495**

- außerhalb der notariellen Amtstätigkeit bereits tätig war oder noch ist bzw.
- gesetzlicher Vertreter oder Bevollmächtigter war oder noch ist.

Dabei ist auch der **Gegenstand der Tätigkeit** in ausreichend zu kennzeichnender Weise anzugeben.

Die Angaben müssen einen **Abgleich** mit dem UVZ und der Übersicht über Beteiligte im Verwahrungsverzeichnis **ermöglichen**.

Um diesen ausreichenden Vorkehrungen zu genügen, kann ein sog. **Beteiligtenverzeichnis** geführt werden. In dem Verzeichnis sind alle Mandate zu erfassen, auch wenn es sich nur um ein einziges Beratungsgespräch ohne Anlage einer Akte handelt. **496**

Das Beteiligtenverzeichnis hat folgenden **Angaben** zu enthalten:

- Nachname und Vorname der Beteiligten/Mandanten,
- Geburtsdaten der Beteiligten/Mandanten,
- Anschriften,
- Gegenstand des Mandats (schlagwortartig, aber nicht zu pauschal).

Der Anwaltsnotar muss nicht selbst den Gegenstand des Mandats ermitteln und bezeichnen.

Das Verzeichnis kann auch ausschließlich in der EDV geführt werden, ein Ausdrucken muss aber für die Zwecke der Notarprüfung möglich sein.

Ein solches Beteiligtenverzeichnis ist jedoch entbehrlich, soweit der Anwaltsnotar schon entsprechende Vorkehrungen im Hinblick auf die Einhaltung **anderer gesetzlicher Regelungen** trifft, z.B. zur Kontrolle **anwaltlicher Tätigkeitsverbote** (insbesondere etwa § 43a BRAO zur Vermeidung eines Mandantenverrats). **497**

Auch kann auf die Führung eines Beteiligtenverzeichnisses verzichtet werden, wenn der Anwaltsnotar ein elektronisch gestütztes **System zur Konflikterkennung** nutzt, also eine passende **Computer-Software**. Das System muss feststellen können, ob der Notar, ein Sozius bzw. ein Bürogemeinschafter außerhalb der Amtstätigkeit bereits für Beteiligte tätig war oder ist oder von Beteiligten bevollmächtigt war sowie ob dieselbe Angelegenheit betroffen ist. **498**

499 Wird ein solches Konfliktkennungssystem verwendet, muss das Ergebnis der jeweiligen Prüfung (zur Tätigkeit außerhalb der Amtstätigkeit **und** zur Angelegenheit) in der **Nebenakte festgehalten** werden.

500 *Praxistipp: Umsetzung*

Bei der Anlage der Nebenakte, z.B. zu einem neuen Grundstückskaufvertrag, ist anhand der mitgeteilten Urkundsbeteiligten über das Beteiligtenverzeichnis bzw. die geeignete Computer-Software zu prüfen, ob eine Vorbefassung des Notars in Frage kommt. Das Ergebnis sollte immer – auch wenn ein Beteiligtenverzeichnis geführt wird – in der Nebenakte vermerkt werden, schon allein damit der Notar vor der Beurkundung die Durchführung der Prüfung nochmals überprüfen kann.

Um eine funktionierende Einhaltung der Mitwirkungsverbote erreichen zu können, ist eine sorgfältige Aktenanlage im Notariat zwingend erforderlich. Es ist insbesondere darauf zu achten, dass die Mandanten nicht durch eine unzulängliche Anlage im EDV-Programm mehrfach, z.B. durch geringfügige Veränderungen der Namen oder Adressunterschiede oder Verwendung unterschiedlicher Rufnamen bei mehreren Vornamen aufgenommen werden.

Auch eine **gemischte Führung** von Beteiligtenverzeichnis (etwa für Altfälle) und elektronisch Konflikterkennungssystem (etwa für Neufälle) ist laut BNotK möglich.

501 Der Notar hat durch eine **Bescheinigung des Herstellers oder des Vertreibers** des Systems zur Konflikterkennung zu belegen, dass das System zur Prüfung der genannten Voraussetzungen geeignet ist.

502 Für **Nurnotare** spielen die vorstehend genannten Vorgaben in aller Regel keine Rolle, denn ein zur hauptberuflichen Amtsausübung bestellter Notar bzw. dessen zulässiger Sozius wird nur höchst selten außerhalb der Amtstätigkeit Personen in Angelegenheiten betreuen, die Gegenstand einer Beurkundung werden. Beteiligtenverzeichnisse sind daher im Nurnotariat allenfalls **in Ausnahmefällen** erforderlich.

503 In der DONot ist nicht festgelegt, wie lange die Dokumentationen aufzubewahren sind. Da die Mitwirkungsverbote zeitlich nicht begrenzt sind, sondern den (Anwalts-)Notar „lebenslänglich" treffen, sind die Dokumentationen während der gesamten Amtszeit des Notars zu führen und aufzubewahren.

S. Protokoll isolierter Grundbucheinsichten

I. Führung des Protokolls

504 § 133a GBO[75] berechtigt Notare, auch **außerhalb eines konkreten Beratungs-, Beurkundungs- oder Beglaubigungsaufträgen** demjenigen den Inhalt des Grundbuchs mitteilen, der ein berechtigtes Interesse gem. § 12 GBO darlegt. Er darf auch Grundbuchabdrucke erteilen.

Da offenbar keine Landesregierung von der in § 133a Abs. 5 GBO enthaltenen **Opt-out-Klausel** Gebrauch gemacht hat,[76] die notarielle Zuständigkeit einzuschränken, ist der Notar nun für die Bürger in der gesamten BRD die zuständige Stelle für die Erteilung von Grundbucheinsichten und Grundbuchauszügen.

75 Eingeführt durch das Gesetz zur Übertragung von Aufgaben im Bereich der freiwilligen Gerichtsbarkeit auf Notare, welches im Wesentlichen zum 1.9.2013 in Kraft getreten ist.

76 BeckOK-GBO/*Otto*, 50. Ed. 1.8.2023, § 133a Rn 19.

Wird eine isolierte Grundbucheinsicht vorgenommen und Auskunft über den Grundbuchinhalt erteilt, muss dies protokolliert werden. Hierbei sind die Vorgaben des § 133a Abs. 3 GBO i.V.m. § 85a GBV zu beachten, sodass das **Protokoll** enthalten muss: 505

- das Datum der Mitteilung,
- die Grundbuchstelle,
- den Mitteilungsempfänger bzw. dessen Vollmachtgeber, und
- die Angabe, ob ein Abdruck erteilt wurde.

Praxistipp: Protokollierung des berechtigten Interesses 506

Interessanterweise ist der Notar nicht verpflichtet, das der Mitteilung zugrunde liegende berechtigte Interesse zu beschreiben (anders das Grundbuchamt, § 46a Abs. 1 Nr. 5 GBV), gleichwohl ist es im Hinblick auf Eigentümeranfragen und Geschäftsprüfungen sinnvoll, dies zumindest schlagwortartig zu tun.

Vollmachtsnachweise, Makleraufträge o.Ä. sollten als Anlage zum Protokoll genommen. Sie könnten auch gescannt elektronisch archiviert werden, z.B. mit dem Dateinamen „*Beleg zur Grundbuchmitteilung vom (…)* (*Datum*)“.

Wird dem Eigentümer Einsicht gewährt bzw. hierzu eine Abschrift erteilt, muss dies nicht protokolliert werden. Angeblich besteht auch keine Protokollierungspflicht, wenn einem vom Eigentümer Bevollmächtigten die Einsicht gewährt wird.[77] In diesen Fällen empfiehlt es sich aber wohl, den Vorgang zur eigenen Absicherung zu dokumentieren, denn der Eigentümer könnte sich über den Abruf durch den Notar beim protokollierenden Grundbuchamt (§ 83 GBV) Kenntnis verschaffen und in der Folge den Notar nach den Gründen des Abrufes befragen, die dieser dann ohne Dokumentation nicht beantworten kann. Gleiches empfiehlt sich in Fällen der Einsicht für einen anderen Notar. 507

Vorsorglich sei auch nochmals klargestellt, dass Grundbucheinsichten im Zusammenhang mit Beurkundungsaufträgen u.Ä. nicht zu protokollieren sind.

Es bietet sich an, das Protokoll als Liste im Computer zu führen. Solche Protokolllisten sollten jährlich geführt werden, damit unproblematisch der Vorgabe des § 85a Abs. 2 Satz 2 i.V.m. § 83 Abs. 3 GBV genügt werden kann, die **Protokolle** nach Ablauf des zweiten Kalenderjahres nach der Erstellung zu **vernichten**. Dabei sind dann auch etwaige Protokollanlagen oder zugehörige elektronisch archivierte Belege zu vernichten bzw. zu löschen. 508

▼ 509

Muster 2.12: Einfache Protokollliste gem. § 133a GBO

Notar ____ (*Name*) in ____ (*Ort*)

Protokollierung der Mitteilung des Grundbuchinhalts
gem. **§ 133a Abs. 3 GBO i.V.m. § 85a GBV**

Datum	Grundbuchstelle	Mitteilungsempfänger	Berechtigtes Interesse	Abdruck (ja/nein)

77 BeckOK-GBO/*Otto*, 50. Ed. 1.8.2023, § 133a Rn 27.

II. Praxis der Erteilung einer isolierten Grundbucheinsicht

510 Wird ein einfacher Grundbuchabdruck vom Notar erteilt, muss der Ausdruck nach § 85 GBV mit

- der Aufschrift „*Abdruck*" und
- dem Datum des Abrufes

versehen sein. Diese beiden Merkmale sind wohl auf vielen elektronisch abgerufenen Grundbuchausdrucken sowieso schon vorhanden.

Ein einfacher Grundbuchabdruck darf vom Notar auch elektronisch an den Empfänger übermittelt werden.

511 Der Notar darf darüber hinaus auch beglaubigte Grundbuchausdrucke erteilen. Hierbei sind, da es sich um ein notarielles einfaches Zeugnis handelt, die Vorgaben des BeurkG zu beachten, insbesondere die §§ 37 und 44 BeurkG. Dieser Ausdruck muss somit

- die Kennzeichnung „*Beglaubigter Ausdruck*" tragen,
- mit einem notariellen **Beglaubigungsvermerk** und
- mit **Siegel** versehen sein,
- **Ort und Tag** der Ausstellung angeben sowie
- entsprechend § 44 BeurkG **gebunden** sein.

Formulierungsbeispiel: Beglaubigter Grundbuchausdruck

Beglaubigter Ausdruck

Es wird hiermit beglaubigt, dass der beigefügte Grundbuchausdruck, Abruf vom (…) (*Datum*), den Inhalt des entsprechenden Grundbuchblattes richtig und vollständig wiedergibt.

III. Notarkosten

1. Isolierte Einsicht und Mitteilung

512 Nimmt der Notar isoliert Einsicht in das Grundbuch, also außerhalb eines anderen gebührenpflichtigen Verfahrens oder Geschäfts (nicht aber einer Unterschriftsbeglaubigung ohne Entwurf), und teilt den Inhalt **erläuternd** mit, ist die Festgebühr von 15 EUR der Nr. 25209 KV GNotKG zu erheben.

Hinweis: Zur Mitteilung durch Übermittlung einer Abschrift

Diskutiert wird,[78] ob bei einer erläuternden Mitteilung des Grundbuchinhalts zusätzlich zur Gebühr nach Nr. 25209 KV GNotKG auch eine Gebühr nach Nr. 25210–25213 KV GNotKG anfällt, wenn anlässlich der Mitteilung ein Grundbuchabdruck bzw. eine entsprechende Datei übermittelt wird.

Diese Auffassung wird hier nicht vertreten, sondern die Übermittlung eines Grundbuchabdrucks in Papier oder als Datei als Bestandteil der Mitteilung angesehen, sodass Abgrenzungskriterium zwischen Nr. 25209 KV GNotKG einerseits und Nr. 25210–25213 KV GNotKG andererseits in erster Linie die Erläuterung des Grundbuchinhalts ist.

Hinzu kommt als Auslage (Nr. 32011 KV GNotKG) die Abrufgebühr beim Grundbuchamt.

Werden mehrere Blätter eingesehen und mit Erläuterung mitgeteilt, fällt die Gebühr für jedes Blatt gesondert an.

78 Inzwischen differenzierend Korintenberg/*Tiedtke*, GNotKG, KV 25210 Rn 4 ff.

2. Abdrucke und Dateien

Regelmäßig wird in der Praxis bei einer isolierten Grundbucheinsicht lediglich die Übermittlung eines Abdrucks des Grundbuchs oder einer entsprechenden Datei gewünscht, ohne zusätzliche Erläuterungen. Hierfür fällt dann eine der Gebühren der Nr. 25210–25213 KV GNotKG an. Bei mehreren Grundbuchblättern für jedes Blatt gesondert. **513**

Hinzu kommt als Auslage (Nr. 32011 KV GNotKG) die Abrufgebühr beim Grundbuchamt, aber keine Dokumentenpauschale.

Praxistipp

Bei den Nr. 25210–25213 KV GNotKG gibt es nicht die Einschränkung wie bei Nr. 25209 KV GNotKG, dass die Gebühr nicht anfällt, wenn die Tätigkeit im Zusammenhang mit einem anderen gebührenpflichtigen Verfahren oder Geschäft steht. Wird ein Grundbuchabdruck in Papier oder als Datei übermittelt, fällt immer eine der Gebühren nach Nr. 25210–25213 KV GNotKG an.

Beispiel: Grundbuchabdruck auch bei Beurkundung kostenpflichtig

Hat der Notar sich im Rahmen eines Beurkundungsauftrages einen Grundbuchausdruck beschafft und auf dessen Basis den Vertragsentwurf erstellt, kommt es nicht selten vor, dass der Käufer um Übermittlung eines Grundbuchauszuges für seine Bank bittet. Wird ihm dann der schon eingeholte Grundbuchausdruck übermittelt, sind hierfür trotz des Beurkundungsauftrages die 10 EUR nach Nr. 25210 KV GNotKG zu erheben.[79]

79 Notarkasse, Streifzug durch das GNotKG, Rn 1999.

§ 3 Prüfe dein Wissen

A. Fragen

I. Grundlagen

Frage 1 1

Wodurch unterscheidet sich die Tätigkeit des Notars von der des Rechtsanwalts?

Frage 2 2

Welche Verzeichnisse, Akten und Übersichten muss der Notar aktuell zwingend führen bzw. erstellen?

Frage 3 3

Welche Bücher, Verzeichnisse und Akten muss der Notar aktuell noch aus der Zeit vor der Geltung der NotAktVV verwahren?

Frage 4 4

Bei den von früher (bis 2022) noch verwahrten Büchern finden sich auch Verwahrungs- und Massenbücher.

Wodurch unterscheiden sich diese beiden Bücher?

II. Fragen zu verschiedenen Sachverhalten

Frage 5 5

Bei der Führung des Urkundenverzeichnisses wurde die Eintragung einer Urkunde vergessen, was erst eine Woche später bemerkt wird.

Wie ist zu verfahren?

Frage 6 6

Bei der Führung des Urkundenverzeichnisses wurde versehentlich dieselbe Urkunde zweimal eingetragen, was am nächsten Tag bemerkt wird.

Wie ist zu verfahren?

Frage 7 7

Nach der Beurkundung eines Kaufvertrages und einer Grundschuld am Vormittag werden unmittelbar die UVZ-Nr. 99 und 101 für diese beiden Urkunden vergeben und eingetragen. Kurz darauf wird bemerkt, dass die Nr. 100 übersprungen wurde.

Wie kann verfahren werden?

Frage 8 8

Es wurde ein Kaufvertrag beurkundet. Nun haben die Beteiligten bemerkt, dass vergessen wurde, einen Miteigentumsanteil an einer zu dem gekauften Grundstück führenden Privatstraße im Kaufvertrag zu erwähnen. Es wird nun ein dies korrigierender Nachtrag zum ursprünglichen Kaufvertrag bei demselben Notar beurkundet.

a) Was ist im Hinblick auf den Umstand, dass es sich um eine Nachtragsurkunde handelt, bei der Behandlung der beiden Urkunden zu beachten?

b) Ändert sich etwas an der Beantwortung der Frage a), wenn der Kaufvertrag von Notar A und der Nachtrag von dessen Sozius beurkundet wurde?

c) Ändert sich etwas an der Beantwortung der Frage a), wenn der Kaufvertrag von Notar A und der Nachtrag von dessen Notarvertreter beurkundet wurde?

d) Ändert sich etwas an der Beantwortung der Frage a), wenn der Kaufvertragsabschluss bei Notar A bereits im Jahr 2021 erfolgte und der Nachtrag erst im Jahr 2024 beurkundet wird?

9 **Frage 9**

Rechtsanwalt und Notar Dr. Müller vertritt im Rahmen eines Ehescheidungsverfahrens die Ehefrau des scheidungswilligen Paares. Nunmehr soll zur Beschleunigung des Scheidungsverfahrens eine Scheidungsvereinbarung in notarieller Form geschlossen werden.

Kann Rechtsanwalt und Notar Dr. Müller die notarielle Beurkundung vornehmen? Kann die Beurkundung von dem im gleichen Büro arbeitenden Rechtsanwalt und Notar Dr. Meier vorgenommen werden?

10 **Frage 10**

Notar Dr. Müller hat seine Büroöffnungszeit für dienstags bis 18.00 Uhr festgesetzt. Die Beurkundung eines Grundstückskaufvertrages mit sehr vielen Beteiligten setzt die leitende Notarmitarbeiterin auf 18.30 Uhr an, damit der sonstige Bürobetrieb nicht durch die umfangreiche Beurkundung gestört wird.

Ist die Terminfestsetzung zulässig?

11 **Frage 11**

Eine Person kommt zu Ihnen ins Notariat und möchte ihr handschriftliches Testament beim Notar hinterlegen. Geht das? Begründen Sie Ihre Antwort!

12 **Frage 12**

Was muss der Notar jedes Jahr bezüglich der bei ihm verwahrten Verfügungen von Todes wegen tun? Bis wann muss er dies jeweils getan haben?

III. Aufgaben zur Umsetzung im Büro

13 **Frage 13**

Notarin Dr. Müller in Essen hat aus der Beurkundung einer Grundschuld zur UVZ-Nr. M-33–2024 einen Gebührenanspruch gegen Herrn X, geboren am 4.7.1980, i.H.v. 600,37 EUR. Der Schuldner zahlt trotz Mitteilung der unterschriebenen Kostenberechnung und trotz zweier Mahnschreiben nicht. Notarin Dr. Müller weist Sie an, jetzt „Zwangsmaßnahmen" zu ergreifen.

Was können Sie tun, um die Notarkosten – auch durch Zwangsvollstreckung – beizutreiben?

14 **Frage 14**

Frau Notarin Dr. Hilfreich hat ihren Amtssitz in der Stadt A. Sie, als Mitarbeiter/in dieser Notarin, erhalten einen Anruf mit der Bitte, dass die Notarin zu einer Testamentsbeurkundung außerhalb der Geschäftsstelle und auch außerhalb der Stadt A. kommen möge. Der Testierende sei krank und nicht transportfähig. Frau Notarin Dr. Hilfreich ist im Grundsatz bereit, den Auswärtstermin wahrzunehmen, ist aber nicht sicher, ab sie das im konkreten Fall ohne Weiteres darf und beauftragt Sie, dies umgehend zu prüfen.

Was ist zu prüfen und ggf. zu ermitteln oder zu veranlassen?

B. Lösungen

I. Grundlagen

15 **Antwort zur Frage 1**

Beide sind sog. Organe der Rechtspflege – d.h., sie haben eine Funktion in unserem Rechtssystem und erbringen in dieser Funktion Leistung für die Bürger.

Der Notar hat ein öffentliches Amt inne (§ 1 BNotO) und ist unparteiischer sowie unabhängiger Berater der Beteiligten (§ 14 Abs. 1 BNotO).

Demgegenüber ist der Rechtsanwalt in der Regel für einen Auftraggeber (Mandant) tätig, wobei er nur dessen Interessen parteilich verpflichtet ist (§ 3 Abs. 1 und 3 BRAO).

Der Notar handelt aufgrund öffentlich-rechtlicher Vorschriften, der Rechtsanwalt wird nach privatrechtlichen Vorschriften für seinen Mandanten tätig.

Siehe zu diesem Thema auch § 2 Rdn 487 f. in diesem Buch.

Antwort zu Frage 2 16

Verzeichnisse:

- (elektronisches) Urkundenverzeichnis, § 55 BeurkG, §§ 1 und 7 ff. NotAktVV;
- (elektronisches) Verwahrungsverzeichnis, § 59a BeurkG, §§ 1 21 ff. NotAktVV;
- Protokollliste der getätigten isolierten Grundbucheinsichten gem. § 133a GBO;
- Dokumentation zur Einhaltung der Mitwirkungsverbote (häufig „Beteiligtenverzeichnis" genannt), § 28 BNotO i.V.m. §§ 17 Abs. 3 und 6 Abs. 1 DONot; diese Pflicht entfällt, sofern ein System zur Konfliktererkennung genutzt wird und jeder Einzelfall in der entsprechenden Nebenakte dokumentiert wird, § 6 Abs. 2 DONot; diese Pflicht trifft im Grundsatz nur den Anwaltsnotar;
- Kostenregister (*nur im Bereich der Notarkassen*), gemäß den Abgabensatzungen nach § 113 Abs. 17 BNotO.

Akten:

- Urkundensammlung, § 55 BeurkG, §§ 2 und 31 NotAktVV;
- Erbvertragssammlung, § 55 BeurkG, §§ 2 und 32 NotAktVV;
- elektronische Urkundensammlung, § 55 BeurkG, §§ 2 und 34 ff. NotAktVV;
- Sondersammlung, §§ 2 und 37 NotAktVV;
- Nebenakten, §§ 2 und 40 ff. NotAktVV;
- Sammelakte für Wechsel- und Scheckproteste, §§ 2 und 45 NotAktVV;
- Generalakte §§ 2 und 46 f. NotAktVV.

Übersichten:

- jährliche Übersicht über Urkundsgeschäfte, § 7 DONot;
- jährliche Übersicht über die Verwahrungsgeschäfte, § 9 DONot.

Siehe zu diesem Thema § 2 Rdn 200 ff. in diesem Buch.

Antwort zu Frage 3 17

Die bis einschließlich 2021 erstellten Bücher und Verzeichnisse sind folgende:

- Urkundenrollen samt zugehöriger Namensverzeichnisse;
- Erbvertragsverzeichnisse bzw. -karteien;
- Verwahrungsbücher, sofern sie vollständig nicht älter als 30 Jahre sind;
- Massenbücher samt zugehöriger Namensverzeichnisse, sofern sie vollständig nicht älter als 30 Jahre sind;
- Anderkontenlisten, sofern sie vollständig nicht älter als 30 Jahre sind;
- Dokumentation zur Einhaltung von Mitwirkungsverboten (§ 15 DONot a.F.), sofern der betroffene Zeitraum nicht bereits durch die Aufsicht geprüft wurde;
- Kostenregister (nur im Bereich der Notarkassen).

Akten:

- Urkunden und Vermerke in der Urkundensammlung einschließlich gesondert aufbewahrter Erbverträge;
- Sammelbände für Wechsel- und Scheckproteste für Jahrgänge, die vollständig älter als sieben Jahre sind
- Nebenakten, sofern nicht bereits sieben Jahre seit dem Kalenderjahr, in dem die letzte inhaltliche Bearbeitung erfolgte, verstrichen sind;
- Dokumente in der Generalakte, die von Amtsvorgängern stammen und bei denen das Erlöschen deren Amtes bzw. die Wegverlegung des Amtssitzes mehr als 30 Kalenderjahre in der Vergangenheit liegt.

Siehe zu diesem Thema § 2 Rdn 478 ff. in diesem Buch.

18 **Antwort zu Frage 4**

Alle Verwahrungen (meist Kaufpreise) waren gleichlautend jeweils in das Verwahrungsbuch und in das Massenbuch einzutragen. Allerdings war die „Sortierung" unterschiedlich. Im Massenbuch wurden alle Ein- und Ausgaben zu einem bestimmten Hinterlegungsvorgang (Masse) eingetragen, im Verwahrungsbuch wurden alle Ein- und Ausgaben, gleich zu welcher Masse gehörig, in zeitlicher Reihenfolge des Ein- und Ausgangs eingetragen

Siehe zu diesem Thema § 2 Rdn 308 in diesem Buch.

II. Fragen zu verschiedenen Sachverhalten

19 **Antwort zu Frage 5**

Ist versehentlich eine Eintragung unterblieben, ist sie gem. § 8 Abs. 2 Satz 2 NotAktVV unter der nächsten fortlaufenden Nummer, aber unter dem richtigen Datum nachzutragen. Dies soll unverzüglich geschehen, nachdem das Versehen bemerkt wurde. Beim Nachtragen ist darauf zu achten, dass als Datum der korrekte Tag, und zwar der Tag der Beurkundung bzw. Amtshandlung und nicht z.B. das aktuelle Datum, eingetragen wird.

Ein „Zwischenschieben" an dem eigentlichen Beurkundungstag oder die Vergabe einer Bruchnummer ist nicht möglich.

Siehe zu diesem Thema § 2 Rdn 215 in diesem Buch.

20 **Antwort zu Frage 6**

Ist eine Urkunde versehentlich mehrfach eingetragen worden, ist gem. § 8 Abs. 2 Satz 3 NotAktVV die wiederholte Eintragung als gegenstandslos zu kennzeichnen. Die versehentlich belegte Nummer kann nicht mehr für ein anderes Amtsgeschäft verwendet werden.

Siehe zu diesem Thema § 2 Rdn 216 in diesem Buch.

21 **Antwort zu Frage 7**

Eine Änderung der zweiten UVZ-Nr. ist nicht mehr möglich!

Findet eine weitere Beurkundung an diesem Tag statt, kann die UVZ-Nr. 100 unproblematisch für diese Urkunde verwendet werden, denn die Urkunden eines Tages müssen nicht in der chronologischen Reihenfolge ihrer Entstehung in das UVZ eingetragen werden (arg.: § 8 Abs. 2 Satz 1 NotAktVV).

Findet an diesem Tag keine Amtshandlung mehr statt, für die eine UVZ-Nr. zu vergeben ist, so muss die nicht vergebene UVZ-Nr. frei bleiben und kann nicht am folgenden Arbeitstag vergeben werden. Im XNP-Modul UVZ gibt es hierfür die Funktion „*UVZ-Nr. nicht vergeben*".

Siehe zu diesem Thema § 2 Rdn 217 in diesem Buch.

22 **Antwort zu Frage 8**

a) Da die Nachtragsurkunde den Inhalt des Kaufvertrages ändert, ist gem. § 17 NotAktVV bei beiden Urkunden im UVZ auf die jeweils andere Eintragung zu verweisen. Diese wechselseitigen Querverweise werden in XNP im UVZ-Modul über das Registerkarte „*Verbindungen*" generiert.
Neben den Querverweisen ist die Vorschrift des § 44b BeurkG zu beachten, nach der ein Nachtragsvermerk bei der Urschrift der Vorurkunde anzubringen ist, sofern die Urkunden nicht zusammen verwahrt werden. Vor der Einführung des elektronischen Urkundenarchives am 1.7.2022 wurden diese Verweise auf die Urkunde selbst geschrieben. Dies ist im Hinblick auf den unbedingt erforderlichen Gleichlauf der beiden Urschriften (Spiegelbildprinzip) nach dem Einstellen der elektronischen Urschrift in die elektronische Urkundensammlung verboten. Der Vorurkunde ist also, wenn der Nachtrag nicht bei ihr verwahrt wird, ein Nachtragsvermerk beizufügen, der gem. § 44a Abs. 2 Satz 4 BeurkG auf einem gesonderten Blatt niederzulegen ist. Dieser Nachtragsvermerk ist so-

dann separat einzuscannen und als sonstiges Dokument in die elektronische Urkundensammlung einzustellen und im Übrigen natürlich mit der Papier-Vorurkunde zu verbinden.

b) Die Vorschriften zu Querverweisen gelten immer nur für den einzelnen Notar mit seiner Amtsstelle. Es können also keine Querverweise gesetzt werden und es müssen keine Nachtragsvermerke erstellt werden. Um allerdings die Auffindbarkeit der im gleichen Büro beurkundeten Vorurkunden und Nachträge zu erhöhen, ist es sinnvoll, anstelle der (nicht möglichen) „*Verbindung*“ in XNP, dort unter der Registerkarte „*Bemerkungen*“ bei beiden Urkunden jeweils einen Hinweis auf die andere Urkunde mit aufzunehmen. Dieser kann bei der Vorurkunde „*Nachtrag siehe UVZ.Nr. (…)*“ und bei der Nachtragsurkunde „*Nachtrag zum Bauträgervertrag UVZ-Nr. (…)*“ lauten. Anders als bei der Funktion „*Verbinden*“ wird die „Gegenbemerkung“ natürlich nicht vom Programm gesetzt, vielmehr müssen beide Bemerkungen gesondert erfasst werden.

c) Nein, es ist genauso zu verfahren wie bei Frage a).

d) Da die Vorurkunde nicht im UVZ, sondern in der Urkundenrolle eingetragen wurde, ist ein Verbindungen-Verweis in XNP nicht möglich. Die Vorgabe des § 17 Abs. 1 NotAktVV wird in diesem Fall in der Form umgesetzt, dass bei der Nachtragsurkunde unter der Registerkarte „*Bemerkungen*“ im UVZ ein entsprechender Eintrag verfasst wird. In der Urkundenrolle ist bei dem Eintrag der Vorurkunde wie vor dem 1.8.2022 ein Nachtragsverweis händisch zu ergänzen.
Da die Vorurkunde nicht in der elektronischen Urkundensammlung verwahrt wird, muss der Nachtragsvermerk zur Vorurkunde nicht auf ein gesondertes Blatt gesetzt werden, sondern er kann auch nach den Unterschriften ergänzt werden (§ 44b Abs. 1 Satz 2 i.V.m. § 44a Abs. 2 Sätze 3 und 4 NotAktVV). Die früher verbreitete Handhabung, den Hinweis auf die Nachtragsurkunde auf die erste Seite der Urschrift zu setzen, ist gem. § 44a Abs. 2 Satz 3 NotAktVV nicht mehr zulässig.

Siehe zu diesem Thema § 2 Rdn 226 ff. und Rdn 387 ff. in diesem Buch.

Antwort zu Frage 9 23

Dr. Müller und Dr. Meier müssen jeweils die Beurkundung ablehnen, da sie vorbefasst sind (§ 3 BeurkG).

Siehe zu diesem Thema § 2 Rdn 486 ff. in diesem Buch.

Antwort zu Frage 10 24

Der Notar hat seine Geschäftsstelle während der üblichen Geschäftsstunden offen zu halten, § 10 Abs. 3 BNotO. Die Vorschrift schließt nicht aus, dass der Notar – etwa wegen des besonderen Umfangs des Geschäftes (wie hier) – im eigenen Interesse außerhalb der üblichen Bürostunden beurkundet. Die Unzeitgebühr nach Nr. 26000 KV GNotKG kann er in diesem Fall nicht erheben, da der Beurkundungstermin nicht „auf Verlangen der Beteiligten“ auf diese Uhrzeit bestimmt wurde.

Siehe zu diesem Thema § 2 Rdn 4 in diesem Buch.

Antwort zu Frage 11 25

Nein, dies ist nicht möglich. Gemäß § 34 BeurkG hat der Notar ein bei ihm errichtetes Testament unverzüglich in die besondere amtliche Verwahrung zu bringen.

Dies gilt nicht nur für Testamente, die beim Notar wie üblich als Willenserklärung des Testierenden beurkundet werden. Auch wenn die Person ihr handschriftlich verfasstes Testament dem Notar vorlegt, egal, ob offen oder in einem verschlossenen Umschlag, ist vom Notar eine Niederschrift, also eine Urkunde, über die Übergabe des Testamentes („der Schrift“) zu fertigen (§ 30 BeurkG) für die ebenfalls § 34 BeurkG gilt.

Siehe zu diesem Thema § 2 Rdn 401 ff. in diesem Buch.

26 **Antwort zu Frage 12**

Der Notar hat – soweit vorhanden – das Erbvertragsverzeichnis oder die Erbvertragskartei **jährlich bis zum 15.2.** nach Erbverträgen, die innerhalb des letzten Kalenderjahres länger als 30 Jahre verwahrt sind, durchzusehen und die Durchsicht und deren Ergebnis durch einen von ihm zu unterzeichnenden Vermerk zu bestätigen (§ 8 Satz 1 DONot). Für Erbverträge, bei denen eine Ablieferung noch nicht veranlasst war, ist das Verfahren nach § 351 FamFG **alle fünf Jahre** zu wiederholen; dies **gilt nicht** für solche Erbverträge, bei denen sich der Notar davon überzeugt hat, dass die **Verwahrangaben im ZTR zutreffen** (§ 8 Satz 2 DONot). Gemäß § 8 DONot hat der Notar das UVZ auch nach solchen Erbverträgen zu durchforsten – dies ist aber erst ab dem Jahr 2053 relevant, denn erst dann können im UVZ Erbverträge verzeichnet sein, die länger als 30 Jahre verwahrt sind.

Siehe zu diesem Thema § 2 Rdn 281 ff. in diesem Buch.

III. Aufgaben zur Umsetzung im Büro

27 **Lösung zu Frage 13**

Nach § 89 GNotKG werden die Kosten des Notars und die auf diese anfallenden Zinsen aufgrund einer mit der Vollstreckungsklausel des Notars versehenen Ausfertigung der Kostenberechnung (§ 19 GNotKG) nach den Vorschriften der ZPO beigetrieben; § 798 ZPO gilt entsprechend.

Die vollstreckbare Kostenberechnung hat folgende Angaben zu enthalten:

- die genaue Bezeichnung des zu verzinsenden Rechnungsbetrages,
- die Angabe des Zinssatzes,
- der Verzinsungsbeginn der einen Monat nach Zustellung liegt. Die Zustellung lässt sich durch das entsprechende Vollstreckungsprotokoll (Zustellungsprotokoll) des Gerichtsvollziehers nachweisen.

Die Vollstreckungsklausel kann bei dem vorliegenden Sachverhalt wie folgt lauten:

> *Formulierungsbeispiel: Vollstreckungsklausel*
>
> Die vorstehende Ausfertigung meiner Kostenberechnung erteile ich mir gem. § 89 GNotKG zum Zwecke der Zwangsvollstreckung gegen den Kostenschuldner Herrn X, geboren am 4.7.1980, wegen der bezeichneten Gesamtforderung in Höhe von 600,37 EUR nebst Zinsen daraus in Höhe von jährlich fünf Prozentpunkten über dem Basiszinssatz nach § 247 BGB, beginnend einen Monat nach der Zustellung dieser vollstreckbaren Ausfertigung an Herrn X, geboren am 4.7.1980.
>
> *(Ort, Datum)*
>
> *(Unterschrift des Notars mit Amtsbezeichnung)*
>
> *(Siegel des Notars)*

Siehe zu diesem Thema § 2 Rdn 185 ff. in diesem Buch.

28 **Antwort zu Frage 14**

Es ist zu prüfen, ob der Ort, an dem die Amtshandlung vorgenommen werden soll,

- im Amtsbereich liegt: Der Amtsbereich des Notars ist der Bezirk des Amtsgerichts, in dem er seinen Amtssitz hat. Liegt der Ort der Amtshandlung in diesem Bereich, darf die Auswärtsbeurkundung ohne Weiteres vorgenommen werden, § 10a Abs. 2 Halbsatz 1 BNotO.
- außerhalb des Amtsbereichs, aber noch im Amtsbezirk liegt: Der Amtsbezirk deckt sich immer mit dem Oberlandesgerichtsbezirk, in dem der Amtssitz liegt. In eng begrenzten Ausnahmefällen darf der Notar außerhalb des Amtsbereichs in seinem Amtsbezirk beurkunden, nämlich dann, wenn besondere berechtigte Interessen der Rechtsuchenden dies gebieten. Zu akzeptierende Gründe für eine solche Auswärtstätigkeit außerhalb des

Amtsbereichs sind nach den jeweiligen Richtlinien der örtlich zuständigen Notarkammern zu ermitteln. Diese können beispielsweise sein:

- Gefahr im Verzug;
- eigener Urkundenentwurf und dann unvorhersehbare Notwendigkeit zur Beurkundung außerhalb des Amtsbereichs;
- Urkunden zur Berichtigung, wenn die Berichtigung bei anfänglich richtiger Behandlung der Sache nicht entstanden wäre;
- Beteiligter mit Wohnsitz im Amtsbereich ist in einem Krankenhaus außerhalb des Amtsbereichs;
- besondere Vertrauensbeziehung zwischen Notar und Beteiligten und Unzumutbarkeit des Aufsuchens der Geschäftsstelle.

Im konkreten Fall ist zu ermitteln, ob einer dieser Gründe oder ein ähnlich maßgeblicher Grund gegeben ist.

Wurde eine Amtshandlung außerhalb des Amtsbereichs im Amtsbezirk vorgenommen, ist das Überschreiten des Amtsbereichs der Aufsichtsbehörde bzw. der Notarkammer, der der Notar angehört, unverzüglich unter Angabe der Gründe anzuzeigen.

■ außerhalb des Amtsbezirks liegt: Hier darf ein Notar Urkundstätigkeiten nur vornehmen, wenn Gefahr im Verzug ist oder die Aufsichtsbehörde dies genehmigt hat, § 11 Abs. 2 BNotO.

Siehe zu diesem Thema § 2 Rdn 1 ff. in diesem Buch.

Stichwortverzeichnis

fette Zahlen = Paragrafen, magere Zahlen = Randnummern